Eva Karnofsky • Besenkammer mit Bett

Eva Karnofsky

Besenkammer mit Bett

Das Schicksal einer illegalen
Hausangestellten in Lateinamerika

HORLEMANN

Originalausgabe

© 2005 Horlemann
Alle Rechte vorbehalten

Umschlaggestaltung:
Luis Cabrera
Satz und Layout:
Verlag

Bitte fordern Sie unser
Gesamtverzeichnis an:

Horlemann Verlag
Postfach 1307
53583 Bad Honnef
Telefax 0 22 24 - 54 29
E-Mail: info@horlemann-verlag.de
www.horlemann-verlag.de

ISBN 3-89502-200-4

Gedruckt in Deutschland

1 2 3 4 5 | 2007 2006 2005

Für Lidu

Vorwort

Das Wohnzimmer meiner ersten Wohnung in Buenos Aires glich einem Tanzsaal. Dazu ein geräumiges Schlafzimmer, ein Gästezimmer, ein Büro. Nur die Kammer hinter der Küche war winzig. Ein schmaler Schlauch, in den die Küchendämpfe zogen. Daran grenzte die Miniaturausgabe eines fensterlosen Badezimmers. Die Toilette hatte keine Brille, aus der hinteren Wand ragte eine Dusche. Wollte man sie benutzen, hieß es, sich zwischen Klo und Wand zu zwängen und sich so geschickt zu verbiegen, dass der kalte Strahl den Körper und nicht direkt die Toilette traf. Für einen Vorhang war kein Platz. Der Abfluss, ein Loch im Boden, war verstopft, und man musste höllisch aufpassen, dass das Wasser nicht in die Kammer floss. Ein Waschbecken von dreißig Zentimeter Länge und eine nackte Glühbirne darüber vervollständigten das ärmliche Bad. Ich beschloss, das Zimmer als Abstellraum für meine Koffer zu nutzen. Einem Gast konnte ich den Raum schwerlich zumuten.

Auch die Küche war erbärmlich ausgestattet. Für eine Spülmaschine gab es keinen Platz, der Gasherd war vorsintflutlich und konnte sich nie dazu durchringen, Fett so stark zu erhitzen, dass ein Steak außen kross und innen saftig wurde. Der Backofen hatte seine Dienste eingestellt.

In den kommenden Wochen erfuhr ich, dass fast jede größere Wohnung in meiner neuen Heimat über ein solches Zimmer hinter der Küche verfügte. Und dass das meine noch recht geräumig war. Nicht für Koffer oder Besen ist die Kammer gedacht, vielmehr leben die Dienstmädchen darin! Wie deprimierend musste das sein!

Ich lernte, dass die eine Million argentinischer Dienstmädchen Mucamas heißen. In den folgenden Jahren traf ich viele von diesen meist namenlosen, schattenhaften Wesen, die nur schnell in das Esszimmer huschten, schüchtern einen guten Abend wünschten, die Speisen servierten und wieder in die Küche verschwanden. Die Hälfte von ihnen kam aus den argentinischen Nordprovinzen oder aus den Nachbarländern Peru, Paraguay und Bolivien. Die Armut hatte sie in die Metropole am Rio de la Plata mit seinen elf Millionen Einwohnern oder in andere argentinische Großstädte verschlagen. Ihre kohlschwarzen Mandelaugen, ihre hohen Wangenknochen und ihre braune Haut wiesen sie gewöhnlich als Indianerinnen oder Mestizinnen aus. Sie waren es, die den Abwasch bewältigten, so dass man sich die Anschaffung einer Spülmaschine sparen konnte. Wenn sie bis in die Nacht abwuschen, störte das ihre Herrschaften wenig. Und sie schlugen sich mit den altersschwachen Gasherden herum. Wie sie es anstellten, das Fleisch zu braten, war ihren Arbeitgebern offenbar gleichgültig.

Wenn man ihren Arbeitgeberinnen aus der guten Gesellschaft glauben durfte, gab es zwar die eine oder andere Perle unter den Mucamas, und ein Sprichwort besagt, dass hinter jeder tollen Frau eine tolle Mucama steht, doch viele waren „schlampig, verlogen, unpünktlich und faul". Drehte man ihnen den Rücken, klauten sie. Und sie waren dumm. Wären sie es nicht, wären sie nicht Mucama geworden, behauptete so manche Señora, wenn sie sich mal wieder über ihr Mädchen geärgert hatte. Und wehe, man reicht ihnen den kleinen Finger! Dann nehmen sie gleich die ganze Hand. Nur ja nicht großzügig sein, denn sie danken es nicht. So esse man Filet und Krabben besser am Sonntag, wenn sie ihren freien Tag haben, um sie nicht zu sehr zu verwöhnen. Solche Empfehlungen hörte ich oft, von Europäerinnen wie von Argentinierinnen. Und wehe, sie haben einen Freund! Dann trennt man sich besser von ihnen, denn wer weiß, ob der nicht vielleicht ein Dieb ist, und die Wohnung ausräumt, während man in Urlaub fährt? Bis Argentinien 1823 unabhängig wurde, war es weiblichen Hausangestellten verboten, zu heiraten. Heute verbietet es ihnen zwar kein Gesetz mehr, doch wer einen Freund hat und dies zugibt, findet oft keine Arbeit. Wer würde da nicht aus Not zur Lügnerin?

Nach Jahren entschloss ich mich, ebenfalls die Dienste eines guten Geistes in Anspruch zu nehmen. Das Mädchen hieß Amelia Villalba und stammte aus einem kleinen Dorf im Süden Paraguays. Meli war nicht gebildet, aber schlau, ehrlich, sauber und fleißig. Sie war die erste, die mir zeigte, wie die Welt aussieht, wenn man sie mit den Augen einer illegalen Mucama betrachtet: Sie wurde vorwiegend von geizigen, kleinlichen, misstrauischen Ausbeuterinnen regiert, die ihre Not ausnutzten. Meli und ihre jüngere Schwester ernährten mit ihrer Arbeit ihre jüngeren Geschwister in Paraguay.

Die Idee zu diesem Buch aber habe ich der peruanischen Krankenschwester Liduvina Campos zu verdanken, die mir in den fast drei Jahren, die sie unsere Wäsche bügelte, unsere Wohnung putzte und uns mit ihren außergewöhnlichen Kochkünsten verwöhnte, zur Freundin wurde. Wie Meli erzählten mir auch Lidu und ihre beiden Schwestern ihre Lebensgeschichten und berichteten von ihren Erfahrungen als illegale Mucamas in Argentinien. Sie berichteten von ihrer Kusine, die fast vergewaltigt worden war, als sie ein Zimmer suchte. Sie klagten über Vermieter, die sie und ihre Freundinnen aussaugten, über Señoras, die sie wie Menschen zweiter Klasse, fast wie Leibeigene behandelt hatten und ihnen ihr Geld oder ihren wohl verdienten, zweiwöchigen Jahresurlaub schuldig blieben. Die Campos-Schwestern ließen mich an ihren Sorgen und Nöten und denen ihrer Verwandten, Freundinnen und Bekannten teilhaben. Ich erfuhr, was es heißt, als Frau mit Universitätsexamen putzen zu müssen. Laut einer Studie der Internationalen Migrations-Organisation waren die über Hunderttausend peruanischen Hausangestellten, die bis zur Wirtschaftskrise im Januar 2002 in Argentinien lebten, im Schnitt besser ausgebildet als ihre Señoras. Ich begriff, wie es ist, in einer Besenkammer mit Bett zu hausen, in einer der bis 2002 teuersten Städte der Welt zwischen 240 und 500 Dollar zu verdienen, als Mestizin in Buenos Aires zu leben, als Illegale Angst vor der Ausweisung zu haben, den Arbeitgebern ausgeliefert zu sein oder das eigene Kind in der Heimat zurücklassen zu müssen.

Dank Meli und Lidu, ihrer Verwandten und Freundinnen lernte ich den lateinamerikanischen Kontinent aus der Sicht der Dienstmädchen kennen, die keine oder nur sehr wenige Rechte haben. Und es sind viele: Über zwanzig Millionen Lateinamerikanerinnen verdingen sich im Haushalt fremder Leute! Allein in Brasilien sind es mehr als neun Millionen. Das besagen offizielle Zahlen, doch die rechnen weder Hunderttausende von illegal Beschäftigten ein, noch berücksichtigen sie die Frauen, die bereits das Rentenalter überschritten haben und aufgrund fehlender Altersversorgung immer noch für andere Leute schrubben müssen. Die Statistiken zählen auch die Kinder nicht mit, die mit zwölf oder dreizehn Jahren in einem fremden Haushalt spülen, waschen und kochen. Die Frauen und Mädchen, die in ihrem eigenen Land als Dienstmädchen oder Putzfrau arbeiten, werden meist nicht viel besser behandelt als die Illegalen, denn auch sie trauen sich nicht, für ihre Rechte zu streiten, aus Angst, den Arbeitsplatz zu verlieren. Ich schlage mich in diesem Buch bewusst auf die Seite der Mucamas, selbst auf die Gefahr hin, dass mir so manche Señora dies nicht verzeihen wird. Doch die Señoras brauchen keine Fürsprecher, ihr Dasein ist paradiesisch verglichen mit dem ihrer Hausangestellten. „Aus Not verzichten wir auf ein eigenes Leben, um denen, die mehr Geld haben, das Leben zu erleichtern", klagte mir einmal eine fast siebzigjährige Brasilianerin ihr Leid. Sie war ledig und kinderlos geblieben, weil sie als Hausangestellte nie die Möglichkeit hatte, einen Mann kennen zu lernen.

Catalina Vázquez und ihre paraguayische Freundin Adriana Villegas erleben in diesem Buch, was Lidu, Meli und ihre Verwandten und Freundinnen ausgestanden haben, was viele Millionen von Frauen in Lateinamerika täglich erleiden. Und was wohl auch Tausende von illegalen Putzfrauen aus Osteuropa oder Lateinamerika in Deutschland erdulden. Catalinas und Adrianas Erfahrungen sind verbürgt. Und so ist ihre Geschichte eine wahre Geschichte.

KAPITEL 1

Der Überfall

Lima ist das Ziel aller Wünsche. Zumindest, wenn man in der tiefsten peruanischen Provinz geboren ist. In der Hauptstadt ist alles besser, größer, schöner, moderner. Lima steht für Arbeit, für Erfolg, für unbegrenzte Möglichkeiten. Für einen Ehemann, dessen Hände nicht schwielig sind von der Feldarbeit. Auch Catalina Vázquez träumte von Lima, als sie noch eine beschwerliche Tagesreise von der Hauptstadt entfernt in der Nordprovinz Cajamarca lebte. Acht Jahre in Lima haben sie gelehrt, dass auch die Hauptstadt kein Paradies ist. Sie ist Chaos und Kampf, Korruption und Ausgeliefertsein, Lärm und Gestank. Und die Männer mit den glatten Händen sind nicht besser als die Bauern aus ihrem Dorf. Auch sie versprechen mehr als sie halten. Doch Cata glaubt, dass sie Lima ein Quentchen Glück abgetrotzt hat.

Sie schiebt eine widerspenstige, schwarze Locke unter ihr weißes Kopftuch und wischt sich mit einem Lappen den Schweiß von der Stirn. Es ist brütend heiß in der Küche. Das Wetter in Lima ist tatsächlich besser als in Cajamarca, wo es jedes Jahr monatelang gießt. Es regnet nie in der Hauptstadt. Von Juni bis August kostet es allerdings einige Anstrengung, den tiefgrauen Himmel und die schwere, feuchte Luft ohne Depressionen zu überstehen. Doch neun Monate Sonne entschädigen für die bleierne Zeit. Nur heute flucht Cata über die Hitze, denn am Mittag hat die alte Klimaanlage ihre Dienste eingestellt.

Es ist wieder einmal nach Mitternacht geworden. Die Limeños haben von ihren spanischen Vorfahren die schlechte Gewohnheit geerbt, erst sehr spät zu Abend zu essen. Doch gleich hat Cata es geschafft. Der letzte Gast hat Jalea bestellt, eine der Spezialitäten auf ihrer Speisekarte und ihr Lieblingsgericht. Mit einem Schaumlöffel hebt sie die Meeresfrüchte aus der Pfanne, tupft das Öl mit Küchenpapier ab und schichtet Garnelen, Tintenfisch und Miesmuscheln auf ein in Sojasauce mariniertes, gebratenes Fischfilet, das sie bereits auf einem Teller angerichtet, mit Würfeln von Tomaten und Zwiebeln sowie Salatstreifen belegt, mit Kreuzkümmel gewürzt und mit Zitrone beträufelt hat. Als Beilage gibt sie eine mit Ailloli gefüllte, ausgehöhlte Tomate und zwei in Olivenöl goldbraun gebratene, dicke Kartoffelscheiben dazu.

„Die Jalea für Tisch fünf", ruft sie und stellt den Teller in die Durchreiche zum Gastraum. Nun muss sie noch aufräumen und spülen, denn die Küchenhilfe hat sich krank gemeldet. Ausgerechnet heute, da Cata zumindest noch eine Weile auf der Hochzeitsfeier einer ihrer vielen Kusinen vorbeischauen will. Sie legt viel Wert darauf, die Kontakte zur Familie zu pflegen, denn auf die Familie ist immer Verlass. Nie würde ihr eine Tante oder ein Vetter die Tür weisen, wenn sie kein Dach mehr über dem Kopf hätte. In der Familie steht einer für den anderen ein. In Lima ist das erst recht vonnöten, kann man doch schon morgen seine Arbeit verlieren. Oder die Hälfte seines Gehalts. Man steht schnell mit leeren Händen da. Ein Federstrich des Präsidenten genügt, und Zehntausende stehen auf der Straße, die meisten mittellos. Das Elend wäre noch viel größer, wenn nicht die Familien zusammenhielten. Das hat auch Cata bereits erfahren. Sie fühlt sich immer wohl im großen Kreis ihrer Brüder und Schwägerinnen, Kusinen und Vettern, Onkel und Tanten. Da braucht man sich nicht zu verstellen, da ist man wer, auch wenn man nichts ist. Sie freut sich schon auf das Hochzeitsfest.

Für mehr als eine Stunde Schlaf wird es heute Nacht kaum reichen, denn morgen früh um vier Uhr muss sie zum Fischmarkt, die Bestände auffüllen. Doch Cata liebt es, zu so früher Stunde über den Markt der Hafenstadt Callao im Norden von Lima zu schlendern, wenn die Fischer gerade ihre nächtlichen Fänge abgeliefert haben. Beim ersten Mal hatte sie sich ihre Schuhe verdorben, denn auf dem Zementboden des Marktes fängt sich das Wasser, das aus den bunten Plastikwäschekörben läuft, in denen die Meerestiere angeboten werden. Seitdem vergisst sie nie ihre Gummistiefel. Besonders gern schaut sie die Körbe mit den Muscheln an, denn die hat sie am liebsten. Fast jeden Tag gönnt sie sich eine Portion. Sie isst schrecklich gern, darum schmeckt es so gut im „Nautilus", glaubt sie, denn sie kocht immer, als wäre es für sie selbst oder jemanden, den sie mag. Wenn sie die nassen Muscheln unter dem grellen Neonlicht der Markthalle schillern sieht, stellt sich Cata sie immer schon auf dem Teller vor: Die riesigen, schwarzen Miesmuscheln und die Austern klappt sie auf und mariniert sie in Limonensaft mit fein gehackten Zwiebeln, Tomaten und Koriander, die zungenförmigen Machas überbäckt sie mit Parmesan, Herzmuscheln mischt sie unter pikanten Safranreis, mit Meeresschnecken und Jakobsmuscheln verfeinert sie den Fischsalat. Für ihren Fischsalat wird sie morgen wieder einen Tollo mitnehmen. Das weiße Fleisch des einen Meter langen Hundshais eignet sich besonders dafür. Krebse von der Größe einer Handfläche wird sie wieder gleich mehrere Dutzend kaufen. Sie krönen die Jalea, die sie für den letzten Gast zubereitet hat, und sie geben ihrer Fischsuppe das gewisse Etwas.

Anfangs hat sie der strenge Geruch nach Meerwasser und Fisch auf dem Markt gestört, doch inzwischen nimmt sie ihn kaum noch wahr. Längst kennt sie die Händler, und diese wissen, dass sie Cata nichts Minderwertiges verkaufen können. Sie schnüffelt an der Ware, bevor sie sie einpacken lässt, denn sie kann am Geruch feststellen, wenn der Fisch nicht mehr ganz frisch ist. Alter Fisch stinkt nach Ammoniak, erklärt sie immer den erstaunten Verkäufern. Als typische Peruanerin feilscht sie um jeden Cent. Die Männer würden sie für dumm halten, wenn sie die Preise gleich akzeptierte. Oder hinter ihrem Rücken Witze über die mangelnde Geschäftstüchtigkeit von Frauen reißen. Mit den Männern, die am Ausgang die Fische für ein paar Cent filetieren, muss man auf der Hut sein, denn sie lassen gern ein Stück Fisch oder den Rogen unter ihrer Theke verschwinden, um sie später selbst zu verkaufen. Rogentortilla ist eine Köstlichkeit. Cata vermengt die Fischeier mit gehackten Tomaten und Zwiebeln, paniert sie mit etwas Mehl und brät sie vorsichtig in Öl. Wie hat es sie aufgebracht, als sie die Rogen nach ihrem ersten Besuch auf dem

Fischmarkt vergeblich in ihren vielen Plastiktüten suchte. Zwei Tage später hat sie dem diebischen Filetierer so zugesetzt, dass er nur noch stumm auf seine Theke stierte. Danach fehlte nichts in der Plastiktüte. Doch Cata ist jetzt immer wachsam.

Sie ist mit sich und der Welt zufrieden. Ein Jahr ist es nun her, dass sie sich entschlossen hat, ein eigenes Fischrestaurant zu eröffnen. Oft kann sie es selbst kaum fassen, doch das Restaurant hat gut eingeschlagen. Ihr Ceviche hat inzwischen seine Stammkunden in San Miguel, dem bürgerlichen Stadtviertel in Limas Norden. An jeder Straßenecke der peruanischen Hauptstadt wird der Salat aus rohem Fisch angeboten, doch nur wenige wissen ihn zu würzen wie Cata. Ihre Mischung aus Limonensaft, geriebenem Ingwer, Korianderblättern und Ají ist schlicht perfekt. Nicht zu sauer, nicht zu scharf. Und vor allem stets frisch, weil sie immer pünktlich auf den Fischmarkt kommt, wenn das Angebot noch groß ist.

Vor ein paar Wochen konnte sie ihren Brüdern das Geld zurückzahlen, das sie ihr für die Einrichtung des „Nautilus" geliehen hatten. Wenn der Erfolg anhält, würde sie bald den gebrauchten Herd durch einen größeren ersetzen, eine neue Klimaanlage und eine Spülmaschine kaufen können. Cata hätte den Speiseraum gern etwas luxuriöser ausgestattet, doch den Gästen gefallen die blauweiß karierten Tischdecken mit den passenden Servietten, die sie selbst genäht hat. Auch die Fischernetze unter der Decke machen sich gut. Sie muss lachen, wenn sie daran denkt, wie sie sie mit ihrem Bruder José angebracht hat. Immer wieder fielen sie ihm über den Kopf, als er auf der Leiter stand, und er hatte Mühe, sich aus den Maschen zu befreien. „Du zappelst wie ein Fisch an der Angel", hatte sie ihn geneckt.

Hätten ihr die Brüder damals nicht zur Seite gestanden, wäre Cata völlig verzweifelt, als Juan ihr eröffnete, dass er ihre Studienfreundin und Kollegin Inés heiraten würde. Sie hat es noch im Ohr, sein „Inés erwartet ein Kind von mir". Es schmerzt nicht mehr, doch geblieben ist die Wut. Auf den Mann, der sie betrogen hat. Auf sich selbst, die sie ihm so blind vertraut hat. Unwillkürlich schrubbt sie heftiger an der teuren, französischen Pfanne mit der Spezialbeschichtung, mit

Fischsalat (Ceviche)

Für 4 Personen

500 g weißes Fischfilet (z.B. Seezunge)
200 g frische Krabben oder Garnelen
2 rote Chilischoten
1 Stange Stangensellerie
1 große Zwiebel
¾ Tasse Limettensaft
1 Knoblauchzehe
1 EL gehackter Koriander
Salz
4 Süßkartoffeln

Den Fisch waschen und in mundgerechte Stücke schneiden. Krabben waschen und mit dem Fisch in eine Schüssel geben. Salzen und beiseite stellen. Stangensellerie in Stücke schneiden, 1 Chilischote von den Kernen befreien, Knoblauchzehe schälen und mit dem Limettensaft im Mixer pürieren. Über Fisch und Krabben gießen. Zwiebel in sehr feine Ringe schneiden, unter den Salat mischen. Die zweite Chilischote ebenfalls von den Kernen befreien, in sehr feine Ringe schneiden und über den Salat streuen. Zudecken und für mindestens eine Stunde zugedeckt im Kühlschrank ziehen lassen.
Süßkartoffeln in der Schale kochen, pellen und zum Fischsalat reichen.
Anmerkung: Ceviche kann auch nur aus Fisch oder mit weiteren Meeresfrüchten wie Tintenfisch, Miesmuscheln oder Calamari zubereitet werden.

der sie gewöhnlich besonders sorgfältig umgeht. Sie war mit Jungen ausgegangen in Cajamarca, doch Juan war ihr erster Mann. Sie hatte lange überlegt, bevor sie sich ihm hingab, doch alles schien so klar, so sicher. Sie hatte geglaubt, dass er der Einzige bleiben würde. Das Schlimme war, dass sie sich damals selbst die Schuld dafür gab, als Juan sie wegen Inés hatte sitzen lassen. „Hätte ich ihn doch nur nicht allein in den Süden fahren lassen", hatte sie sich vorgeworfen. Es half ihr nichts, dass ihr Bruder José sie immer wieder damit zu trösten versuchte, dass Juan ihr früher oder später ohnehin untreu geworden wäre, weil er sie eben nicht genug liebte. Und wahrscheinlich hatte José Recht. Doch es nagt immer noch an ihrem Stolz.

Cata hatte den jungen Arzt Juan Ocampo am Militärkrankenhaus kennen gelernt, an dem sie nach ihrem Universitätsexamen als Krankenschwester eine Stelle gefunden hatte. Er war ihr gleich aufgefallen. Er war groß und schlank, und seine blauen Augen waren etwas Besonderes in ihrem Land, in dem die meisten Menschen wie sie selbst die schwarzen Mandelaugen der Inkas geerbt haben. Vor allem aber war er freundlich zu den Krankenschwestern, die von den meisten Ärzten oft abgekanzelt wurden.

Doch besonders nahm sie für Juan ein, dass er wie sie von einem großen Bauernhof in der Nordprovinz Cajamarca stammt und wie sie neun Geschwister hat. Das verbindet in Lima, wo man aus einer der alteingesessenen Familien der Stadt kommen muss, um gesellschaftlich akzeptiert zu werden. Ihr Vater ist ein angesehener Mann in Cajamarca, mit guten Verbindungen zum örtlichen Parlamentsabgeordneten, und in seinem Dorf ist er der Kazike, der einflussreichste Bauer, auf den jeder hört. Er hat die Schule gebaut, und er hat durch seine Beziehungen erreicht, dass die Stromleitung bis in ihr Dorf San Andrés geführt wurde. Doch für die Leute in Lima bleibt er ein Provinzler und damit ein Niemand. Nur wer sehr viel Geld hat, wird in der Hauptstadt anerkannt, wenn er nicht von dort stammt. Reichtümer aber konnten Cata und Juan beide nicht aufweisen, ihre Eltern haben nur ihr Land, das ihnen ihr Auskommen sichert. Juan und Cata trafen sich bald auch nach Feierabend und redeten bis in die Nacht hinein über ihre Familien, über das einfache Leben auf dem

Hof, als es noch keinen Strom und kein fließendes Wasser gab und das Brennholzsammeln zu den Pflichten der Kinder gehörte.

Wenn ihre Schichten im Krankenhaus es zuließen, verbrachten sie die Abende gemeinsam in Catas Haus in San Miguel. Der Vater hatte Land verkauft und das Haus erworben, als Catas ältester Bruder zum Studium nach Lima gegangen war. Inzwischen haben alle sieben Brüder ihr Examen gemacht. Fünf leben heute wieder in Cajamarca, zwei haben sich in Lima verheiratet, und Cata bewohnt das blaue, mit weißem Stuck verzierte Häuschen aus den Dreißigerjahren jetzt allein. Wie oft hatte sie Juan in ihrem Wohnzimmer vorgelesen, während er ihr sanft über den Rücken streichelte. Gekrümmt vor Lachen hatten sie sich, als sie Mario Vargas Llosas Roman über den Hauptmann Pantoja lasen, der für die Streitkräfte im Urwald einen mobilen Bordelldienst aufbauen musste. Hätte es ihn doch nur gegeben, diesen Dienst, dann wäre Juan vielleicht nicht mit Inés ins Bett gegangen, hat Cata später oft gedacht. Obwohl: Einen Mann, der zu Prostituierten geht, hätte sie auch nicht haben wollen.

Und natürlich kochte Cata für Juan. Nichts entspannt sie so sehr wie am Herd zu stehen und mit Zutaten und Gewürzen zu spielen, wie es ihr die Phantasie gerade eingibt. Die Nonnen auf der Klosterschule haben ihr die Grundlagen der Kochkunst beigebracht, und schon mit zwölf Jahren war Cata ihren Klassenkameradinnen überlegen, wenn es darum ging, ohne Kochbuch etwas Gutes zuzubereiten. Zu besonderer Form lief sie auf, wenn sie die Speisen garnierte. Für eine Weihnachtsfeier in der Schule hat sie einmal einen gebratenen Truthahn mit Brokkoli und Tomaten in einen Christbaum verwandelt. Juan wusste ihre Künste in der Küche sehr zu schätzen, zumindest lobte er sie immer überschwänglich. Doch offensichtlich ging bei ihm die Liebe nicht durch den Magen, denn die ungestüme Inés kann nicht kochen. Während Cata Gemüse putzte und Kartoffeln schälte, schmiedeten sie Zukunftspläne. Sie wollten sparen, und wenn Juans Verpflichtung beim Militär endete, eine eigene Praxis eröffnen. Cata sollte Juan als Assistentin zur Seite stehen. Und Kinder wollten sie haben.

Er hatte sie zu ihren Eltern begleitet, und ihre Mutter war von dem jungen Arzt begeistert, der sich benahm, als hätte er schon immer zur Familie gehört. Er hockte sich mit den Eltern und der unverheirateten Tante, die bei den Vázquez lebt, in der Küche auf die Bänke um den Herd, er stand morgens mit Cata und ihrer Mutter in aller Herrgottsfrühe auf, um die Kühe zu melken, und er schien glücklich dabei. Nach einer Weile wusste es das gesamte Hospital: Catalina Vázquez und Juan Ocampo waren ein Paar.

Fast zwei Jahre lang glaubte Cata, die Welt läge ihr zu Füßen, bis Anfang 1995 die ersten Schwerverletzten ins Militärkrankenhaus eingeliefert wurden. Cata denkt oft an den achtzehnjährigen Indianerjungen, den sie waschen musste, weil auf der Intensivstation die Schwestern nicht mehr ausreichten und sie von der Geriatrie-Station abgezogen wurde, um dort auszuhelfen. Eine Mine hatte ihm die Beine zerfetzt. Er weinte, vor Schmerzen und weil er Angst vor der Zukunft hatte. Wovon er künftig leben solle, fragte er sie. Er sei Maurer, und da brauche man doch seine Beine. Sie murmelte etwas von staatlicher Hilfe, um ihn zu trösten, doch sie wusste genau so gut wie er, dass es die nicht geben würde. Und wenn, würden Politiker und Beamte das meiste davon in die eigenen Taschen stecken. So war es immer gewesen in Peru. Die Armen hatten keine Chance, sie hatten kein Geld für einen teuren Anwalt, der ihre Rechte geltend machen und wenn nötig einen Richter bestechen könnte. Der Junge würde vergeblich viele Male im Rollstuhl zu den Behörden fahren, endlose Stunden Schlange stehen, unfreundliche Beamte zu überzeugen versuchen, um dann doch mit leeren Händen dazustehen.

Niemand weiß bis heute, wer damals im Januar den ersten Schuss abgegeben hat, doch Peru befand sich über Nacht im Krieg mit dem Nachbarn Ecuador, dem Erzfeind, mit dem man sich seit sechzig Jahren um ein paar Quadratkilometer unbewohnten Urwald stritt. Allerdings soll dort Öl im Boden verborgen sein. Cata hatte zuvor noch nie von dem Grenzposten Tiwintza im Süden gehört, zu dessen Verteidigung nun die jungen Männer des Landes ausrücken mussten. Glaubte man Präsident Alberto Fujimori, hing plötzlich das Schicksal Perus von dem Grenzposten ab.

Einige Tage später rief dann der Präsident die Ärzte und Krankenschwestern des Militärkrankenhauses auf, sich an die Front zu melden. Er versprach ihnen doppelten Sold, wenn sie bereit waren, in einem Lazarett Dienst zu tun.

Juan war gleich begeistert: „Cata, lass uns zusammen in den Süden gehen. Das Geld können wir gut brauchen. Nur ein paar Monate. Und wir können den ganzen Tag zusammen arbeiten."

Zudem hoffte er auf eine Beförderung, die ihm eine Solderhöhung eintragen würde. Doch Cata weigerte sich.

„Ich halte das nicht durch, Juan. Ich will das nicht, tagtäglich halbe Kinder sterben sehen, für ein Stückchen Urwald. Ich will nichts zu tun haben mit dem Krieg. Lass mich bei meinen Alten, die brauchen mich auch."

An jenem Abend gingen sie im Streit auseinander, und bereits am nächsten Tag war Juan fort.

Er schrieb ihr von der Front, doch seine Briefe waren knapp gehalten, was sie mit dem harten Dienst entschuldigte. Dabei hätten die kühlen Briefe ihr eine Warnung sein müssen. Doch sie war blind dafür. Im Juli kam er zurück. Er hatte abgenommen, aber er sah gut aus. Und dann das Geständnis. Cata stand am Herd, um ihn mit seinem Lieblingsgericht willkommen zu heißen. Es war so demütigend: Stunden hatte sie eingekauft, das Essen vorbereitet und den Tisch festlich gedeckt. Und dann das „Ich werde Inés heiraten." Sie war wie versteinert, unfähig, ein Wort zu sagen. Nicht einmal weinen konnte sie. Er wollte, dass sie ihm verzieh, doch sie blieb stumm. Machte ihm keinen Vorwurf, stand nur einfach da. Schon als Kind hatte sie für Stunden nur geschwiegen, wenn sie traurig oder wütend war. Sie habe die stoische Ruhe ihrer indianischen Ahnen geerbt, sagte der Vater dann immer. Irgendwann ließ Juan die Tür ins Schloss fallen.

Ausgerechnet Inés. Cata hatte sie auf der Universität kennen gelernt, zusammen hatten sie für das Examen gelernt und danach gemeinsam am Militärkrankenhaus angefangen. Im Gegensatz zu Cata war Inés immer eine Draufgängerin gewesen, auch, wenn es darum ging, einen Mann zu erobern, der ihr gefiel. Sie fand es aufregend, in den Krieg zu ziehen. Dass sie sie so hintergehen würde, hätte Cata nie für möglich gehalten. Sie war sogar noch froh gewesen, zumindest die Freundin in Juans Nähe zu wissen.

In den darauf folgenden Wochen lebte Cata wie in Trance. Mechanisch stand sie auf, um ins Hospital zu gehen, mechanisch versah sie ihren Dienst, um danach erschöpft ins Bett zu sinken, um zu weinen, und doch keinen Schlaf zu finden. Nicht einmal das Kochen munterte sie auf. Im Krankenhaus versuchte sie, sich nichts anmerken zu lassen, und die Kollegen sahen über die schwarzen Ringe unter ihren Augen hinweg. Aber gewiss tuschelten sie hinter ihrem Rücken. Mit Inés wechselte sie nie wieder ein Wort. Nur einmal begegnete sie ihr im Treppenhaus, unter dem weißen Kittel wölbte sich bereits der Bauch. Cata schaute sie nicht einmal an, doch es tat schrecklich weh, dass nun eine andere von dem Mann schwanger war, mit dem sie ihre Kinder geplant hatte. Als sie erfuhr, dass er Kollegen im Hospital zur Hochzeit eingeladen hatte, glaubte sie, vor Scham im Boden versinken zu müssen. Dass er sie so vor allen demütigen musste. Sie rannte zur Toilette, um sich zu übergeben, und meldete sich krank. Am Abend fasste sie den Entschluss, das Militärhospital an der Avenida Javier Prado nie wieder zu betreten.

Als sie ihre Stelle angetreten hatte, war sie mit ihrem Einkommen ganz zufrieden, konnte sogar etwas zurücklegen. Doch im Zuge der Sparprogramme des Präsidenten wurden zunächst die Essensmarken, das Fahrgeld und das dreizehnte Monatsgehalt gestrichen, und inzwischen waren sogar die festen Verträge der Krankenschwestern in Dreimonatsverträge zu gekürztem Gehalt umgewandelt worden. Nicht einmal Urlaub gab es mehr. In den letzten Monaten hatten ihr die Brüder immer mal etwas zum Anziehen geschenkt, weil sie dafür nun kein Geld mehr hatte. Seit einer Weile fragte sie sich bereits, warum ihr Vater wertvolle Traberpferde aus seiner Zucht verkauft hatte, um ihr das fünfjährige Studium an der Privatuniversität zu finanzieren, wenn eine studierte Krankenschwester inzwischen nicht mehr Geld bekommt als eine Putzfrau. So viel wie im Krankenhaus würde sie auch anderswo verdienen können, ihr würde schon etwas einfallen.

Ihr ältester Bruder Néstor hatte dann die rettende Idee. Sie solle ihr Hobby zum Beruf machen, schlug er ihr vor. Zwar war sie sehr gern Krankenschwester, denn es gefiel ihr, Menschen zu helfen. Doch noch lieber kochte sie, und sie träumte bereits seit langem von einem eigenen Restaurant. Als Krankenschwester hatte sie immer einen Chef, in einem eigenen Restaurant dagegen hätte sie das Sagen. Néstor nahm ihr die undankbare Aufgabe ab, José und die übrigen fünf älteren Brüder um Kredit für den Schritt in die Selbständigkeit zu bitten. Den Vater anzupumpen, das kam nicht in Frage, musste er doch schon für die Privatschulen der beiden jüngeren Schwestern aufkommen, die außerdem demnächst zum Studium nach Lima kommen würden. Als Néstor sie eines Abends telefonisch in die Avenida Castilla bestellte, um dort mit ihm ein Lokal anzuschauen, hatte Cata erstmals wieder das Gefühl, dass in ihren Adern Blut floss. Seit jenem „Ich werde Inés heiraten" war es zu Eis gefroren. Die Miete für das Lokal ist zwar hoch, doch die Lage erstklassig. Und in fünf Minuten zu Fuß von zuhause zu erreichen.

Die Kellnerin, eine Kusine zweiten Grades, betritt die Küche, sie hat sich bereits umgezogen: „Ich mache dann jetzt Feierabend. Wir sehen uns gleich auf der Hochzeitsfeier. Für morgen Mittag ist bereits eingedeckt, und durchgefegt habe ich auch. Die Abrechnung stimmt Gott sei Dank, du musst nur noch die Kasse abschließen."

Cata schaut vom Spülbecken auf. Nachzuzählen braucht sie das Geld nicht, denn zu Fernanda hat sie Vertrauen. Sie hat mit ihr die Nonnenschule besucht, und Fernanda muss allein ein kleines Kind durchbringen.

„Ich bin auch gleich so weit. Ich muss mich dann nur noch umziehen. Ich habe mir mein rotes Minikleid mit den Spaghettiträgern mitgebracht. Ich habe es schon so lange nicht mehr getragen."

Zuletzt, als sie mit Juan zu einem Fest eines Kollegen eingeladen war. Seitdem war sie nicht mehr ausgegangen. Sechs Abende die Woche ist das „Nautilus" mindestens bis Mitternacht geöffnet, und danach fällt sie nur noch ins Bett. Zweimal die Woche muss sie morgens um vier Uhr zum Fischmarkt, und an ihrem freien Montag hat sie Buchführung und Behördengänge zu erledigen. So spürt sie nicht einmal, dass sie allein lebt, zumal Néstor und José mit ihren Frauen regelmäßig vorbeischauen. Nur manchmal, abends im Bett, fehlt es ihr, sich an einen Mann zu schmiegen. Oder vor dem Einschlafen noch über den Tag zu reden.

Sie wäscht sich auf der Gästetoilette und streift das rote Kleid über. Es macht sich gut zu ihrer braunen Haut. Es ist nur ein bisschen weit geworden, die Sache mit Juan hat sie einige Kilos gekostet. Wochenlang hat sie kaum etwas essen können. Das schwarze Haar fällt ihr in großen Naturlocken fast bis zur Hüfte. Ihr Gesicht mit den hohen Wangenknochen und der leicht gekrümmten, indianischen Nase ist guter Durchschnitt, findet sie, doch sie mag ihr Haar, das sie beim Kochen nur mit dem Kopftuch bändigen kann. Sie wäre auch gern etwas größer, mit 1,50 m ist sie selbst für peruanische Verhältnisse klein. Doch seit sie ein junges Mädchen war, ist sie es gewohnt, auf schwindelerregend hohen Absätzen durch die Welt zu staksen. Sie läuft kilometerweit damit. Sie streift ein Paar rote Sandaletten über und legt sich die Kette mit dem Brillanten um den Hals. Ihr einziges Schmuckstück von Wert. Sie hängt sehr daran, denn die Eltern haben es ihr zum Examen geschenkt. Sie nimmt sich ein Bündel Soles für den Einkauf auf dem Großmarkt aus der Kasse und steckt das Geld zu Jeans, Pullover und Gummistiefeln in eine Reisetasche, den Kassenschlüssel verstaut sie in ihrer Handtasche. Sie wird über Nacht bei ihrer Kusine bleiben und von dort aus zum Großmarkt aufbrechen. Noch ein letzter Blick durchs Lokal, das sie wie jeden Abend mit Stolz erfüllt, und dann tritt sie auf die Straße, um die Tür hinter sich abzuschließen. An der nächsten Ecke wird sie sich ein Taxi heranwinken.

Sie hört, dass neben ihr am Straßenrand ein Auto hält, und dann geht alles blitzschnell. Sie spürt etwas Kaltes, Hartes im Nacken.

„Wenn du schreist, drücke ich ab", raunt ihr eine männliche Stimme ins Ohr. „Schließ wieder auf und geh rein in den Laden."

Sie gehorcht wortlos, fast starr vor Schreck. Der Mann schiebt sie vor sich her in den Gastraum, zwei weitere Männer folgen ihm, dann schließen sie von innen die Tür. Sie haben schwarze Wollkapuzen über den Kopf gezogen, wie sie sie von den Sinchis kennt, den Sonderkommandos der Streitkräfte, die Ende der Achtzigerjahre immer wieder in ihr Dorf kamen, um die Häuser der Bauern nach Terroristen vom „Leuchtenden Pfad" zu durchkämmen. Im Schutze ihrer Kapuzen begingen die Sinchis damals die schlimmsten Greueltaten. Sie folterten und töteten, wenn sie auch nur den leisesten Verdacht hegten, ein Gefangener könnte etwas über die Terroristen wissen. Auf Befehl des grausamen Generals Cisneros hatte man ihnen eingeimpft, dass es sich lohnt, zwanzig Menschen zu töten, wenn sich darunter auch nur ein Terrorist befand. Sie waren Tötungsmaschinen, denen man jede menschliche Regung abgewöhnt hatte. In ihrer Ausbildung mussten die Sinchis einen jungen Hund aufziehen. Nach einigen Monaten erhielten sie dann den Befehl, ihn umzubringen. Das hatte eine Psychologin am Hospital Cata erzählt, die eine Weile an einer Militärakademie gearbeitet hatte. Nach seiner Entlassung aus den Streitkräften fand so mancher ehemalige Sinchi keinen Job. „Sinchis. Wenn die drei Männer Sinchis sind, dann gnade mir Gott", denkt Cata. „Eine falsche Bewegung, und sie bringen mich um und werfen meine verstümmelte Leiche in den Rimac-Fluss."

Der Mann mit der Pistole fordert den Kassenschlüssel. Als sie ihn nicht gleich in ihrer Handtasche findet, entreißt einer der Männer sie ihr und schüttet den Inhalt auf den Boden. Ihr Portemonnaie steckt er ein, dann leert er die Kasse und findet beim Durchstöbern ihrer Reisetasche das Geld für den Großmarkt. Entsetzt muss sie zusehen, wie sie dann noch den Gefrierschrank mit den Meeresfrüchten von der Küche in den Gastraum rollen. Sie hat ein Vermögen dafür bezahlt. Die Männer sperren die Tür auf und laden ihn auf ihren Pickup. All ihre Ersparnisse stecken in dem Kühlgerät. Doch kein Laut kommt über ihre Lippen. Sie fühlt nur die Kälte der Pistole in ihrem Nacken. Auch die Weinkisten aus der Küche laden sie auf. Zu guter Letzt reißt ihr der Mann hinter ihrem Rücken noch die Kette mit dem Brillanten vom Hals. Dann spürt sie einen heftigen Schmerz am Hinterkopf, und danach nichts mehr.

Als Cata wieder aufwacht, dröhnt es in ihrem Schädel, als habe sie zu viel getrunken. Sie liegt auf dem Boden des Gastraumes, und nur mit Mühe kann sie sich an einem Stuhl hochziehen. Als sie aufstehen will, muss sie sich übergeben. „Gehirnerschütterung", diagnostiziert sie. Der Verbrecher hat fest zugeschlagen, wohl mit dem Knauf seiner Waffe. Es dreht sich alles in ihrem Kopf. „Ich muss aufräumen, ich muss am Mittag das Lokal öffnen", ist ihr erster Gedanke. Ihr Blick fällt auf die Uhr an der Wand: Sie muss eine Stunde bewusstlos gewesen sein, denn es ist bereits fast zwei Uhr morgens. Langsam kriecht sie auf allen Vieren in die Küche. Sie braucht einen Schluck Wasser, gegen den sauren Geschmack des Erbrochenen.

Cata schafft es schließlich, sich am Spülbecken aufzurichten. Sie öffnet den Wasserhahn, spült sich den Mund aus und lässt sich Wasser über das Gesicht laufen. Trotz der Wärme in der Küche ist ihr kalt, als hätte sie Fieber. Doch sie ist ruhig, ganz ruhig. Sie kennt das: Wenn Probleme anstanden und sich ihre Geschwister, die Eltern oder Juan aufregten, wurde sie immer ganz ruhig und still. Wie oft hatte man ihr vorgeworfen, es interessiere sie wohl gar nicht, was um sie herum geschehe. „Was nützt es, wenn ich mich aufrege?", antwortete sie dann.

Sie setzt sich an einen der Tische und stützt den Kopf in beide Hände. Sie wird morgen kaum öffnen können. Denn was soll sie den Gästen servieren? Die Vorräte sind aufgebraucht, und ihr bleibt nicht ein Cent. Selbst wenn sie sich Geld für den Fischmarkt liehe – sie hat keinen Kühlschrank mehr, um die Waren zu lagern. Alles, was sie je besaß, haben die Drecskerle mitgenommen. In ein paar Tagen wird obendrein die Miete fällig, auch die wird sie nicht bezahlen können. Es bleiben ihr nicht einmal ein paar Soles für ein Taxi.

„Ich muss die Polizei holen", denkt sie. Sie geht zum Telefon in der Küche, hebt ab und stellt fest, dass die Leitung frei ist. Die Verbrecher haben sie also nicht durchtrennt. Sie zögert einen Moment, denn die Polizei in Lima hat einen schlechten Ruf. Doch dann wählt sie den Notruf und erklärt dem Beamten, was geschehen ist. Er nimmt die Adresse auf und verspricht, einen Streifenwagen vorbeizuschicken. „Am besten nichts anrühren, bis sie kommen", sagt sie sich und hockt sich wieder in den Gastraum.

Es dauert nicht lange, bis jemand heftig gegen die Tür hämmert.

Nicht sehr sanft, die Polizei, denkt Cata. Sie öffnet und zwei Männer um die Dreißig in grünen Uniformen stehen vor ihr.

„Avenida Castilla 178? Sie haben einen Überfall gemeldet?" Besonders freundlich sind sie nicht, nicht einmal einen guten Abend haben sie gewünscht. Doch Cata bittet sie mit einer Handbewegung herein.

Sie berichtet, dass man sie niedergeschlagen hat, zählt auf, was alles gestohlen wurde, zeigt den Platz in der Küche, an dem noch vor zwei Stunden ihr Kühlschrank gestanden hatte. Wortlos schauen sich die beiden um. Sie sind untersetzt und Mestizen wie sie. Die tiefschwarzen Haare haben sie so kurz geschoren, dass die Kopfhaut durchscheint.

„Ich werde wohl schließen müssen, wenn Sie meinen Kühlschrank und mein Geld nicht wiederfinden", bricht Cata schließlich mit leiser Stimme das Schweigen, doch sie erhält keine Antwort. Die beiden schauen sich an und beginnen, die Hängeschränke zu öffnen.

„Vom Geschirr fehlt nichts", sagt Cata verwundert. Wieder keine Antwort. Schließlich entdeckt der größere der beiden in einem der Hängeschränke die Spirituosen. Die Flaschen sind alle noch fast voll, denn nur selten verlangt ein Gast mal einen Whisky.

„Gib mir ein paar Plastiktüten", herrscht der Größere sie an.

„Aber…, ich verstehe nicht", stammelt Cata.

„Nun mach schon, wir haben nicht ewig Zeit. Wenn du den Laden dicht machst, brauchst du das Zeug nicht mehr."

Auch diese beiden sind bewaffnet, und sie sehen nicht so aus, als ob sie lange zögern würden, wenn man ihren Befehlen nicht Folge leistet. So zieht Cata einige Plastiktüten unter der Spüle hervor. Hastig packen die beiden die rund zwanzig Flaschen ein.

„Hat keinen Zweck, dass du auf der Wache anrufst oder sonst irgendwie Ärger machst. Dir wird sowieso keiner glauben, denn du hast keine Zeugen, und wir sind zu zweit. Also halte schön dein Maul und freu dich, dass wir dir nicht noch dein Höschen ausziehen. Aber du stinkst uns zu sehr mit deinem vollgekotzten Kleid."

Dann nehmen sie die Tüten und gehen. Sie machen sich nicht einmal die Mühe, die Tür hinter sich zu schließen.

Sie hatte schon mal gehört, dass Polizisten Überlandbusse anhalten, den Passagieren befehlen auszusteigen, und dann ihr Gepäck ausrauben. Doch dass sie sich auch in der Hauptstadt wie die Schweine aufführen, das hätte sie nicht für möglich gehalten. „Was soll's, ich mag ja ohnehin keinen Whisky", versucht sich Cata zu trösten. Sie trinkt höchstens einen Schluck Rotwein oder süßen Sekt, und die Brüder wie die Eltern haben sich der Adventisten-Gemeinde angeschlossen, sie rühren keinen Tropfen Alkohol an.

Die Polizisten haben nicht einmal eine Anzeige aufgenommen. Aber wozu braucht sie die? Eine Versicherung, die eine Anzeige verlangen würde, hat sie nicht. Der Vertrag der Versicherungsgesellschaft liegt bei ihr im Schreibtisch. Sie hat ihn nicht unterschrieben, weil sie sparen wollte. Es passiert schon nichts, hatte sie sich gesagt. Nun steht sie vor dem Nichts. Sie hebt ihren Hausschlüssel und ihre Papiere vom Fußboden auf, stopft sie in die Handtasche, um sich auf den Weg nach Hause zu machen. Sie würde eine Schlaftablette nehmen und morgen darüber nachdenken, was nun aus ihr werden soll. Als erstes würde sie ein Schild an der Tür anbringen müssen: „Wegen Geschäftsaufgabe geschlossen."

KAPITEL 2

Die Krankheit

Cata lässt sich erschöpft in den Sessel fallen. Es ist zum Verzweifeln: Zwei Wochen lang ist sie nun schon zehn Stunden täglich von Haustür zu Haustür unterwegs und hat so gut wie nichts verkauft. Dabei erklärt der Präsident den Peruanern unermüdlich, dass es ihnen wirtschaftlich viel besser geht als vor ein paar Jahren, doch das spüren wohl nur die Reichen. In ihrem Stadtviertel San Miguel, wo kleine Geschäftsleute, Lehrer und Ingenieure zuhause sind, scheint es kaum Frauen zu geben, die Geld für Kosmetika ausgeben können. Von einem Stück Seife, einem Fläschchen Nagellack und ein paar Lippenstiften kann sie aber nicht leben. Fünfzig Soles hat sie in den zwei Wochen verdient, die reichen nicht einmal zum Sattwerden.

Kusine Fernanda hatte ihr über eine Freundin die Arbeit als Kosmetikvertreterin vermittelt: „Die Marke ist toll. Und nicht teuer. Meine Freundin macht gutes Geld damit. Und du magst doch so gern Parfums und Crèmes. Den Musterkoffer stellt dir die Firma, und dann gehst du damit von Haus zu Haus, nimmst die Bestellungen auf und eine Woche später lieferst du sie aus."

Fernanda hatte sie jeden Tag besucht, als sie die Gehirnerschütterung zwang, eine Woche im Bett zu bleiben. Mit letzter Kraft hatte Cata das Mobiliar des „Nautilus" auf einen gemieteten Lastwagen gepackt und in ihrem Haus verstaut, doch dann konnte sie sich nicht mehr auf den Beinen halten. Zum Ausruhen gezwungen, hatte sie alle Möglichkeiten durchgespielt: An einem Krankenhaus wollte sie nicht wieder arbeiten, da verdiente sie nicht genug, um leben zu können.

Ihr Vater hatte ihr am Telefon angeboten, sie könne nach Hause kommen und der Mutter zur Hand gehen. Doch nach Cajamarca zurück kehren? Sie mag das Leben auf dem Land, wenn sie dort ihre Ferien verbringt, doch müsste sie immer dort wohnen, würde sie sich furchtbar langweilen. Und sie würde in ihrem Dorf nie einen Mann finden und nie eine eigene Familie haben, sondern die Kinder ihres Bruders Pedro hüten, der als einziger Agraringenieur in der Familie inzwischen mit dem Vater den Hof führt und ihn einmal übernehmen wird. Sie wäre willkommen, das weiß sie, doch sie würde sich als die lästige Schwester fühlen, die man durchfüttern muss. Ein schrecklicher Gedanke. Seit sie in Lima wohnt, trifft sie ihre eigenen Entscheidungen. Zuhause aber bestimmen die Mutter und die Schwägerin. Oft hasst sie Lima, aber sie hat sich doch an die Großstadt gewöhnt. Daran, gelegentlich ins Kino zu gehen oder in einer Buchhandlung oder in einem Modegeschäft zu stöbern. In ihrem Dorf gibt es keine Modegeschäfte, keine Buchhandlung, kein Kino. Da leben die Menschen das ganze Jahr lang von der Vorfreude auf das Fest des Heiligen Andreas, des Schutzpatrons. Als junges Mädchen hat sie die mehrtägigen Feierlichkeiten immer sehr genossen, das Feuerwerk, die Ausstellung von Malern der Umgebung, die Musik und die Volkstänze. Verwandte aus ganz Peru reisen dazu an, und es wird viel getrunken und gelacht. Doch für den Rest des Jahres bleibt man zuhause, sitzt abends am Kamin, strickt Pullover oder webt Ponchos und Pferdedecken und geht spätestens um neun Uhr zu Bett. Das ist nicht mehr ihre Welt.

Sie hatte auch mit dem Gedanken gespielt, sich eine Stelle als Köchin zu suchen. Doch ohne ein Zeugnis über eine entsprechende Ausbildung bräuchte sie Kontakte, jemanden, der sie an ein gutes Restaurant empfiehlt. Aber sie kennt in Lima niemanden, der sie vermitteln könnte.

In den Anzeigen der Zeitungen wurden lediglich ein paar Küchenhilfen gesucht, und da würde sie den ganzen Tag Zwiebeln schneiden und Kartoffeln schälen, für einen Hungerlohn. Dann schon lieber Kosmetik verkaufen, hatte sie sich gesagt. Da ist sie ihr eigener Herr. Doch was nützt ihr das, wenn sie damit nicht überleben kann? In einigen Tagen würde die Stromrechnung fällig. José hatte schon angeboten, ihr das Geld zu leihen, und sie würde seine Hilfe wieder einmal in Anspruch nehmen müssen, wenn ihr nicht bald etwas einfiele. José geht es am besten von allen Geschwistern. Seine Frau Susana hat ein Textilunternehmen von ihrem Vater geerbt, und durch ihre Beziehungen hat sie ihren Mann in einer großen Plastikfabrik unterbringen können, in der er als Ingenieur für die technische Überwachung des Maschinenparks verantwortlich ist.

Versonnen starrt sie auf das kitschige, in grellen Farben gemalte Portrait der Sarita Colonia, das auf ihrer Anrichte steht. Susana hatte es ihr geschenkt, als sie im Militärhospital gekündigt hatte. Cata hat zwar noch nie so recht an die Kräfte Saritas geglaubt, doch sie hatte das Bild aufgestellt, um Susana nicht zu kränken. Nie hat ein Papst Sarita Colonia selig oder heilig gesprochen, doch viele Limeños sind fest davon überzeugt, dass sie Wunder vollbringt. Sarita war in einem Elendsviertel aufgewachsen und erst 26 Jahre alt, als sie 1940 an Tuberkulose starb. Berühmt wurde sie erst drei Jahrzehnte nach ihrem Tod, als eine arme Frau in ihrer Verzweiflung Sarita an ihrem Grab um Fürbitte für ihre todkranke Tochter anflehte. Das Mädchen wurde gesund, und Saritas Aufstieg zur Volksheiligen begann. Angeblich setzt sie sich besonders für Arbeitslose, Taxifahrer und Diebe ein. Susana hatte zu Sarita Colonia gebetet, damit Cata nach der Kündigung schnell wieder eine Arbeit finden möge. Die Schwägerin war bis zu dem Überfall fest davon überzeugt gewesen, dass es Sarita war, die dem „Nautilus" zum Erfolg verholfen hatte. Nach jener schrecklichen Nacht waren jedoch auch ihr Zweifel gekommen, ob die Heilige sich tatsächlich um Cata verdient gemacht oder womöglich sogar auf Seiten der Verbrecher gestanden hat, deren Schutzpatronin sie schließlich auch ist. Sarita Colonia würde Cata kaum nützen, aus ihrer gegenwärtigen Lage heraus zu finden. Vielleicht kann Doña Clara mir sagen, was jetzt das Richtige für mich ist, überlegt Cata. Die Alte hat mir immerhin vorausgesagt, dass Juan mich verlassen würde, erinnert sie sich. Blinden Glauben schenkt sie den Hellsehern zwar nicht, doch schaden kann es schließlich nicht, zumindest ihre Meinung zu hören. Schon in Cajamarca war sie regelmäßig zu einem indianischen Schamanen gegangen. Er sei weit über hundert Jahre alt, vermuteten die Leute in San Andrés, denn er habe schon ihren

Großeltern geweissagt. Er las die Zukunft aus den Blättern der Cocapflanze. Er murmelte fromme Beschwörungsformeln auf Quechua, warf eine Handvoll der harten, blassgrünen Blätter in die Luft, um aus dem Bild, das sie formten, wenn sie zu Boden fielen, das Schicksal des Rat Suchenden abzulesen. Doch der Schamane war nicht sonderlich treffsicher in seinen Voraussagen, hatte er Cata doch immer wieder weite Reisen und eine Zukunft in Wohlstand prophezeit. Nun, immerhin war sie bis Lima gekommen. Aber vom Wohlstand ist sie weit entfernt.

Doña Clara öffnet ihr selbst die Tür. Die Enkelin, die ihr den Haushalt führt, sei gerade ausgegangen, deshalb habe Cata so lange vor der Tür warten müssen. Ihre Beine wollten nicht mehr so recht. Die kleine Frau mit den dünnen, gelblich-weißen Haaren stützt sich auf einen Stock. Ein weites, bodenlanges Gewand aus rotem Tüll umhüllt die runde Gestalt. Mit ihren Filzpantoffeln schlurft sie langsam durch den Flur, an dessen Ende ihr Sprechzimmer liegt. Es riecht nach den Räucherstäbchen, die Doña Clara während ihrer Sitzungen abbrennt. Der kleine Raum ist mit dichten, roten Vorhängen abgedunkelt, dicke, rote Kerzen sorgen für ein schummriges Licht. Ein großer Tisch füllt das Zimmer fast ganz aus. Auf einem roten Filztuch hat Doña Clara ihre Arbeitsutensilien drapiert: Karten, ein Glas und eine Kanne mit Wasser. Sie stützt sich mit ihren beringten Händen auf dem Tisch ab, um sich schwer auf den Stuhl dahinter fallen zu lassen. Cata nimmt ihr gegenüber Platz.

Sie kennt die Zeremonie bereits: Nachdem die Alte mit zittrigen Händen ein neues Räucherstäbchen angezündet hat, verbirgt sie zunächst für ein paar Minuten das Gesicht in beiden Händen. Um sich auf den Besucher zu konzentrieren, sagt sie. Cata hat Zeit, die Ringe an ihren Händen näher zu betrachten. An jedem Ringfinger trägt sie eine goldene Schlange, links und rechts davon prangen in vergoldetes Blech gefasste, große Glassteine in allen Regenbogenfarben. Dann greift Doña Clara nach ihren Karten: „Was willst du wissen, mein Kind?"

„Ich weiß nicht, was ich tun soll. Seit ein paar Wochen verkaufe ich Kosmetik, doch dabei springt nichts raus. Soll ich es weiter versuchen oder soll ich mich vielleicht nach etwas anderem umsehen? Aber nach was? Und wo? Ich bin inzwischen ziemlich verzweifelt. Irgendwas muss es doch für mich geben."

Die Weissagerin breitet die Karten auf dem Tisch aus, und während sie sie hin- und herschiebt, um sie zu mischen, klingeln ihre Ringe.

„Dann wollen wir mal schauen."

Sie nimmt die Karten hoch und deckt drei von ihnen auf. Sie sieht sie einen Moment lang an, um noch drei weitere aufzudecken. Dann blickt sie Cata in die Augen: „Du stehst an einem Scheideweg. Du kannst so weitermachen wie bisher, verhungern wirst du nicht, aber wenn du das Glück suchst, und es zu etwas bringen willst im Leben, musst du reisen, viel reisen."

Da waren sie wieder, die Reisen.

„Reisen? Aber wohin denn?"

„Das sagen die Karten nicht, aber es wird sich finden, mein Kind, sehr bald wird es sich finden."

„Und werde ich auch einen Mann kennen lernen, wenn ich so viel reise? Und Kinder haben?"

Wieder deckt Doña Clara drei Karten auf und überlegt.

„Nein, du wirst nicht allein bleiben. Doch dein Glück wird nicht von Dauer sein. Und Kinder sehe ich in den Karten nicht. Aber ich will noch das Wasser befragen."

Sie greift nach der Kanne und füllt das Glas mit Wasser. Sie schaut es lange an, und schließlich seufzt sie: „Nein, Kinder wirst du nicht haben, jedenfalls nicht in jungen Jahren. Und dir wird auch nichts geschenkt, du wirst kämpfen müssen. Aber du bist stark, und du wirst triumphieren. Doch es wird dauern. Verliere niemals den Mut, irgendwann wirst du belohnt."

Nie den Mut verlieren. Das sagt sich so leicht, wenn man sein geregeltes Einkommen hat. Und reisen. Wohin soll sie reisen? Ihr bleibt ja nicht einmal das Geld, um die Eltern zu besuchen, denkt Cata, nachdem sie sich von Doña Clara verabschiedet hat. Die Alte hat sie auch nicht weitergebracht. Sie muss sich mit Susana und José besprechen. Die beiden haben immer die besten Ideen. Susana kommt durch ihre

Textilfabrik viel herum, zu ihren Kunden zählen einflussreiche Geschäftsleute. Und sie ist Tochter japanischer Einwanderer und hat gute Verbindungen zur japanischen Immigranten-Gemeinde. Viele Japaner haben es wie Präsident Fujimori zu Wohlstand gebracht in Peru. Vielleicht hat ja irgendein japanischer Betrieb einen Job für sie. Große Hoffnungen macht sie sich allerdings nicht, denn wer kann schon eine Krankenschwester brauchen?

„Reisen sollst du also." Susana stellt einen Teller mit selbst gemachten Sushi auf den Tisch, nimmt Platz und schaut sie nachdenklich an. Sie serviert zunächst ihrem Mann und legt dann Cata einige Reisröllchen auf den Teller.

„Warum reist du nicht für mich? Ich werde noch ein paar meiner Kunden ansprechen. Einige von ihnen hätten bestimmt auch Interesse, wenn du mit einem Koffer voller Modelle durch Peru fahren würdest, um sie anzubieten. Vor allem in abgelegenen Dörfern und Kleinstädten dürfte noch ein gutes Geschäft zu machen sein. Du musst überall hinfahren, wo es keine großen Kaufhäuser gibt. Auch da wollen die Frauen gut aussehen. Und was aus der Hauptstadt kommt, gefällt ihnen immer. Das kennst du doch noch aus San Andrés", sagt Susana strahlend vor Begeisterung und beginnt während des Essens, ihr neues Vertriebssystem zu strukturieren: „Du gehst in den örtlichen Lebensmittelladen, fragst nach der Frau des Besitzers und schlägst ihr vor, eine Reihe von Frauen zu sich einzuladen. Und denen präsentierst du dann unsere Modelle. Du gibst die Bestellungen an uns weiter, wir produzieren und schicken dann die Lieferung an den Lebensmittelladen, dem wir eine Provision anbieten."

Bis in die Nacht feilen sie an ihrer neuen Verkaufsmethode, und als Cata im Morgengrauen schließlich ins Bett geht, findet sie vor Aufregung keinen Schlaf. Susanas Konzept klingt wirklich gut. Schon immer hatte sie sich gewünscht, mehr von Peru kennen zu lernen. Sie sieht sich bereits durch die wüstengleiche Dünenlandschaft der Pazifikküste gen Süden in die Weinstadt Ica fahren, an der Plaza von Ayacucho einen der berühmten, handgeschnitzten Holz-Altäre kaufen und durch die engen Gassen der alten Inkastadt Cusco streifen.

Zwei Wochen später sitzt Cata im Bus, von Susana mit einer Fahrkarte, Reisegeld und einem Koffer voller Röcke, Hosen, Blusen und Kleider ausgestattet. Sie haben das erste Ziel mit Bedacht ausgewählt. Tingo María, eines der Zentren des Coca-Anbaus, rund 550 Kilometer nordöstlich von Lima. Tingo María ist ideal für den Anfang, denn in der Umgebung des Städtchens am Rande des peruanischen Amazonasgebiets verfügen selbst die kleinen Bauern über ein vergleichsweise gutes Einkommen. Die Drogenhändler aus Kolumbien, die ihnen die Blätter abnehmen, um sie zu Kokain zu verarbeiten, zahlen zwar nicht mehr so viel wie vor einigen Jahren, doch mit dem Verkauf von Cocablättern verdienen die Campesinos bis heute besser als Catas Vater mit Mais, Kartoffeln und Bohnen, das hatte Susana kürzlich in der Zeitung gelesen. In Tingo María kaufen die Bauern Ackergeräte, Düngemittel und Insektenvertilger, und so sind auch die Geschäftsleute nicht gerade arm. Eine Boutique oder ein Kaufhaus aber gibt es nicht, das hatte Susana herausgefunden.

Nach zehn Stunden Fahrt setzt der Busfahrer Cata vor dem Hotel „New York" an der Hauptstraße ab. Die feuchte, warme Luft tut gut, denkt Cata. Zwar hat sie einen dicken Pullover mit, doch bei der Überquerung der verschneiten Anden-Kordillere hat sie sehr gefroren. Die Heizung im Bus kam gegen die Kälte auf den Gipfeln nicht an. Sie ist noch ganz benommen, die dünne Luft auf 5000 Meter Höhe hat ihr zu schaffen gemacht. Das Blut stieg ihr in den Kopf, sie wurde hochrot im Gesicht und hatte ständig das Gefühl, sie müsse sich übergeben. Sie bewunderte die Mitfahrer, die bei der Rast eine dicke, heiße Suppe mit Mais und Fleisch essen konnten. Sie trank mit Mühe den Tee von Cocablättern, der angeblich dabei helfen soll, Soroche, die Höhenkrankheit, zu überwinden. Cata hat allerdings keinerlei Wirkung verspürt. Sie ist froh, wieder in einer tieferen, wärmeren Gegend zu sein.

Außer Cata wohnt nur ein weiterer Gast im Hotel „New York", einem einfallslosen, zweistöckigen Plattenbau, der nicht recht zu dem hochtrabenden Namen passt. Sie mietet sich zunächst für zwei Nächte ein. Das Zimmer ist klein, und neben dem Doppelbett finden gerade ihre Reisetasche und der Musterkoffer Platz. Doch es ist sauber und hat eine Klimaanlage, mehr kann sie in einem abgelegenen Ort mitten im tropischen Regenwald kaum erwarten. Am liebsten würde sie nach der anstrengenden Nachtfahrt ein bisschen schlafen, doch sie muss jeden Tag für das Geschäft nutzen. So beschließt sie, die Müdigkeit mit einer kalten Dusche zu vertreiben und sich dann gleich an die Arbeit zu machen. Sie vertauscht ihre Jeans gegen ein gerade geschnittenes, türkisfarbenes Kleid ohne Ärmel aus Susanas Musterkoffer. Damit die Frauen gleich sehen, wie elegant Mode aus Lima sein kann. Sie schaut sich im Spiegel an und ist zufrieden: Ich sehe richtig seriös aus, denkt sie und streckt übermütig ihrem Spiegelbild die Zunge heraus: Wie eine erfolgreiche Geschäftsfrau. Nun muss sie nur noch einen Lebensmittelladen finden, so wie sie es mit ihrer Schwägerin besprochen hat.

Der Hotelbesitzer, ein Mann Mitte Vierzig, pfeift anerkennend, als sie an der Rezeption ihren Zimmerschlüssel abgibt: „Gut schauen Sie aus, wirklich gut. Wo soll es denn hingehen, so elegant?"

„Ich verkaufe Kleider und bin auf der Suche nach Kundinnen."

Der Mann ist freundlich, und so schildert Cata ihm ihren Plan.

„Der Lebensmittelhändler hier um die Ecke ist ledig, da werden Sie nicht viel Glück haben. Aber versuchen Sie es doch bei Marta López. Sie hat die größte Düngemittelhandlung hier im Ort, und sie macht sich selbst immer gern nett zurecht. Außerdem hat sie jede Menge Freundinnen hier in der Stadt. Sagen Sie ihr, ich hätte Sie geschickt. Wir kennen uns gut", sagt der Hotelier und fügt noch hinzu, dass Marta eine gute Geschäftsfrau sei, die ihr bestimmt weiterhilft, wenn auch für sie etwas dabei herausspringt.

Bester Laune macht sich Cata auf den Weg. Nach so viel Pech in den letzten Jahren musste sie einfach einmal Glück haben. Bereits nach ein paar Minuten ist sie in Schweiß gebadet, und auf dem Türkis ihres Kleides bilden sich dunkle Flecken. Jeder Schritt kostet Mühe in der feuchten Luft. Die Hauptstraße ist asphaltiert und trocken, doch in den lehmig-rotbraunen Seitenstraßen steht noch das Wasser vom letzten tropischen Regen. Jeden Nachmittag gießt es für ein bis zwei Stunden in Tingo María, bis dahin will sie wieder im Hotel sein.

Schön ist das Nest wahrlich nicht. Die ein- und zweistöckigen Häuser gleichen sich alle, viereckige, schmucklose Kästen, weiß oder hellblau getüncht die meisten. Auf vielen Flachdächern hängt Wäsche zum Trocknen. Sie kommt an fünf Düngemittelhandlungen vorbei. Offensichtlich düngen die Menschen hier mehr als sie essen. Ein Spirituosenladen bietet seinen Whisky in Dollar an, und das einzige Schuhgeschäft lebt dem Schaufenster nach zu urteilen hauptsächlich vom Verkauf von olivgrünen, braunen und schwarzen Gummistiefeln in allen Größen. Das Angebot des einzigen Textilgeschäftes erinnert sie an San Andrés: Jeans, blaue Arbeitsanzüge, Latzhosen, rot und blau karierte Arbeitshemden und gerüschte rosa Plastikblüschen, billig zwar, aber unglaublich hässlich. Ramschware, die anderswo niemand kaufen würde. Nein, ihr Angebot hat hier wirklich keine Konkurrenz. Ihre Schwägerin hat Recht: Die Verkäufer der großen Textilfabriken scheinen tatsächlich den Weg in abgelegene Provinznester zu scheuen.

Marta López erwartet sie bereits in der Tür ihres Ladens. Der Hotelier habe sie angerufen, sagt sie und bittet Cata herein.

Sie holt zwei Klappstühle aus dem Hinterzimmer und stellt sie vor die Theke.

„Im Sitzen redet es sich besser", sagt sie lachend und zeigt eine Reihe schneeweißer Zähne. Cata schätzt Marta auf Ende Dreißig. Sie ist um einiges größer als sie. Ihre leuchtend roten Haare sind zu einem Pagenkopf geföhnt, sie ist sorgfältig geschminkt und mit der weißen Haut in ihrem schwarzen, zweiteiligen Leinenanzug passt sie eher in ein Nobelviertel in Lima als in dieses Urwald-Kaff. Eine schöne Frau.

Sie bemerkt Catas bewundernden Blick: „Ich fahre alle paar Monate nach Lima und kleide mich ein. Meinem Hausmädchen habe ich beigebracht, mir die Haare zu machen. Der Friseur hier ist eine Katastrophe. Männerköpfe scheren ist das Einzige, was er kann."

„Was hat Sie denn hierher verschlagen? Düngemittel verkaufen, ist das nicht ziemlich langweilig?"

„Geld, meine Liebe. Das Geld hat mich hierher verschlagen. Mein Mann ist kurz nach der Hochzeit mit einer anderen abgehauen, und von irgendetwas musste ich leben. Ich habe ein paar Semester Jura studiert, aber nach der Scheidung hatte ich kein Geld mehr für die Uni. Da bin ich 1984 hierher gekommen, vor fast dreizehn Jahren, als hier die Post abging. Jeder pflanzte damals noch Coca an. Die Regierung hatte zwar schon begonnen, den Cocaanbau mit großen Worten zu verdammen, doch sie unternahm nichts dagegen, als hier die kolumbianischen Drogenhändler auf offener Straße ihre Geschäfte mit den Bauern abwickelten. Damals redete man auch bereits davon, die Cocapflanzen müssten ausgerottet werden, doch es gab noch keine Gift-Sprüh-Aktionen. Die Amerikaner hatten uns gerade erst als Schlachtfeld für ihren Krieg gegen das Kokain entdeckt. Die Kolumbianer zahlten noch dreimal so viel für den Sack Coca. Ein Freund hatte mir berichtet, dass man hier gute Geschäfte mit Düngemitteln und Blattverbesserern für die Coca machen kann. So bin ich hierher. Ich kann immer noch nicht klagen, aber damals habe ich richtig dickes Geld verdient."

Weil der Preis für die Blätter so gesunken sei, stellten viele Bauern inzwischen selbst daraus Kokainpaste her, eine unreine Vorstufe des Kokains, die mehr einbringt als die Blätter.

„Und für die Paste brauchen sie Chemikalien", sagt die Rothaarige lachend und zeigt auf die Kanister und Flaschen in ihren Regalen.

„Ende der Achtzigerjahre versuchten die Amerikaner, die UNO und die Regierung, die Bauern zu überreden, Kakao oder Gewürze anzubauen. Eine Weile gaben sie ihnen Geld dafür, wenn sie ihre Cocasträucher vernichteten. Doch die Leute hier sind schlau: Sie haben ihre Sträucher ausgerupft, kassiert und ein paar Kilometer weiter neue Felder angelegt. Und so läuft das noch heute."

Ob sie denn keine Angst habe, dass die Polizei ihre Chemikalien beschlagnahmt, fragt Cata, und ihrer Stimme ist anzumerken, dass ihr das Gehörte etwas Angst macht.

„Der Verkauf ist nicht verboten, und was weiß ich, was die Bauern mit dem Zeug machen?", antwortet Marta und fügt hinzu, dass die großen Chemiekonzerne aus aller Welt auch ihre Vertreter hierher schickten, und niemand hindere sie daran.

Marta scheint Cata zu mögen, denn sie beginnt, sie zu duzen: „Und wenn du mich fragst, ob mir die Amerikaner leid tun, die Kokain nehmen, dann kann ich dir nur sagen, dass mich die einen Dreck interessieren. Wir sind ein armes Land, und wir müssen zusehen, wie wir klarkommen. Sollen sie uns doch helfen, eine Industrie aufzubauen oder sonst irgendwas, damit wir überleben können. Nein, ein schlechtes Gewissen habe ich nicht. Aber nun zu dir. Du verkaufst Mode, hat mir Luis erzählt."

Cata berichtet von ihrem Projekt.

„Eine gute Idee. Ich schließe während der Mittagszeit, dann komme ich zu dir ins Hotel, schaue mir deine Sachen an und wenn sie mir gefallen, werde ich ein paar Freundinnen zusammentrommeln. Danach können wir, wenn du Lust hast, zusammen im Hotel zu Mittag essen."

Und ob Cata Lust hat! Ihr gefällt die Frau, und sie hört ihr gern zu. Sie selbst hätte nie den Mut, in einem abgelegenen Urwald-Dorf, in dem sie niemanden kennt, ein Geschäft aufzumachen. Und dass Marta ihr beim Verkauf helfen will, ist wirklich ein Glück.

Bis zum Mittag bleibt ihr noch eine Stunde, und so schlendert sie ein wenig durch den Ort. Er ist trostlos. Es gibt kein Museum, kein Denkmal, nicht einmal ein Gebäude, das sich anzuschauen lohnt. Arme Bauern aus den Anden hatten Tingo María 1938 gegründet, weil sie sich im Amazonasgebiet bessere Ernten als im kargen Hochland erhofften. Sie hatten kein Geld und kein Interesse für Prachtbauten. Der Blick auf die dicht bewaldeten Berge jenseits des Ortes ist das einzig Sehenswerte an Tingo María. „Die schöne Schlafende" nennen die Leute die Bergkette, weil ihre Silhouette an eine liegende Frau erinnert, deren dunkelgrüne Brüste sich gen Himmel recken.

Cata schlendert über den Markt, doch da wird nichts angeboten, was die Köchin beeindrucken könnte. Gemüse und Obst sehen traurig aus, so als ob sie schon lange auf Käufer warteten. Dabei müssten in dieser Gegend herrliche Früchte gedeihen. Um den Stand des Metzgers kreisen Schwärme von Fliegen. Wie es um den Fisch bestellt ist, riecht sie schon von weitem: Er stinkt unverkennbar nach Ammoniak. Auch am Fluss mit dem Namen Monzón stinkt es, dass es sie ekelt. Viele Einwohner scheinen seine Ufer mit der Müllkippe zu verwechseln. Dennoch waschen Frauen in abgerissener Kleidung ihre Wäsche darin. Sie müssen in den winzigen Holzhütten an der Uferböschung hausen, vermutet Cata. Auch Tingo María hat also sein Elendsviertel.

Als sie zum Hotel zurückkehrt, sitzt ihre neue Bekannte bereits in der Eingangshalle und unterhält sich bei einer Tasse Kaffee mit Luis, dem Hotelbesitzer.

„Vor zwei, drei Jahren hättest du nicht so einfach mit deinem Koffer hier hereinschneien können", sagt Luis und bittet Cata, ebenfalls Platz zu nehmen. Sie schaut ihn fragend an.

„Hast du nicht in der Zeitung gelesen, was damals hier los war?"

Cata schüttelt den Kopf. Sie liest nur selten Zeitung, und für die Fernsehnachrichten hatte sie meist keine Zeit.

„Das war hier eine Hochburg des Leuchtenden Pfades. Die Terroristen haben sich mit der Armee und der Polizei blutige Kämpfe geliefert. Dauernd fanden wir morgens Tote im Fluss, auch in den Straßen lag immer mal wieder eine von Kugeln durchsiebte Leiche. Nach Einbruch der Dunkelheit haben wir uns nicht mehr vor die Tür getraut. Jeder Fremde, der nach Tingo María kam, wurde am Ortseingang erst einmal von der Armee gefilzt. Und wenn den Soldaten etwas aus deinem Gepäck gefiel – weg war es. Und wehe, wenn die Terroristen den Verdacht hatten, du seiest ein Spion der amerikanischen Drogenbekämpfungsbehörde, dann ging es dir schlecht. Die nahmen dich einfach mit. Und so ein großer Koffer – damit hättest du dich gleich verdächtig gemacht."

Cata erzählt, dass auch in ihrem Dorf gelegentlich der Leuchtende Pfad aktiv war. Seine Terroristen hätten Leute verschleppt, aber an Tote auf den Straßen könne sie sich nicht erinnern.

„Bei euch im Norden waren auch keine Drogen im Spiel. Hier wollten alle ein Stück vom Kuchen abhaben. Polizei, Armee und Terroristen. Sie alle kassierten sogenannte Schutzgelder von den Bauern, die Coca anbauten. Und Startgelder von den Drogenhändlern, die mehrere Urwaldschneisen zu Flugpisten für ihre Drogenkuriere umfunktioniert hatten", erzählt der Hotelier.

„War schon eine schlimme Zeit", nickt Marta zustimmend, „und weil die Leute denken, hier sei immer noch die Hölle los, verirrt sich kaum jemand nach Tingo María. Dabei haben wir nicht weit von hier eine schöne Tropfsteinhöhle."

Marta steht auf und streicht sich die Leinenhose glatt: „Komm, gehen wir, ich bin schon ganz neugierig auf die Kleider, die du mitgebracht hast."

Am nächsten Abend hat Cata ihren großen Auftritt. Marta gefielen die Kleider, und sie hat zehn Frauen in ihr Wohnzimmer eingeladen, damit Cata ihnen die Modelle vorführen kann. In Tingo María passiert nicht viel, und da ist ein Gast aus Lima ein Ereignis. Martas Hausmädchen serviert Pisco Sour, und die Frauen sind bester Stimmung. Sie sind fast alle älter als Cata. Sie erzählt von sich und von dem Pech, das sie mit ihrem Fischrestaurant hatte.

„Wie konntest du nur die Polizei rufen?", ruft eine kleine, blond gefärbte Frau um die Vierzig, die sich als die Besitzerin der örtlichen Wäscherei vorgestellt hat.

„Ich hasse die Polizei, mindestens so sehr wie die Terroristen", fährt sie fort und die anderen stimmen ihr zu.

„Jetzt ist Gott sei Dank ein neuer Polizeichef hier, er ist nett und eine ehrliche Haut. Doch der alte war furchtbar. Er hat mir einmal seine Leute geschickt. Sie haben mir meinen Laden kurz und klein geschlagen und die ganze frisch gewaschene Wäsche auf die Straße geworfen, weil ich mich anfangs geweigert habe, dem Schwein jeden Monat 500 Soles zu zahlen. 500 Soles. Dafür arbeite ich eine ganze Woche! Doch was blieb mir übrig? Schließlich musste ich doch zahlen."

„Wir haben alle gezahlt, aus Angst. Wen sie festnahmen, den schlugen sie meistens krankenhausreif. Und sie nahmen viele Leute einfach mit, nur weil ihnen das Gesicht nicht passte. Warfen ihnen einfach Kollaboration mit dem Leuchtenden Pfad vor", fügt Marta hinzu.

„Da bin ich ja noch glimpflich davon gekommen", entgegnet Cata. Sie spürt, dass man sie mag. Die Geschichte mit der Polizei hat die Frauen für sie eingenommen. Nach zwei Stunden umfasst die Kleiderbestellung fast sechzig Teile. Die Frauen haben nicht nur für sich, sondern auch für Töchter, Schwestern und Kusinen Mode aus Lima in Auftrag gegeben.

Die Reise hat sich jetzt schon gelohnt, freut sich Cata abends im Bett. Nach dem Misserfolg mit der Kosmetik hatte sie geglaubt, sie sei unfähig, etwas zu verkaufen. Irgendwie sind die Frauen auf dem Land aber auch aufgeschlossener als in Lima. Vielleicht sind sie es auch nur, weil sie wissen, dass Cata wie sie aus der Provinz stammt. Susana wird jedenfalls jubeln, wenn sie ihr morgen telefonisch die erste Bestellung durchgibt. Und sie wird José das Geld für die Stromrechnung zurückzahlen können. Marta und die Frauen haben ihr geraten, noch ein paar Tage in Tingo María zu bleiben, denn sie wollen ihr noch weitere Kundinnen schicken. So verschiebt sie erst einmal ihre Weiterreise nach Pucallpa. Auch in die sechs Autostunden weiter nordwestlich gelegene Stadt im Amazonastiefland fahre niemand gern, weil sie ein Treffpunkt für Schmuggler aus dem benachbarten Brasilien sein soll, die sich gelegentlich nächtliche Schießereien liefern, hatte Susana erkundet. Und Pucallpa sei ganz furchtbar hässlich, hatte die Schwägerin sie gewarnt.

In den nächsten Tagen verbringt Cata viele Stunden in der Düngemittelhandlung, um sich mit Marta zu unterhalten, wenn gerade kein Kunde im Laden ist. Und sie nimmt weitere Bestellungen auf, die sie an Susana weitergibt. Cata bietet der neuen Freundin an, für sie und Luis am Abend vor ihrer Abreise nach Pucallpa zum Abschied zu kochen. Wie könnte sie sich besser bei Marta bedanken als mit einem guten Essen? So sucht sie sich auf dem schäbigen Markt das Beste heraus. Wochen hatte sie schon nicht mehr am Herd gestanden! Und es fehlte ihr. Sie wird eine Causa Limeña mit Huhn als Vorspeise zubereiten und ihnen dann eine Ente servieren, die sie zerlegen und vor dem Schmoren in einer Essiglake mit Paprika und Kreuzkümmel marinieren will. Das Geflügel auf dem Markt sieht frischer aus als Fleisch und Fisch. Während sie die Zutaten zu Marta schleppt, fühlt sie, wie ihr die Glieder immer schwerer werden. Schon vor zwei Tagen war sie mit entzündeten, brennenden Augen aufgewacht, hat-

Kartoffelpüreetorte (causa limeña)

Für 6 bis 8 Personen
1,5 kg weich kochende Kartoffeln
1 große rote Paprikaschote
2 Limetten
1-2 gekochte Hühnerbrüste (je nach Größe), zerfasert (oder 3 Dosen Thunfisch)
1 große Zwiebel
4 Eier
2 große Tomaten
Mayonnaise
Salz, Pfeffer, fein gehackte Chilischote (oder Chilipulver)

Kartoffeln in der Schale kochen. Eier hart kochen. Währenddessen die Paprikaschote waschen, entkernen und mit dem Saft der beiden Limetten im Mixer pürieren. Klein zerfaserte Hühnerbrust (oder den abgegossenen Thunfisch) mit der fein gehackten Zwiebel in eine Schüssel geben und nach Geschmack Mayonnaise, Salz und Pfeffer zugeben. Gut verrühren. Kartoffeln abgießen, mit kaltem Wasser abschrecken und pellen. Kartoffeln wie für Püree mit dem Mix aus Paprikaschote und Limetten stampfen, salzen und nach Geschmack fein gehackte Chilischote oder Chilipulver hinzufügen.
Die Hälfte des Pürees auf einer Platte verteilen, glatt streichen. Die Hühnercreme darauf gleichmäßig verteilen. 3 Eier pellen und in Scheiben schneiden. Auf die Hühnercreme geben. Das restliche Kartoffelpüree darauf schichten und mit einem großen Messer glatt streichen. Die Causa Limeña muss aussehen wie eine geschichtete Torte. Dann wird mit dem großen Messer eine dünne Schicht Mayonnaise darüber gestrichen (auch über die Seiten). Zuletzt mit dem restlichen Ei und den in Scheiben geschnittenen Tomaten garnieren.

te sich aber wohlgefühlt. Nur jetzt nicht krank werden, sagt sie sich. Nicht hier, mitten im Urwald. Und morgen muss sie schließlich nach Pucallpa aufbrechen, damit sich die Reise lohnt.

„Du siehst furchtbar blass aus und außerdem hast du feuerrote Augen", empfängt Marta sie an der Tür.

„Es ist nichts, wird eine Bindehautentzündung sein", winkt Cata ab und bringt ihre Einkäufe in die Küche. Reiß dich zusammen, Cata, bist doch sonst nicht so wehleidig, ermahnt sie sich immer wieder, während sie die Ente einlegt und Huhn und Kartoffeln für die Vorspeise kocht. Mit einer Chilischote und Zitronensaft püriert sie zunächst die Kartoffeln, dann löst sie das Hühnerfleisch von den Knochen, um es mit feingehackten Zwiebeln und etwas Mayonnaise zu mischen. Sie schafft es gerade noch, das Püree für die Causa Limeña fünf Zentimeter dick auf eine Platte zu schichten und es mit Eierscheiben zu belegen. Als sie den Hühnersalat darauf verteilen will, muss sie sich setzen. Sie spürt einen heftigen Krampf im Oberkörper, so als wäre ihr ihre Haut zu eng. Sie ringt nach Luft. Am liebsten würde sie laut nach Marta rufen, doch sie hat die Kraft nicht mehr. Wenig später findet Marta sie in der Küche.

„Um Himmels willen, was ist mit dir?"

Cata fällt das Antworten schwer: „Ich weiß nicht, es geht mir plötzlich ganz schlecht. Ich habe Krämpfe in der Brust und in den Beinen, und mir ist schrecklich kalt. Ich glaube, ich schaffe es nicht, das Essen fertig zu machen."

„Das ist jetzt wohl das kleinste Problem", sagt Marta, legt sich ihren Arm um die Schulter und schleppt sie auf das Sofa im Wohnzimmer. Cata fällt sofort in tiefen Schlaf. Wenig später kommt der Arzt. Durch einen Nebelschleier nimmt sie wahr, dass Marta ihr das Fieberthermometer in die Achselhöhle schiebt und der Arzt ihre Füße und Beine bewegt. Wie aus der Ferne hört sie, dass er mit Marta spricht: „Das Mädchen muss sofort ins Krankenhaus, es hat eine Hirnhautentzündung. Sie ist nicht der erste Fall in den letzten Tagen. Die Tochter des Schreiners habe ich gestern ins Hospital eingeliefert. Bestimmt wieder das Wasser. Sicher hat der jungen Frau niemand gesagt, dass man sich hier damit nicht einmal die Zähne putzen darf.

Die Leute aus Lima denken oft nicht daran. Ich werde ihr jetzt ein Antibiotikum spritzen."

Dann spürt Cata, wie die beiden sie zum Auto des Arztes schleppen.

Als sie wieder erwacht, liegt sie in einem Saal, von dessen Wänden die grüne Farbe abblättert. Marta sitzt an ihrem Bett.

„Du hast fünf Tage fast nur geschlafen", sagt sie, und erzählt ihr, dass sie immer mal kurz die Augen aufgeschlagen habe, und dann habe sie ihr ein bisschen Wasser gegeben.

Cata kann sich daran nur vage erinnern. Sie weiß nur, dass sie furchtbare Kopfschmerzen hatte und den Nacken und die Beine nicht richtig bewegen konnte. Ihr Hals ist immer noch steif.

„Ich habe deine Handtasche durchwühlt und die Telefonnummer von deiner Schwägerin gefunden. Ich habe sie angerufen und ihr erzählt, was mit dir los ist. Morgen ist Samstag, da will sie mit deinem Bruder kommen, um dich abzuholen."

„Aber ich muss doch nach Pucallpa", stammelt Cata.

„Das vergiss mal. Du wirst noch Wochen brauchen, bis du wieder richtig auf den Beinen bist. Du hast immer noch Fieber, meine Liebe, es ist nur nicht mehr so hoch!"

Marta hilft ihr aus dem Bett und bringt sie zur Toilette, denn die beiden einzigen Krankenschwestern des Hospitals haben dafür keine Zeit. Der Klodeckel fehlt, und es stinkt nach Urin und Kot.

„Der Abzug ist kaputt. Man muss einen Eimer Wasser nachgießen", erklärt Marta und übernimmt das für sie. Die Gemeinde sei arm und habe kein Geld für Reparaturen. Aber sie seien froh, dass sie überhaupt ein Krankenhaus hätten.

Cata erfährt, dass Marta jeden Tag mehrmals gekommen ist, um nach ihr zu schauen: „Ich weiß gar nicht, wie ich dir danken soll. Du hast doch schon genug Arbeit mit deinem Geschäft. Und wir kennen uns ja erst seit ein paar Tagen."

Doch Marta winkt nur ab. Das sei selbstverständlich, und Frauen müssten schließlich zusammenhalten. Sie verspricht ihr, am Abend mit einer heißen Hühnersuppe wiederzukommen, denn im Hospital würden keine Mahlzeiten serviert. Kein Geld. Die Familien müssen für die Kranken sorgen. Auch das Bettzeug habe sie mitgebracht.

Wieder allein, schaut sich Cata in ihrem Krankenzimmer um. Außer zehn Betten und ein paar alten Stühlen, aus deren mit rotem Plastik überzogenen Sitzflächen grauer Schaumstoff quillt, gibt es kein Mobiliar. Kein Nachttisch, kein Schrank, wie sie es aus dem Militärhospital kennt, und der mit cremefarbenen, abgestoßenen Kacheln gefliete Fußboden ist nicht sonderlich sauber. Sie entdeckt sogar eine ausgetretene Zigarettenkippe. Die Matratze ist eine Zumutung für die Wirbelsäule. Ihre Mitpatienten, eine alte Frau, ein alter Mann und ein vielleicht zehnjähriges Mädchen, schlafen fest.

Sie ist froh, dass Susana und José sie nach Hause holen, denn in diesem Saal mit den nackten Glühbirnen unter der schmutzigen Decke würde sie nicht gesund, sondern trübsinnig werden. Die milchverglasten Klappfenster, die typisch für die Tropen sind, lassen nur wenig Licht herein. Warum hat sie nur immer so viel Pech, fragt sie sich. Die Arbeit im Militärhospital, die Beziehung mit Juan, das Fischrestaurant – alles fing immer so vielversprechend an, doch dann zerrinnt ihr das Glück unter den Händen. Auch die Reise schien zunächst ein Erfolg, und es hatte ihr Spaß gemacht, Kleider zu verkaufen. Und jetzt liegt sie hier in diesem schäbigen Krankensaal. Aber was nützt es, sich darüber aufzuregen? Es würde nichts ändern und kostet Energie, die sie braucht, um sich zu erholen. Schon in der Nonnenschule hatte sie gelernt, sich mit den Dingen, die sie nicht ändern konnte, abzufinden. Als sie zehn Jahre alt war, hatten sie die Eltern in das Nonneninternat geschickt, weil es im Dorf kein Gymnasium gab. Zunächst hatte sie sich dagegen gewehrt, von zuhause fortzugehen. Doch die Eltern blieben hart. In den ersten Wochen allein weinte sie viel, doch dann stellte sie fest, dass sie sich damit nur selbst das Leben vergällte.

Drei Wochen lang dauert es, bis Cata wieder bei Kräften ist. Die Krankheit hat sie fünf Kilo gekostet. Susana und José hatten sie zu sich genommen, und heute fühlt sie sich erstmals wieder stark genug, um Susana am Abend mit einem guten Essen zu empfangen. Mit

Schrecken denkt sie an die Rückfahrt nach Lima. Es war eine Tortur. Wie sie sich auch legte auf dem Rücksitz des Wagens – ihr schmerzten sämtliche Glieder. Susana und José hatten Marta das Geld für den Krankenhausaufenthalt und die Medikamente zurückerstattet, das die neue Freundin ausgelegt hatte. Was hätte sie bloß ohne Marta gemacht? Sie mag sich gar nicht ausmalen, wenn es sie einen Tag später in Pucallpa erwischt hätte, da wäre sie mutterseelenallein gewesen. Wer weiß, ob sich Fremde die Mühe gemacht hätten, eine Bewusstlose zu versorgen. Und die Kosten für die Behandlung hätten sie erst recht nicht vorgestreckt. Sie hatte gut verkauft in Tingo María, Susana hatte inzwischen die Ware ausgeliefert, das Geld erhalten und ihr ihren Anteil ausbezahlt. Nach Abzug der Stromrechnung und der Krankenhauskosten blieb jedoch wieder fast nichts mehr übrig. Jetzt weiß sie wirklich nicht mehr, wovon sie leben soll. Wenn nicht ein Wunder geschieht, würde sie doch nach Cajamarca zurückkehren müssen. In tropische Gefilde jedenfalls würde sie so schnell nicht mehr fahren. Einen Alptraum wie in Tingo María will sie nicht noch einmal durchstehen. Obwohl Susana über ihren Verkaufserfolg sehr zufrieden war, ist sie nicht bereit, sie noch einmal auf Reisen zu schicken: „Wer weiß, was dir da noch alles zustößt! Nach Martas Anruf sind José und ich bald verrückt geworden vor Angst. Nicht alle Hirnhautentzündungen verlaufen so glimpflich. Du hättest einen Hirnschaden davontragen können. Oder sogar sterben. Und ich wäre Schuld gewesen, weil ich dich losgeschickt habe."

Cata machte nicht den Versuch, Susana umzustimmen.

Sie will gerade den Reis in eine Schüssel füllen, als die Schwägerin die Küche betritt.

„Ich habe Amelia mitgebracht, wir haben zusammen Betriebswirtschaft studiert. Sicher hast du wieder zu viel gekocht, so dass sie mit uns essen kann. Amelia ist nur zu Besuch in Lima, sie lebt seit zwei Jahren in Argentinien. Sie kam bei mir in der Firma vorbei, und da habe ich sie gleich eingeladen. Sie wird dir gefallen."

Während des Essens erzählt Amelia, dass sie in der argentinischen Hauptstadt Buenos Aires als Hausmädchen arbeitet. Die Firma, bei der sie in Lima war, hatte dicht gemacht, und da stand sie auf der

Straße. Sie suchte etliche Wochen, doch sie fand nichts Neues. Da hatte sie kurz entschlossen ihre Koffer gepackt.

„Sicher, Hausmädchen sein ist kein Zuckerschlecken. Du bist immer von fremden Leuten abhängig, denen ziemlich egal ist, ob es dir gut geht oder nicht. Aber ich verdiene gut. 500 Pesos bar auf die Hand, und der argentinische Peso ist einen Dollar wert. Das sind 1.750 Soles. Die habe ich als Betriebswirtin nicht verdient."

Cata horcht auf. 1.750 Soles. Am Militärkrankenhaus hatte sie zuletzt 450 Soles bekommen. Amelia erzählt, dass sie viel zur Seite legen kann, weil sie im Hause der Herrschaften lebt. In einigen Jahren, so glaubt sie, hat sie genug gespart, um in Peru ein Geschäft zu eröffnen. Dafür lohne es sich, ein paar Jahre die Zähne zusammenzubeißen, wenn die Chefin mal wieder über irgendwas meckert. Sie will ein Ladenlokal erwerben, damit sie keine Miete zahlen muss und dann wahrscheinlich Elektrogeräte verkaufen.

„Findet man denn leicht eine Stelle in Buenos Aires?", fragt Cata und Amelia nickt.

„Wir Peruanerinnen sind dort beliebt, weil wir als besonders fleißig und gebildet gelten. Neulich stand in der Zeitung, dass die peruanischen Hausangestellten meist eine bessere Ausbildung haben als die Frauen, für die sie arbeiten. Meine Chefin zum Beispiel war nie auf der Uni wie ich. Und Argentinierinnen für den Haushalt zu finden ist schwer, sie wollen sich nicht die Hände schmutzig machen", sagt Amelia verächtlich.

Cata beginnt, sie mit Fragen zu löchern. Das Klima, die Menschen, die politische Lage – sie will alles wissen.

Nachdem Amelia sich gegen Mitternacht verabschiedet hat, steht Catas Entschluss fest: Sie wird nach Argentinien gehen. Als Hausmädchen.

KAPITEL 3

Die Reise

Sonntagmorgen. Da ist Amelia bestimmt zuhause. Vielleicht hätte sie doch das Geld für einen Anruf nach Buenos Aires ausgeben sollen, um sich bei ihr anzumelden, denkt Cata nun. Wenn Amelia nicht da ist, bleibt ihr nur, in ein Hotel zu gehen. Und das kostet sicher ein Vermögen. Buenos Aires soll nach Tokio die teuerste Stadt der Welt sein, hat sie irgendwo gelesen. Sie hebt den Telefonhörer ab und wählt die Nummer, die Amelia ihr mit ihrer Adresse bei ihrem Besuch in Lima auf einen Zettel geschrieben hat. Ihre Hand zittert plötzlich. Vor Angst, Amelia nicht anzutreffen und allein in dieser fremden Riesenstadt zu sein. Eine Männerstimme meldet sich.

„Amelia Martínez, bitte. Hier spricht Catalina Vázquez, die Schwägerin von Susana Yamamoto de Vázquez aus Lima."

Cata hat Glück, Amelia ist sofort am Apparat.

„Gott sei Dank, dass ich dich antreffe. Ich bin gerade gelandet, mit der Frühmaschine über Santiago de Chile. Kann ich zu dir kommen?", fragt Cata die Freundin ihrer Schwägerin.

„Catalina, was machst du denn hier? Klar, kannst du kommen, nimm den Flughafenbus. Du fährst bis zur Endstation am Denkmal von San Martín im Zentrum, und da nimmst du dir ein Taxi, denn ich weiß nicht, welcher Bus von da aus zu mir nach Villa Crespo fährt. Ich warte auf dich."

Erleichtert löst Cata einen Fahrschein. Der Bus bis in die Stadt kostet vierzehn Dollar, das gleiche wie eine zehnstündige Fahrt nach Tingo María. Bei den Preisen wird sie das Geld, das ihr Susana und José geliehen haben, sehr einteilen müssen. Denn wer weiß, wie lange es dauert, bis sie eine Stelle findet?

Bruder und Schwägerin waren zunächst entsetzt, als Cata ihnen mitteilte, dass sie nach Argentinien gehen wolle. Doch schließlich leuchtete ihnen ein, dass Cata kaum eine andere Wahl hat. In Peru würde sie nie so viel verdienen, dass es zum Sparen reichte. Cata erklärte ihnen, sie wolle wie Amelia ein paar Jahre in Argentinien bleiben. So lange, bis sie das Geld für den Kauf eines eigenen Lokals zusammen hat – um neu anzufangen. Hätte sie keine Miete zahlen müssen, hätte sie das „Nautilus" sicher auch nach dem Überfall weiterführen können und stünde jetzt nicht auf der Straße. Und die beiden wussten, dass ihr nichts mehr Freude gemacht hat, als im eigenen Restaurant zu wirtschaften. Sie war mit Susana und José übereingekommen, den Eltern besser nichts davon zu sagen, dass sie in Argentinien als Hausmädchen arbeiten will. Sie wolle eine Stelle als Krankenschwester annehmen, erklärte sie ihnen am Telefon. Damit sie sich nicht fragen, warum sie ihr fünf Jahre lang das Studium bezahlt haben.

Cata sucht sich einen Fensterplatz. Amelia erwartet sie, das gibt ihr Ruhe. Es regnet zwar, doch sie will die Fahrt in die Stadt genießen. Schließlich ist sie zum ersten Mal in einem fremden Land. Argentinien ist der reichste Staat Lateinamerikas, verfügt über Erdöl und Gas, über Weizen- und Sojafelder und eine blühende Lebensmittelindustrie, produziert Wein von guter Qualität, und auf den Weiden der Pampa, den besten der Welt, grasen fast fünfzig Millionen Kühe. Das hatte sie in einem Reiseführer gelesen, den sie vor ihrer Abreise studiert hatte. Schließlich wollte sie zumindest ein bisschen wissen über das Land, in dem sie künftig leben wollte. Ungläubig starrt sie nun auf die Elendshütten, die nach ein paar Kilometern sattgrüner Wiesen links die Autobahn säumen. Davon hatte im Führer nichts gestanden. Aus den Armenvierteln von Lima kennt sie die hellblauen und schwarzen Plastikplanen, die ein paar grob zusammengezimmerte Bretter gegen Wind und Staub abdichten sollen. In Buenos Aires müssen sie obendrein noch vor Regen schützen. In Lima fällt das Thermometer nie unter zehn Grad. Aber was machen die Menschen hier im Winter? Die feuchte Kälte im Juli gehe in die Knochen, hatte Amelia berichtet. Und Amelia lebt in einem richtigen Haus, da ist man auch bei Null Grad geschützt. Wie in Lima müssen sich die Armen auch in dieser Stadt, die Cata für so reich gehalten hatte, den Strom von den Oberleitungen abzapfen. Sie erkennt es gleich an den vielen Kabeln, die tief über den schlammigen Wegen hängen und zu den einzelnen Hütten führen. Von Politik versteht Cata nicht viel, doch sie fragt sich, warum es in einem so reichen Land Arme gibt. Aus der Höhe hatte alles so idyllisch ausgesehen: Beim Landeanflug war sie über viele Villen mit weitläufigen Grundstücken und türkisblauen Swimming Pools geflogen. Die elenden Behausungen der Armen sieht man von oben nicht.

Je mehr sich der Bus dem Zentrum nähert, desto pompöser und höher werden die Bauten. Doch die regennasse Stadt wirkt grau und leblos auf sie. Nur wenige Menschen sind auf den Beinen. Man scheint sonntags lange zu schlafen in Buenos Aires. Cata fallen die vielen kunstvoll geschmiedeten Balkongitter der Hochhäuser auf. Und von fast jedem Balkon ranken Blumen.

An der Plaza San Martín steigt sie aus. Am liebsten würde sie sofort durch den kleinen Park mit den Ombú-Bäumen spazieren, aus dem das Reiterdenkmal des Befreiers von den Spaniern hoch aufragt, doch sie winkt gleich ein Taxi heran, damit Amelia nicht auf sie warten muss. An ihren freien Wochenenden würde sie noch genügend Zeit haben, um die Stadt und ihre Sehenswürdigkeiten zu erkunden. Sie freut sich schon auf die Gemälde-Ausstellungen, die es bestimmt gibt in der Stadt, die auf dem Kontinent als die große Kultur-Metropole gilt. Ihr Bruder Julio hat Kunst studiert und die ganze Familie mit seiner Liebe zur Malerei angesteckt.

„In die Serrano-Straße, Ecke Jufré-Straße, bitte", erklärt Cata dem Taxifahrer. Der unrasierte, blonde Mann Anfang zwanzig sieht zwar müde, aber freundlich aus, und so fragt sie ihn, ob Villa Crespo ein gutes Viertel ist.

„Mir gefällt es. Die meisten Häuser sind Anfang des Jahrhunderts gebaut worden. Es ist in den letzten Jahren sehr in Mode gekommen, sich so ein altes Haus zu kaufen und zu renovieren. Früher lebten da mal einfache Leute, Arbeiter aus den Fabriken, die es damals in Villa Crespo noch gab. Jetzt sind viele Akademiker dort hingezogen, weil die gern alte Häuser mögen, und weil sie es nicht weit bis zum Zentrum haben."

Wie anders er doch das Spanische ausspricht! Er singt fast und macht aus jedem j ein sch. Sie muss sehr genau zuhören, um ihn überhaupt zu verstehen.

Als sie ihn darauf anspricht, lacht er: „Meine Eltern sind 1956 aus Spanien eingewandert, sie sprechen noch so, wie sie es dort gelernt haben. Aber ich bin hier geboren, weißt du, und da passt man sich an. Aber du hast Recht, besonders schön ist unser Spanisch nicht. Hier in Buenos Aires sprechen die einfachen Leute Lunfardo, ein mit italienischen Brocken gemischtes Spanisch. Und viele Begriffe aus dem Lunfardo haben wir in unsere Umgangssprache übernommen. Die Mehrheit von uns Porteños, so heißen wir Einwohner von Buenos Aires, sind aus Italien eingewandert."

Er erzählt, dass er sich mit dem Taxifahren sein Studium verdient. Der Vater habe ihm das Taxi zum Abitur geschenkt, und jetzt müsse er ihm nicht mehr auf der Tasche liegen. Aber anstrengend sei es schon, den ganzen Tag hinter dem Steuer zu sitzen und dann vom Spätnachmittag bis in die Nacht in die Uni zu gehen. Wie gut hat sie es da doch gehabt, sie musste nicht arbeiten, konnte sich fünf Jahre lang nur auf ihr Studium konzentrieren.

„Und findet man hier nach der Uni einen Job, von dem man leben kann?"

„Es wird immer schwieriger. Als ich vor vier Jahren anfing zu studieren, zahlten sie einem jungen Ingenieur noch 1.800 Dollar im Monat, jetzt sind es nur noch 1.200 Dollar. Da verdiene ich mit dem Taxi besser. Du wirst hier Taxifahrer treffen, die Soziologen oder Psychologen sind, aber ihre Stelle verloren haben. Meine Freundin ist Kindergärtnerin, sie sucht schon seit einem Jahr eine Arbeit, jetzt arbeitet sie als Aushilfe in einer Drogerie."

Hier ist es also auch nicht viel besser als in Peru. Cata kann es nicht fassen. Als sie Kinder waren, hatte ihr Vater ihr und ihren Geschwistern immer gepredigt, dass eine gute Ausbildung das Wichtigste im Leben sei, denn sie sichere einem das Auskommen und ein würdiges Leben. Doch die Welt scheint sich geändert zu haben seitdem. Cata würde den Taxifahrer gern fragen, ob viele Frauen mit guter Ausbildung als Hausmädchen arbeiten, um ihre Chancen für eine Stelle auszuloten, doch sie schämt sich. Womöglich schaut er auf Hausmädchen herab, wie so viele Peruaner. Und sie will auch nicht, dass er ihren Plan errät, illegal im Land zu bleiben. Wie ein Polizeispitzel sieht er zwar wirklich nicht aus, doch sie ist lieber vorsichtig.

Cata nennt dem jungen Mann die Hausnummer, und kurz darauf hält er vor einem zweistöckigen, dunkelrot gestrichenen Haus mit üppigen Stuckverzierungen, das sie an ihr Haus in Lima erinnert. Der Taxifahrer hilft ihr mit dem Koffer und drückt ihr seine Karte in die Hand: „Ich heiße Pablo, ruf mich an, wenn du mal wieder ein Taxi brauchst. Oder wenn du irgend etwas über Argentinien oder Buenos Aires wissen willst."

Er lächelt sie noch einmal müde an, bevor er abfährt.

Cata schellt, Amelia öffnet und umarmt sie: „Catalina! So eine Überraschung. Wer hätte das gedacht, dass wir uns so schnell wiedersehen würden. Komm doch rein, ich wohne oben."

Sie nimmt ihr den Koffer ab, führt sie in den ersten Stock und öffnet eine der Türen. Cata tritt in einen Raum, in dem außer fünf hölzernen Etagenbetten keine Möbel zu sehen sind. Obwohl das Fenster einen Spalt weit offen steht, riecht es ungelüftet, nach Schweiß.

„Hier wohne ich", sagt Amelia, geht auf eines der Betten zu und bittet Cata, darauf Platz zu nehmen.

„Außer mir wohnen hier noch acht Peruanerinnen. Sie arbeiten alle als Hausmädchen. Im Moment haben wir Glück, es ist niemand da, da sind wir ungestört."

Cata schaut sich um. Rechts und links von der Tür entdeckt sie Einbauschränke. Unter sämtlichen Betten lagern Koffer und Pappkartons. Der Raum ist weiß gestrichen und über den Betten haben die Bewohnerinnen mit Klebeband Fotos ihrer Lieben befestigt. An der wohl vier Meter hohen Decke hängt eine Glühbirne. Das Dach scheint undicht zu sein, denn in einer Ecke blättert der Putz ab und in einer anderen hat sich ein kreisförmiger, gelblich-brauner Fleck gebildet. Das Zimmer ist unglaublich hässlich.

Amelia kommt mit zwei Gläsern Orangensaft zurück und reicht ihr eines.

„Schön ist es nicht, aber ich bin ja ohnehin wenig hier. Und als Illegale findest du kaum etwas Besseres", erklärt sie, da sie Catas ungläubigen Blick bemerkt hat.

„Sicher ist es billig", meint Cata versöhnlich.

„Es kostet 150 Dollar, das geht gerade."

„150 Dollar, das ist gut. Dann kommen auf jede von euch gut fünfzehn Dollar", rechnet Cata aus und schaut erstaunt auf, als Amelia schallend zu lachen beginnt.

„Nein, meine Liebe, jede von uns zahlt monatlich 150 Dollar!"

„Ja, aber das ist ja Wucher. Du bist doch nur zwei Nächte pro Woche hier. Da brauchst du kaum Strom, kaum Wasser – nichts. Heißt das, der Besitzer kassiert für diese elenden zwanzig Quadratmeter 1.350 Dollar im Monat?"

„Ja, tut er. Ohne mit der Wimper zu zucken. Und hier im Hause wohnen noch sechs weitere Mädchen, sie haben Doppelzimmer und zahlen 200 Dollar pro Monat."

Cata ist entsetzt: „Sind die Argentinier so geldgierig?"

„Von wegen Argentinier. Das Haus gehört einem Uruguayer und seiner peruanischen Frau. Charlie und Luz. Sie bewohnen die untere Etage."

„Eine Peruanerin nimmt ihre eigenen Landsleute aus?"

„Ja, und das Schönste ist, dass Luz selbst jahrelang als illegales Hausmädchen gearbeitet hat. Dann hat sie vor ein paar Jahren Charlie geheiratet. Jetzt ist sie Hausfrau und erwartet ihr erstes Kind."

„Habt ihr denn nie versucht, mit ihr eine niedrigere Miete auszuhandeln?"

„Doch sicher, aber da sagt sie nur, Argentinien sei eben teuer und wir könnten ja ausziehen. Und was Billigeres findest du nicht. Jedenfalls nicht als Illegale. Die Vermieter wollen alle dein Visum sehen."

Amelia zeigt Cata das Bad, das sich die neun Frauen teilen. Es ist alt, die hellblauen Kacheln und die Badewanne sind abgestoßen. Der Hahn am Waschbecken tropft, und die Toilettenspülung läuft unentwegt. Charlie verspreche schon seit Wochen, einen Handwerker zu rufen, doch bislang sei es bei dem Versprechen geblieben. Die Küche ist nicht besser: Ein flaches, schmutzig-weißes Porzellan-Spülbecken, ein einst hellblauer Schrank, ein alter, lärmender Kühlschrank, ein Gasherd und ein kleiner Tisch, von dessen Holzplatte das Furnier abplatzt – große Menus kann man hier kaum zubereiten, dafür ist kein Platz.

„Wir kochen uns nur am Sonntag etwas. Wir legen zusammen und machen uns einen Eintopf. Für mehr reichen die Töpfe und das Geschirr nicht aus. Und am Gasherd funktionieren nur noch zwei Flammen", erklärt Amelia.

Wenn das Wetter gut ist, ginge sie am Sonntag meist spazieren und esse dann ein Würstchen mit Brot auf der Straße, das sei am preiswertesten. Nur von Zeit zu Zeit tue sie sich mal etwas Gutes und leiste sich das peruanische Restaurant in der Nähe des Abasto-Einkaufszentrums an der Avenida Corrientes. Von der Avenida hat Cata schon gehört, denn Carlos Gardel hat in seinem Tango *A media luz* ein Bordell in der Corrientes 348 besungen. Irgendwann würde sie schauen, ob es die Hausnummer wirklich gibt.

Amelia unterbricht ihre Gedanken: „Manchmal brauche ich das einfach, ein gutes Essen und ein Glas Bier. Ich arbeite bei Argentiniern, und die mögen nur Schnitzel, Brathähnchen, Spaghetti mit Tomatensauce und Steaks. Fisch essen sie nie, und die einzigen Gewürze, die sie verwenden, sind Salz, Pfeffer und Oregano. Nach einer Weile bist du das ganz schön leid."

Es hat aufgehört zu regnen, und Amelia schlägt Cata vor, ihr das Viertel zu zeigen. Cata gefallen die alten Häuser, weil sie sie an San Miguel erinnern. Sie schlendern über die Avenida Córdoba, eine der Hauptverkehrsadern von Buenos Aires, die von der Innenstadt in die Außenbezirke führt. Inzwischen stauen sich die Autos auf der fünfspurigen Straße, und es sind viele Menschen unterwegs, um sich die Auslagen der Geschäfte anzuschauen. Cata ist entsetzt über die Preise. Wenn sie sparen will, kann sie sich hier nicht einmal einen Pullover leisten. Sie hat sich fest vorgenommen, jeden Cent zurückzulegen. In vier Jahren, so hat sie sich ausgerechnet, könnte sie das Geld für ein kleines Lokal zusammenhaben. Wenn sie sich dieses Ziel immer vor Augen hält, wird es ihr bestimmt gar nicht so schwer fallen, zu verzichten.

Sie kommen an einem Café vorbei, und Cata lädt Amelia zu einem Kaffee ein.

„Komm, einen Kaffee kann ich bezahlen. Da sitzen wir gemütlich und können reden."

Cata hat noch nie einen so guten Kaffee getrunken.

„Ja, der schmeckt hier fast überall gut. Sie haben spezielle Maschinen dafür. Ist was anderes als der ewige lösliche Kaffee in Peru. Den Kaffee werde ich vermissen, wenn ich zurückgehe."

Cata mag es nicht, andere um etwas zu bitten, doch nun nimmt sie allen Mut zusammen und fragt Amelia, ob sie für ein paar Tage bei ihr schlafen kann.

Amelia schlägt ihr vor, das zehnte Bett in ihrem Zimmer zu mieten, Charlie würde sich freuen, wenn voll belegt wäre.

Cata graut bei dem Gedanken, mit neun anderen Frauen, die sie nicht einmal kennt, in einem Raum schlafen zu müssen. Doch Amelia sagt sie davon nichts. Und wenn es wirklich nichts Billigeres gibt, wird sie ohnehin keine andere Wahl haben, als sich damit abzufinden. Das Leben eines Hausmädchens ist kein Zuckerschlecken, hatte ihr Amelia in Lima gesagt; da kann sie sich wohl schwerlich gleich am ersten Tag beklagen, bevor sie überhaupt angefangen hat zu arbeiten. Und so stimmt sie zu.

Als sie am Nachmittag in die Serrano-Straße zurückkehren, lernt sie ihre Mitbewohnerinnen kennen. Sie hocken auf ihren Betten und unterhalten sich lebhaft. Und sie lachen viel, das hat Cata bereits auf der Treppe gehört. So schlecht kann es ihnen also nicht gehen. Besonders gut gefällt ihr Leonor, die im Bett unter ihr wohnt. Sie ist Industriedesignerin und schon seit drei Jahren in Buenos Aires. Sie stellen fest, dass sie fast auf den Tag gleich alt sind und beide unter dem Sternzeichen Fische geboren. Leonor ist fast einen Kopf größer als sie, und sie trägt ihr blond gefärbtes Haar sehr kurz geschnitten. In ihrer engen Jeans mit dem schlichten, weißen T-Shirt sieht sie fast wie ein Model aus, findet Cata. Sie hat eine Traumfigur, eine schöne, gerade Nase und sehr volle Lippen. Sie hat es nicht einmal nötig, sich zu schminken, denkt Cata, die ihre schmalen Lippen immer mit Lippenstift größer malt. Sie erzählt Leonor von ihren Plänen, für ein eigenes Restaurant zu sparen.

„Du hast es gut, du musst nur für dich selbst sorgen. Ich kann kaum etwas weglegen, denn ich muss für meine Mutter aufkommen. Ich schicke ihr jeden Monat 200 Dollar zum Leben. Ich bin Einzelkind, weißt du. Mein Vater hat meine Mutter verlassen, als ich noch klein war. Seitdem habe ich nie wieder von ihm gehört. Meine Mutter hat mich allein großgezogen, sie hat mir die Ausbildung finanziert, doch vor drei Jahren wurde sie krank und kann seitdem nicht mehr arbeiten. Mit unseren beiden Gehältern ging es uns ganz gut. Doch von meinem allein konnten wir nicht leben, weil meine Mutter teure Medikamente braucht. Sie hat ein schweres Nierenleiden. Da bin ich hierher gekommen. Ich kann sie schließlich nicht im Stich lassen."

Wenn sie es sich recht überlegt, geht es Leonor viel schlechter als ihr. Sie hat eine Perspektive, doch Leonor? Aber sie verschweigt ihre Gedanken.

„Vielleicht geht es ja irgendwann aufwärts mit der peruanischen Wirtschaft, und du findest eine Stelle, die besser bezahlt ist als deine alte. Damit du nicht ewig in Argentinien bleiben musst", sagt sie, um Leonor zu trösten.

„Amelia und du, ihr seid Ausnahmen. Wir anderen müssen alle für unsere Familien in Peru sorgen. Nimm Ana, die über Amelia schläft: Sie hat drei halbwüchsige Kinder und einen Mann. Er bewirtschaftet einen winzigen Bauernhof im Hochland bei Ayacucho, doch für Essen, Schulbücher und Kleidung wirft der Hof nicht genug ab. Ana schickt fast ihr ganzes Geld nach Hause. Einmal im Jahr fährt sie heim. Oft weint sie nachts, weil sie ihre Familie so vermisst. Ihr Jüngster ist erst fünf Jahre alt und kennt seine Mutter kaum."

Am Abend bietet Cata an, für alle zu kochen. Die Frauen haben die Zutaten für eine Gemüsesuppe mit Huhn besorgt. In den argentinischen Supermärkten sind viele Gewürze der peruanischen Küche nicht zu finden, doch auf dem Bürgersteig der Avenida Córdoba hocken immer bolivianische Straßenverkäuferinnen, die Koriander und sämtliche Arten von Paprika- und Pfefferschoten verkaufen, erfährt Cata von ihren neuen Zimmergefährtinnen. Die Bolivianerinnen machen gute Umsätze, denn in Buenos Aires leben über Hunderttausend Peruaner und noch mehr Bolivianer, die zumindest am Wochenende ein Stückchen Heimat schmecken wollen. Mindestens zwei Drittel von ihnen sind Frauen, die im Haushalt arbeiten. Die Männer verdingen sich als Hilfsarbeiter auf dem Bau oder pflegen die Gärten reicher Leute.

Leonor bietet sich an zu helfen. Cata setzt das Huhn auf, und während es mit einem Lorbeerblatt und einer Zwiebel köchelt, in die sie zwei Nelken gesteckt hat, waschen sie gemeinsam Broccoli, grüne Bohnen, Blumenkohl und Rosenkohl. In einem zweiten Topf kocht Cata rote Bohnen, weißen Mais und Kichererbsen, die die Frauen bereits am Vorabend in Wasser eingeweicht hatten. Das gegarte Huhn wird aus dem Topf gehoben, und in seine Brühe gibt Cata das Gemüse sowie eine feingehackte, rote Pfefferschote, damit es der Suppe nicht an Schärfe mangelt. Sie zerfasert das Huhn und mischt es erneut unter die Suppe. Die Hülsenfrüchte werden abgegossen und ebenfalls untergerührt. Ein bisschen Salz noch und Cata ruft die anderen. Sie füllt für jeden einen Teller und bestreut ihn mit gehacktem Koriander. Gegessen wird auf den Betten, den Teller auf den Knien. Cata wird mit Lob überhäuft, weil die Suppe so schön klar geblieben ist.

„Das liegt daran, dass ich die Hülsenfrüchte getrennt koche und gut abtropfen lasse. Sonst wird die Suppe dick und braun. Schmeckt auch, aber so mag ich's halt lieber", erläutert sie ihre Variante des Rezepts.

Cata schläft kaum in ihrer ersten Nacht in Buenos Aires. Ana schnarcht, und selbst, nachdem sie sich Watte in die Ohren gesteckt hat, stört es Cata noch. Nachdem sie endlich eingeschlafen ist, wird Lucía von einem Hustenanfall gequält und Cata ist wieder hellwach. Lucías Tochter Angela, ein Mädchen von höchstens zwanzig Jahren, sucht der Mutter ein Hustenmittel in ihren Koffern unter dem Bett, und danach flüstern die beiden eine ganze Weile miteinander. Cata

Hühner-Gemüsesuppe
(sopa de pollo y verduras)

Für 6 Personen

1 Suppenhuhn
1 Zwiebel
2 Gewürznelken
1 Lorbeerblatt
je eine Handvoll Broccoli, Blumenkohl, Rosenkohl, grüne Bohnen
1 Dose (250 g) rote Bohnen (Kidney Beans)
½ Dose (125 g) Kichererbsen
½ Dose (125 g) Gemüsemais (besser: weißer Mais, doch den gibt es in
Europa sehr selten)
1 rote Chilischote (entkernt)
frischer Koriander
Salz

Das Huhn waschen, häuten und Bürzel und Fett abschneiden. Die
Zwiebel schälen und die beiden Gewürznelken hinein stecken.
Beides mit dem Lorbeerblatt in einen großen Topf mit Salzwasser
geben. Garen. Währenddessen Broccoli, Blumenkohl, Rosenkohl
und grüne Bohnen putzen, die Paprika von den Kernen befreien
und grob würfeln. Die Hülsenfrüchte in ein Sieb geben, abtropfen lassen und mit kaltem Wasser kurz abspülen. Das Huhn aus
dem Topf nehmen, etwas abkühlen lassen, dann von den Knochen lösen und in mundgerechte Stücke zerfasern. Zwiebel und
Lorbeerblatt aus der Brühe nehmen. Das frische Gemüse mit der
fein gehackten Pfefferschote in die Brühe geben und garen. Dann
das Huhn und die Hülsenfrüchte in die Suppe geben, kurz warm
werden lassen, eventuell mit Salz nachwürzen und servieren. Jeden Teller mit gehacktem Koriander bestreuen.

möchte jetzt gern lesen, doch das Licht würde die anderen wecken. Auch aufzustehen lohnt sich nicht, denn wohin soll sie sich setzen? Wenn nur die Luft nicht so schrecklich schlecht wäre! Sie ist feucht und stinkig, wie in einem Schweinestall. Lucía hat gebeten, das Fenster geschlossen zu halten, wegen ihres Hustens. So wälzt sich Cata im Bett und fragt sich, ob es wohl richtig war, nach Argentinien zu kommen. Was ihr der Taxifahrer berichtet hat, war wenig ermutigend. Wenn sie nur eine Arbeit fände. Nicht auszudenken, wenn sie ohne einen Cent nach Peru zurückkehren müsste. Es würde ein halbes Leben dauern, bis sie Susana und José das Reisegeld zurückgeben könnte.

Um vier Uhr ist die Nacht im Zimmer vorbei. Leonor steht als erste auf, denn sie muss bereits um sieben Uhr ihren Herrschaften das Frühstück servieren. Sie leben in San Isidro, einem noblen Viertel vor den Toren der Stadt. Leonor fährt zunächst mit dem Bus ins Zentrum, von dort nimmt sie den Zug, um dann noch zwanzig Minuten zu laufen. Sie ist fast zwei Stunden unterwegs. Um sieben Uhr ist nur noch Amelia auf dem Zimmer, denn sie kann als einzige zu Fuß zu ihrer Arbeitsstelle gehen.

„Also, Cata, dann mach es mal gut in deiner ersten Woche hier. Wenn du Probleme hast, ruf mich an. Aber bitte nie vor zehn Uhr morgens, nie in der Mittagszeit und nicht nach zehn Uhr abends, sonst kriege ich Ärger mit meiner Señora. Wir sehen uns am Samstag, ich komme meist so gegen drei Uhr nachmittags nach Hause. Vielleicht hast du dann ja auch schon einen Job, wer weiß?"

Nachdem auch Amelia gegangen ist, öffnet Cata das Fenster und findet endlich Schlaf.

Luz sitzt am Küchentisch und hält sich den Bauch. In vier Wochen soll ihr Baby auf die Welt kommen. Cata hat ihr die Miete für einen Monat bezahlt, und Luz hat sie zu einer Tasse Tee eingeladen. Als Cata die große Küche mit den neuen, weißen Einbauschränken, der marmornen Arbeitsplatte und dem luxuriösen Herd betrat, stieg zunächst Wut in ihr hoch. Die leben hier unten im Luxus und oben reparieren sie nicht einmal das Klo, war ihr erster Gedanke. Doch nun findet sie Luz sogar recht nett. Sie mag dreißig Jahre alt sein und wäre unter normalen Umständen hübsch. Sie hat große, schwarze Augen und Grübchen, wenn sie lacht. Doch die Schwangerschaft setzt ihr zu. Ihr Gesicht, ihre Hände und Füße sind aufgedunsen. Sie hat Wasser. Dabei isst sie schon kaum noch etwas anderes als Reis und Ananas zum Entwässern, doch es nützt nicht viel. Sie hat Angst vor der Geburt, denn es ist ihr erstes Kind. Wenn nur ihre ältere Schwester oder ihre Mutter hier wären, klagt sie, aber sie hätten beide keine Zeit, nach Buenos Aires zu kommen. Ihr fehle auch jemand, der ihr bei der Hausarbeit hilft, denn sie falle ihr seit ein paar Wochen sehr schwer.

„Kannst du dir denn keine Putzfrau nehmen?", fragt Cata erstaunt. Bei dem Vermögen, dass die beiden mit der Miete einstreichen, müsste sie sich die doch leisten können.

„Charlie verdient im Moment nicht sonderlich viel. Er wartet Swimming Pools, und ein paar seiner ausländischen Kunden sind aus Argentinien weggezogen. Die Mieten gehen fast ganz für die Hypothek und den Kredit für die Renovierung unserer Wohnung drauf. Wir haben uns finanziell ein bisschen übernommen."

„Und dein Mann? Kann er dir nicht etwas zur Hand gehen, wenn es dir nicht gut geht?"

„Ach, du weißt ja, wie Männer sind. Er erklärt mir immer, seine Mutter hätte sechs Kinder gehabt und bis zum letzten Tag der Schwangerschaft auf dem Feld gearbeitet. Er meint, da müsse ich das bisschen Haushalt erst recht schaffen. Ich solle mich nicht so anstellen. Schließlich habe er mir eine Spülmaschine gekauft."

Wie sie so dick und traurig da sitzt, tut sie Cata sogar fast leid. Durch ihre Heirat lebt Luz legal in Argentinien, als respektable Ehefrau eines Kleinstunternehmers. Sie muss nicht mehr für fremde Leute arbeiten, doch sie zahlt auch ihren Preis dafür. Cata ist sich nicht sicher, ob sie mit ihr tauschen will. Charlie scheint nicht nur seine Mieterinnen auszubeuten.

Luz lädt sie zur Baby-Party in zwei Wochen ein. Charlie habe zwar gelacht, als sie ihm von der peruanischen Sitte erzählt hat, vor der Geburt ein Fest für das Ungeborene zu veranstalten, aber dann doch zugestimmt. Cata wird die anderen Frauen fragen, was sie dem Kind schenken kann. Zu dumm, dass sie ihre Stricknadeln in Lima gelassen hat.

„Hast du schon einen Job?", will Luz von ihr wissen.

„Nein, aber die anderen wollen bei ihren Herrschaften nachfragen, ob in ihrem Bekanntenkreis jemand eine Empleada sucht."

„Hier heißt das nicht Empleada. In Argentinien sagt man Mucama, wenn du im Hause deiner Arbeitgeber übernachtest", klärt Luz sie auf und fügt hinzu, dass sie ihr bei der Jobsuche helfen könne.

„Ich habe eine Freundin, die Mucamas vermittelt."

Cata wendet ein, dass sie keine Papiere habe, doch Luz erklärt ihr, dass das keine Rolle spiele.

„Mach dir deswegen keine Sorgen, in Argentinien meldet niemand sein Hausmädchen an. Neulich haben sie im Fernsehen gesagt, dass weniger als fünf Prozent aller Mucamas mit Papieren arbeiten. Die Leute wollen sich das Geld für Krankenversicherung und Altersvorsorge sparen."

„Und wenn ich eine Annonce in der Zeitung aufgebe?"

Luz winkt ab: „Das bringt nichts. Es sei denn, du hast Empfehlungsschreiben. Aber du warst ja noch nie Mucama. Die Leute wollen jemanden, zu dem sie Vertrauen haben können. Und das haben sie nur, wenn die Mucama ihnen von Bekannten empfohlen wird oder eben über eine Agentur kommt. Die verbürgt sich nämlich drei Monate lang für die vermittelten Mädchen."

Luz verspricht, mit ihrer Freundin zu reden. Sollte sie ihr eine Stelle besorgen, bekommt die Agentur dafür ein volles Monatsgehalt, zahlbar in drei Raten. Cata überschlägt, dass ihr nach Abzug der Miete und der Vermittlungsgebühr dann kaum noch etwas zum Sparen übrig bleibt. Aber wer weiß, ob sie ohne Agentur jemals eine Stelle findet. Irgendwann wird sie auch Susana und José das vorgestreckte Geld für die Reise zurückzahlen müssen. Über ein halbes Jahr wird vergehen, bevor sie am Monatsende etwas wird zurücklegen können. Sie hatte nicht damit gerechnet, dass so viele an einer Hausangestellten verdienen wollen.

In der schwarzen Hose, dem grauen Blazer und den flachen Schuhen findet sie sich sehr seriös. Sie hat die Haare zu einem Knoten im Nacken zusammengefasst, sich kaum geschminkt und auf ihren geliebten roten Nagellack verzichtet. Wenn sie groß aufgemacht und in ihren Stöckelschuhen daher kommt, könnte die Señora vermuten, sie gehöre zu den Frauen, die sich nicht gern die Hände schmutzig machen. Maria Elena Iturralde heißt die Señora, bei der sie sich vorstellen soll. Die Frau von der Vermittlungsagentur hat sie angemeldet. 500 Dollar Monatslohn, am 1. Juli und am 1. Dezember je ein halbes Monatsgehalt extra, nach einem Jahr zwei Wochen bezahlten Urlaub. Alles weitere müsse sie mit der Señora besprechen. Wenn sie die Stelle bekommt, und die Dame ist nach drei Monaten nicht zufrieden mit ihr, stellt ihr die Agentur kostenlos ein neues Mädchen vor. Und Cata muss, wenn sie eine neue Arbeit vermittelt haben will, noch einmal einen Monatslohn bezahlen. Das sind die Bedingungen.

Ein junges Mädchen mit blauem Kittel und weißer Servierschürze öffnet die Tür des zweistöckigen, weißen Hauses an der Avenida de los Incas im vornehmen Stadtteil Belgrano und führt sie in einen Salon mit schweren, schwarzen Ledersesseln. An den Wänden moderne Ölgemälde, auf dem Boden weiche, echte Teppiche – hier riecht es förmlich nach Geld.

„Die Señora kommt gleich", sagt das Mädchen nur, und Cata entgeht nicht der feindselige Blick der jungen Frau. Sie bittet Cata, Platz zu nehmen und verlässt den Raum durch eine Schwingtür, die in die Küche führt.

Cata betrachtet die Bilder: Der überdimensionale, leuchtend grüne Baum auf gelbem Grund über dem Sofa stammt unverkennbar von Nicolás Uriburu. Ihr Bruder Julio schwärmt von dem Argentinier, der mit seinen schreienden Farben der Zerstörung der Natur Einhalt gebieten will. Wie würde Julio sie darum beneiden, dass sie vier Meter vor einem Original des Pop-Art-Malers gesessen hat. Sie steht auf, um die Signaturen der übrigen Bilder anzuschauen. Selbst einen Matta besitzen diese Leute! Der chilenische Surrealist kassiert inzwischen ein Vermögen für seine Werke. Sie fragt sich, ob das Bild wohl echt ist.

„Du interessierst dich für Malerei?", fragt plötzlich eine raue Frauenstimme hinter ihr. Cata schreckt zusammen und spürt, wie ihr das Blut in den Kopf steigt.

„Das ist besonders schön. Es ist von Rodolfo Matta. Mein Mann hat es bei einer Zwangsversteigerung erstanden."

„Roberto. Der Maler heißt Roberto Matta", sagt Cata leise und hätte sich gleich darauf am liebsten die Zunge abgebissen. Das Gesicht der Señora verfinstert sich.

„Eh, wie bitte? Natürlich, sagte ich doch. Ich bin Maria Elena Iturralde und du musst Catalina sein. Setz dich."

Die Frau deutet mit einer herrischen Handbewegung auf die Sitzecke.

Cata geht zu ihrem Sessel zurück und Maria Elena Iturralde nimmt ihr gegenüber Platz. Sie ist groß und dünn, was durch ihre enge, dunkelblaue Hose und den eng anliegenden Wollpullover in der gleichen Farbe noch betont wird. Als einzigen Schmuck trägt sie große, goldene Ohrringe. Die halblangen, braunen Haare sind sorgfältig gefönt. Ihr Gesicht ist glatt und braungebrannt, dennoch schätzt Cata sie auf mindestens fünfzig, weil ihr Hals bereits die Falten aufweist, gegen die auch Schönheitschirurgen machtlos sind.

„Du kommst also aus Peru und suchst eine Stelle. Hast du schon einmal im Haushalt gearbeitet?"

„Nein, Señora. Ich war zunächst Krankenschwester in einem Hospital, und dann hatte ich ein eigenes Fischrestaurant."

„Na, als Krankenschwester weißt du wenigstens, was Hygiene heißt. Ich lege großen Wert auf Sauberkeit. Hier musst du nicht kochen können, denn das zählt zu Adrianas Aufgaben. Das ist das Mädchen, das dich eingelassen hat. Sie ist aus Paraguay und schon einige Jahre bei uns. Doch das Haus ist groß, sie schafft die Arbeit allein nicht. Wir haben sehr oft Gäste, weißt du. Kannst du servieren? Und einen Tisch vernünftig decken?"

Cata nickt: „Ich hatte ein Restaurant, Señora."

„Ach ja, ich vergaß. Über Geld hat die Agentur bereits mit dir gesprochen. Dein Arbeitstag beginnt hier morgens um sieben. Mein Mann frühstückt pünktlich um 7.30 Uhr, denn er muss in unsere

Firma. Du richtest ihm das Frühstück. Deine Aufgabe ist aber vor allem das Putzen und Bettenmachen. Einkaufen, kochen, bügeln, nähen, das macht Adriana. An den Wochenenden wechselst du dich mit ihr ab, das heißt, du hast jedes zweite Wochenende frei. Wenn du am Wochenende hier bist, kannst du am Montag gehen und bist Dienstag früh wieder hier. So, das wäre alles. Du kannst am kommenden Montag anfangen. Pünktlich um sieben Uhr, wie ich schon sagte. Mein Tennislehrer wartet. Adriana wird dich hinausbringen."

Cata flüstert noch ein „ist gut", das Maria Elena Iturralde aber schon nicht mehr hört. Das Gespräch ist beendet. Besonders herzlich ist die Señora nicht, nicht einmal verabschiedet hat sie sich.

„Hat sie dich genommen?", fragt Adriana an der Tür.

„Ja, ich soll am Montag anfangen."

„Bis Montag also, ich werde dich dann einweisen", erwidert das paraguayische Mädchen und schließt die Tür hinter Cata. Ebenfalls ohne Gruß. Sie ist genau so hochnäsig wie ihre Chefin, denkt Cata. Aber vielleicht stellt sie sich ja doch noch als ganz nett heraus.

Avenida de los Incas. Avenida der Inkas. Cata bleibt vor dem Straßenschild an der Ecke stehen und lächelt. Bei dem Straßennamen musste es einfach klappen mit der Stelle.

KAPITEL 4

Der Job

Die Uniform schlottert an ihrem Körper. Wenn sie das weiße Servierschürzchen vorbindet, fällt es allerdings nicht so auf. Das Mädchen, das sie vor ihr getragen hat, muss viel größer und kräftiger gewesen sein als Cata. Der Stoff aus billigem, rotem Nylon mit weißen Punkten ist unangenehm kalt auf der Haut. Der weiße Kragen zeigt am Hals bereits einen bräunlichen Fettrand, der sich offenbar nicht mehr auswaschen ließ. Sie wird es dennoch versuchen, denn es ekelt sie, den Schmutz anderer auf der Haut zu haben. Auch zwei der weißen Knöpfe wird sie abtrennen und mit weißem Garn annähen. Ihre Vorgängerin hat sie mit dunkelgrünem Faden befestigt. Sie muss eine schlampige Person gewesen sein, die nicht viel Wert auf ihr Äußeres legte. Adriana hatte ihr gleich nach ihrem Eintreffen am Morgen drei Uniformen zum Wechseln ausgehändigt. Die rot-weiße gefällt ihr noch am besten, die beiden anderen sind blau-grün kariert wie ein Arbeitshemd und unter den Armen bereits fadenscheinig.

„Die Señora kann schließlich nicht dauernd neue Uniformen kaufen", erklärte ihr Adriana, als Cata sie fragte, ob die alten, viel zu großen Kittel tatsächlich für sie bestimmt seien.

Adriana hatte Cata bei ihrer Ankunft die Tür geöffnet und gleich klargestellt, wie die Machtverhältnisse liegen: „Ich bin hier die erste Mucama, die Señora hat mich beauftragt, dir alles zu erklären und dir zu sagen, was du zu tun hast."

Die kleine, pummelige Gestalt reckte sich dabei in die Höhe und auf ihrem Gesicht spiegelte sich ein Gefühl des Triumphs. Cata schaute das Mädchen nur an und erwiderte nichts. Am liebsten aber hätte sie laut gelacht, weil Adriana dabei so eine komische Figur machte. Die paraguayische Kollegin ist mindestens fünf Jahre jünger als sie, doch sie hat bereits einen verbitterten Zug um den breiten Mund. Wenn Adriana es für ihr Selbstbewusstsein braucht, sie herumzukommandieren, dann soll sie doch, dachte Cata. Sie war entschlossen, sich nicht mit ihr zu streiten.

Adriana Villegas ist kaum größer als Cata. Ihre kurzen Haare sind gelb-blond gefärbt, doch am Scheitel zeigt sich ihre natürliche, schwarze Haarfarbe. Sie hat ein rundes Gesicht, ein leichtes Doppelkinn und kleine schwarze Augen, die sie obendrein meist zu schmalen Schlitzen zusammenzukneifen scheint. Außerdem kaut sie an ihren Fingernägeln, das war Cata sofort aufgefallen. Bei Männern hat sie sicher nicht viele Chancen. Vielleicht ist sie deshalb so verbittert.

Unter Adrianas Ägide bereitet Cata das Frühstück zu. Der Señor wünscht allmorgendlich einen frisch gepressten Orangensaft, zwei Scheiben Toast und starken Kaffee mit heißer Milch. Die Kollegin zeigt Cata, wo sie die Saftpresse, den Toaster und den Milchtopf findet und welches Geschirr sie aufzudecken hat. Pünktlich um halb acht Uhr erscheint dann der Herr des Hauses im Esszimmer. Er entspricht genau Catas Vorstellungen von einem erfolgreichen Geschäftsmann: Groß, schlank, grau meliertes Haar und sonnengebräunt, dunkelblauer Zweireiher, weißes Oberhemd, dunkelrote Krawatte und eine goldene Uhr. Er scheint die beiden Mädchen gar nicht wahrzunehmen. Wortlos setzt er sich an den Tisch und streicht sich Butter auf die Toasts.

„Ist die Zeitung schon wieder nicht gekommen?"

„Verzeihung, Señor, ich werde sie sofort holen. Heute Morgen musste ich die Neue einweisen, da habe ich sie vergessen."

Adriana eilt dienstbeflissen hinaus. Cata nimmt die Gelegenheit wahr, um sich vorzustellen: „Guten Morgen, Señor, ich bin die neue Mucama, ich heiße Catalina."

„Guten Morgen", ist die einzige Antwort. Er schaut sie nicht einmal an. Es ist klar: Hausmädchen interessieren ihn nicht. Adriana kommt zurück und legt ihm die Zeitung auf den Tisch: „Hier ist sie, Señor."

Kauend greift er nach ihr, sein Kopfnicken soll wohl Dank ausdrücken. Er vertieft sich sofort in sein Blatt, die beiden sind entlassen. Bald darauf hört Cata eine helle Glocke läuten und Adriana klärt sie auf: „Der Señor möchte Kaffee nachgeschenkt haben. Ich gehe schon."

„Sie rufen uns mit einer Glocke?", fragt Cata erstaunt.

„Ja, natürlich. Und sie ist aus Silber", antwortet Adriana mit Stolz in der Stimme, so als gehörte sie ihr. Dann verschwindet sie hoch erhobenen Hauptes mit der Kaffeekanne, als sei es eine Ehre, dem Ruf der Glocke zu folgen.

Als der Señor das Haus verlassen und sie den Tisch abgeräumt hat, zeigt Adriana Cata ihr Zimmer. Von der Küche aus gehen sie durch die Waschküche, hinter der an einem dunklen Gang die Räume für die Bediensteten und ein Abstellraum liegen. Adriana öffnet eine der Türen und erklärt, dass dies Catas Unterkunft sei. Dann lässt sie sie allein. Cata schließt die Tür hinter sich und schaut sich um: Der Boden ist mit grauen PVC-Fliesen ausgelegt, die weiß gekalkten Wände sind fleckig und könnten einen Anstrich vertragen. Das Mobiliar ist spartanisch: ein Bett, ein Nachttisch und ein hölzerner Küchenstuhl. Das kleine Fenster gegenüber dem Bett lässt nur wenig Licht herein, selbst am Tag braucht man zum Lesen eine Lampe. An der hinteren Wand steht ein zweitüriger Schrank, doch beim Hineinschauen stellt sie fest, dass er voll ist. Die Iturraldes lagern altes Bettzeug und Koffer darin. Dann wird sie eben ihre Unterwäsche in der Reisetasche lassen. Einen Tisch gibt es nicht, sie würde ihre Briefe an die Familie auf den Knien schreiben müssen. Sie wirft sich aufs Bett und stellt fest, dass die Matratze durchgelegen ist. Gott sei Dank leidet sie nicht unter Rückenschmerzen.

Ohne zu klopfen tritt Adriana ein: „Ich zeige dir jetzt noch das Bad, wir müssen es beide benutzen."

Ihrem Gesicht sieht man an, dass es eigentlich unter ihrer Würde ist, das Badezimmer mit der zweiten Mucama zu teilen. Der fensterlose, hellgrau gekachelte Raum liegt direkt neben der Waschküche. Die Toilette hat keinen Deckel, und aus der Wand ragt eine Dusche. Nach dem Duschen würde man das Klo und das kleine Waschbecken trocken putzen müssen, denn ein Duschbecken und einen Vorhang gibt es nicht. Zumindest ist es sauber, denkt Cata. Als die Iturraldes den Bedienstetentrakt bauten, schien ihnen das Geld ausgegangen zu sein.

„Hast du schon mal um einen Toilettendeckel gebeten?", will sie von Adriana wissen.

„Ich brauche keinen, und jetzt komm, du musst anfangen zu putzen", ist die schnippische Antwort. Adriana scheint es für normal zu halten, dass für eine Mucama das Primitivste gerade gut genug ist.

Sie gehen in die Küche zurück, und Adriana zeigt ihr die Besenkammer: „Hier findest du alles, was du zum Saubermachen brauchst. Fang im Wohnzimmer an, das kennst du ja schon. Später kannst du dann die Betten machen und die Badezimmer der Herrschaften reinigen."

Sie beginnt, ein Tablett vorzubereiten: „Die Señora frühstückt im Bett. Um neun Uhr muss ich sie mit dem Tablett wecken. Und nun sieh zu, dass du voranmachst."

Juan hatte ihr einmal an einem Sonntag das Frühstück ans Bett gebracht, und sie hatte es sehr genossen, sich verwöhnen zu lassen. Menschen, denen jeden Morgen das Frühstück im Bett serviert wurde, war sie bisher nur in Romanen begegnet. Ihr Landsmann Alfredo Bryce Echenique hatte sie beschrieben, in *Eine Welt für Julius*. Ihr ist sie fremd, diese Welt, in der es vor allem darum geht, die Zeit totzuschlagen. Ihre Mutter hatte Personal, solange Cata denken kann, ein oder zwei Mädchen zum Putzen und eine Waschfrau. Doch sie steht tagein, tagaus im Morgengrauen auf, um sich um ihre Hühner und Kühe zu kümmern. Weil es ihr Freude macht und die Tiere sie brauchen. Ihr käme es nie in den Sinn, im Bett zu frühstücken.

Cata schaut sich das Wohnzimmer an: Sie würde zunächst mit dem Staubwedel die Bilderrahmen reinigen. Sie erinnert sich daran, wie ihr Bruder Julio sie einmal ausgeschimpft hatte, als sie seine selbst gemalten Ölbilder im Wohnzimmer der Eltern mit einem feuchten Lappen abstaubte. Er war ganz rot im Gesicht geworden, so hatte er sich aufgeregt. Sie holt sich aus der Küche ein Holzbänkchen, so reicht sie an alle Bilder heran. Während sie auf der Holzbank steht, um den Matta zu säubern, hört sie hinter sich die Stimme der Señora: „Pass auf mit den Bildern, wenn du eines kaputt machst, musst du ein halbes Leben dafür arbeiten."

Cata dreht sich zu ihr um: „Guten Morgen, Señora, ja, ich gebe gut acht. Machen Sie sich keine Sorgen."

„Ich mache mir keine, du solltest sie dir machen", erwidert die Herrin des Hauses und lacht dabei höhnisch. Sie scheint schlecht gelaunt zu sein, denkt Cata und beschließt, nichts darauf zu antworten.

„Das Silber muss geputzt werden, heute Abend kommen Gäste zum Essen. Die Leute sind wichtige Geschäftspartner meines Mannes. Ich muss jetzt zum Tennis, und am Nachmittag habe ich mich zum Golf verabredet. Wenn ich zurückkomme, ist hier alles perfekt, hast du mich verstanden?"

„Ja, Señora."

Grußlos wie sie gekommen war, verlässt die Dame des Hauses den Raum.

Cata putzt die gläserne Fensterfront zum Garten, sie saugt Perserteppiche, wienert silberne Aschenbecher, Bilderrahmen und Blumenvasen, reibt Esstisch und Anrichte mit Möbelpolitur ab und wischt den Parkettboden. Als sie sich gegen Mittag ein Glas Milch aus dem Kühlschrank nimmt und sich an den Küchentisch hockt, um einen Moment auszuruhen, herrscht Adriana sie an: „Willst du nicht endlich die Betten machen und die Bäder putzen? Du bist schließlich zum Arbeiten hier."

Nun wird es Cata doch zuviel.

„Adriana, ich muss fünf Minuten verschnaufen. Ich werde jetzt meine Milch trinken, und dann mache ich weiter", erklärt sie der anderen freundlich, aber bestimmt. Adriana ist anzusehen, dass ihr Catas Protest nicht passt, doch sie erwidert lediglich, dass die Schlafzimmer und Bäder der Herrschaften im ersten Stock lägen.

Das Schlafzimmer der Iturraldes hat die Größe eines Tanzsaals. Am Fußende des Ehebettes steht ein großes Fernsehgerät auf einem Tisch, der sich auch vor die zwei schweren Sessel mit eingebauten Fußstützen aus weichem, cremefarbenen Leder drehen lässt. An das

Schlafzimmer schließt sich das Bad und ein Ankleidezimmer mit Regalen, Schubladen und Kleiderstangen an, das dreimal so groß ist wie Catas Unterkunft. So manches Geschäft hat nicht so viel Auswahl wie die Señora. Cata zählt allein fünf Pelzmäntel und fünfzehn lange Abendkleider, aus schwarzem und rotem Samt, aus grünem Brokat, hellblauer Seide, cremefarbenem Crêpe de Chine. Jedes Kleid dürfte ein Vielfaches ihres Monatslohnes kosten. Sie schaut auf das Etikett eines trägerlosen Samtkleides mit Korsage: Ungaro. Das Kleid ist schön. Bildschön. Cata nimmt es vorsichtig von der Stange und hält es sich vor dem Spiegel an. Sie würde sich so etwas nie leisten können, doch wo sollte sie es auch tragen? Sie seufzt, hängt das Kleid zurück und macht sich an die Arbeit. Sie zieht ein feuchtes Badetuch aus flauschigem, rotem Frottee aus dem Bett und bringt es an seinen Platz im Bad, hebt schmutzige Damen- und Herrenunterwäsche, ein Oberhemd und eine Seidenbluse vom Boden auf und stopft sie in den Wäschekorb. Die Iturraldes hatten die Kleidung vom Vortag, einen grauen Nadelstreifenanzug und ein dunkelblaues Schneiderkostüm, achtlos auf die Sessel geworfen. Cata hängt sie auf Bügel. Sie wird Adriana fragen, wo sie die Kleider auslüften kann. Das Kostüm braucht zudem einen Strich mit dem Bügeleisen. Wenn man nicht selbst bügeln muss, kann man es sich leisten, die Sachen einfach so hinzuwerfen.

Nachdem sie im Schlafzimmer Ordnung geschaffen hat, wendet sie sich dem Bad zu. Boden und Wände sind mit weißem Marmor gekachelt, die Wanne, ebenfalls aus Marmor, bietet Platz für zwei. Aus den Wänden ragen verschiedene Düsen und Brausen, die den Körper massieren. Sie muss hineinsteigen, um die Wanne zu säubern. Sie legt die Seife in die Schale, schließt die Shampooflasche und schrubbt die Wannenwände. Als sie sie abspült, steht sie im Wasser. Sie zieht ein Knäuel brauner Haare aus dem Abfluss. Die Señora scheint unter Haarausfall zu leiden, denn auch eines der beiden Waschbecken ist von ihren Haaren verstopft. Den Gebrauch der Toilettenbürste überlassen die Iturraldes ebenfalls den Mucamas. Im Militärhospital hat Cata alten Leuten die Windeln gewechselt, sie hat keine Probleme damit, die Klos zu reinigen. Doch von Menschen, die sich so vornehm geben, hatte sie mehr Sauberkeit erwartet. Man müsse die Toilette verlassen, wie man sie vorfand, hatten ihr die Nonnen im Internat immer eingeschärft. Daran zeige sich die gute Kinderstube. Sie kann es sich zwar nicht recht vorstellen, doch vielleicht gelten ja in Argentinien andere Regeln.

Während Cata die gläserne Duschtür poliert, hört sie, dass jemand das Schlafzimmer betreten hat.

„Adriana, bist du es?“

Doch die Señora erscheint in der Badezimmertür.

„Bist du immer noch nicht fertig?“, sagt sie und schaut auf die Uhr.

„Ich hatte lange im Wohnzimmer zu tun, aber ich bin hier gleich durch. Wenn Sie möchten, mache ich später weiter.“

„Ich hoffe, du arbeitest in Zukunft etwas schneller. Und jetzt lass mich allein, ich muss mich umziehen.“

Cata greift sich Putzeimer und Lappen und geht in die Küche hinunter, wo Adriana dabei ist, einen Berg von Pellkartoffeln zu schälen. Cata verspürt Hunger.

„Wann isst du denn gewöhnlich zu Mittag?“, fragt sie das andere Mädchen.

„Die Señora isst mittags nichts, höchstens mal etwas Gemüse oder Salat.“

„Und du? Hast du denn keinen Hunger?“

„Ich nehme mir ein Stück Brot. Die Señora meint, ich sei ohnehin zu dick und soll nicht so viel essen.“

„Also, ich muss etwas essen. Wenn ich mich den ganzen Morgen bewegt habe, bin ich mittags hungrig. Und zu dick bin ich nun wirklich nicht. Mir hat der Arzt sogar gesagt, ich müsse ein paar Kilo zunehmen.“

Sie geht zum Kühlschrank, doch sie findet nur Toastbrot, Butter und ein paar Eier.

„Gibt es denn keinen Käse oder etwas Wurst?“

„Das mag hier niemand, wegen der vielen Kalorien. Und Wurst erhöht den Cholesterinspiegel, sagt die Señora.“

„Dann werde ich mir ein Spiegelei braten.“

„Catalinaaa", schallt es plötzlich durch das Treppenhaus und gleich darauf steht Frau Iturralde in der Küchentür.

„Du hast die Handtücher nicht gewechselt! Ich will duschen, soll ich mich etwa mit einem nassen Handtuch abtrocknen?"

„Entschuldigung, Señora, ich wusste nicht, dass sie jeden Tag gewechselt werden. Wenn Sie möchten, erledige ich das sofort."

„Das kannst du machen, wenn ich umgezogen bin. Und wo ist mein Chanel-Parfum? Es stand auf dem Waschbecken. Es fängt ja gut an, dass ich gleich an deinem ersten Tag nichts mehr finde."

„Ich habe es in den Spiegelschrank über dem Waschbecken gestellt."

„Hast du denn nicht gesehen, dass der meinem Mann gehört? Meine Sachen sind in dem Wandschrank neben der Dusche, merk dir das für die Zukunft. Was kochst du da eigentlich?", faucht Frau Iturralde.

„Ich brate mir ein Ei, Señora", antwortet Cata mit leiser Stimme.

„Du scheinst ja sehr viel Zeit zu haben. Nimm dir ein Beispiel an Adriana, die schaut nie von der Arbeit auf."

„Ja, Señora, aber ich muss mittags etwas essen. Und ich habe im Kühlschrank nur Eier gefunden."

„Wenn dir das nicht reicht, kannst du dir ja von deinem Geld etwas Besseres kaufen. Hier gibt es keine Extrawürste."

„Aber ich…"

Doch die Señora hört sie nicht mehr, sie ist bereits aus der Küche gestürmt.

„Aber der Mucama stehen doch drei Mahlzeiten am Tag zu, hat mir eine peruanische Freundin erzählt, die seit Jahren hier in Buenos Aires bei einer Familie arbeitet", sagt Cata zu Adriana.

Die zuckt nur mit den Schultern und schaut nicht einmal von ihren Kartoffeln auf.

„Was machst du eigentlich mit den vielen Kartoffeln?", will sie von Adriana wissen, und die Kollegin schaut sie diesmal sogar an, als sie ihr antwortet: „Die sind für das Kartoffel-Gratin heute Abend. Dazu gibt es Rinderfilet. Die Argentinier lieben das."

„Und wie machst du das Gratin? Ich hatte in Peru mal ein Restaurant, weißt du. Neue Rezepte interessieren mich immer."

„Es ist ganz einfach: Du kochst Pellkartoffeln, sie dürfen aber nicht zu weich sein. Du lässt sie abkühlen, pellst sie, reibst eine feuerfeste Form mit Butter ein, schneidest die Kartoffeln in einen halben Zentimeter dicke Scheiben und legst eine Schicht in die Form. Dann verstreichst du mit einem Esslöffel Sahne darauf, streust Salz und geriebenen Parmesankäse darüber und legst wieder eine Schicht Kartoffeln darauf. Dann wieder Sahne und so weiter. Die letzte Schicht Parmesan muss ziemlich dick sein, damit sie knusprig wird. Das Ganze wird dann eine knappe halbe Stunde im Ofen überbacken."

Offensichtlich freut sich Adriana, dass Cata sie nach dem Rezept gefragt hat, denn zum ersten Mal klingt ihre Stimme weder arrogant noch schnippisch.

„Ich kann ganz gut kochen, meine Mutter hat es mir beigebracht. Aber hier mögen sie die paraguayischen Gerichte nicht. Ich habe einmal eine Gemüsesuppe mit Käse und roter Beete gemacht, aber sie hat ihnen nicht geschmeckt."

„Wenn die Herrschaften mal einen Tag nicht da sind, machst du die Suppe für uns, Käse und rote Beete – das klingt gut!"

Adrianas Augen strahlen: „Ist gut. Jetzt musst du aber weitermachen. Wenn heute Abend nicht alles in Schuss ist, gibt es Ärger."

„Haben wir denn keine Mittagspause?"

„Dazu reicht die Zeit fast nie. Jeden Tag ist etwas anderes. Mindestens zweimal die Woche kommt Besuch, manchmal auch drei- oder viermal. Dann muss das Tafelsilber geputzt werden oder das Messing, die Kronleuchter oder die Fenster im ganzen Haus. Oder wir müssen Unkraut jäten und den Hundezwinger reinigen. Die Señora nimmt es sehr genau mit der Sauberkeit."

Cata greift sich das Putzzeug. Von der Señora jemals ein freundliches Wort zu erwarten, war wohl vergeblich, doch vielleicht würde sie ja Adriana für sich gewinnen können. Sie sieht aus, als hätte sie es nicht leicht gehabt im Leben. Sie ist schon drei Jahre hier, also muss sie schon sehr früh angefangen haben, als Mucama zu arbeiten. Als Cata die Schlafzimmertür öffnet, kann sie es fast nicht glauben: Erst vor einer Stunde hatte sie aufgeräumt, doch schon wieder liegt ein nas-

Argentinisches Rinderfilet mit Kartoffelgratin (bife de lomo con papas a la crema)

Für 4 Personen

Ca. 800 g Rinderfilet am Stück
etwas Öl
1 kg Kartoffeln
etwas Butter
1 Becher Sahne
250 g geriebener Käse (Parmesan oder Emmentaler)
Salz, Pfeffer

Kartoffeln mit Schale kochen. Wenn sie gar sind, abgießen, mit kaltem Wasser abschrecken und kalt werden lassen. Pellen. Eine feuerfeste Form mit Butter ausreiben. Kartoffeln in ca. 5 mm dicke Scheiben schneiden und eine Schicht in die Form legen. Salzen, mit einem Esslöffel Sahne darauf streichen, mit Käse bestreuen, dann die nächste Schicht Kartoffeln darauf legen, wieder salzen, mit Sahne bestreichen und Käse bestreuen usw. Die letzte Schicht Käse sollte etwas dicker sein. Den Backofen auf 200 Grad vorheizen. Das Gratin etwa 30 Minuten überbacken, bis der Käse goldbraun ist.
Das Rinderfilet häuten. Mit Öl, Salz und Pfeffer einreiben. Ebenfalls in eine feuerfeste Form geben und ebenfalls in den auf 200 Grad vorgeheizten Backofen stellen (15 bis 30 Minuten, je nach Geschmack). Das Filet aufschneiden und sofort mit dem Gratin servieren.

ses Handtuch im Bett und der Boden voll schmutziger Wäsche. Auch das Badezimmer muss sie erneut putzen. Wieder entfernt sie Haare aus Waschbecken und Dusche, wieder muss sie das Klo schrubben. Kein Wunder, dass die Zeit nie für eine Pause reicht. Nachdem sie auch das Gästebad, das Gästezimmer, das Treppenhaus, die Bibliothek und die Terrasse gereinigt hat, ist es bereits später Nachmittag. Sie würde sich gern eine halbe Stunde hinlegen, doch Adriana hat weitere Aufgaben für sie. Es fehlen Milch und Kaffee, und das Weißbrot muss vom Bäcker geholt werden. Die Argentinier essen zu jeder warmen Mahlzeit immer auch ein Stück Weißbrot, hatte ihr die Paraguayerin erklärt. Als sie zurückkehrt, steht Adriana am Herd und schmeckt eine Kürbissuppe ab.

„Das ist die Vorspeise. Willst du mal probieren? Ich hoffe, sie ist nicht zu scharf."

Die Suppe ist gut, doch für Catas peruanische Zunge nicht pikant genug.

„Argentinier mögen keine scharfen Speisen", sagt die Kollegin. Dann zeigt sie ihr, wo das gute Geschirr, die Silberbestecke und die Gläser zu finden sind, damit Cata den Tisch decken kann. Da schellt es an der Tür.

„Das werden die Diener sein", sagt Adriana und geht zur Tür.

„Diener? Was denn für Diener?", fragt Cata erstaunt. Als Adriana in die Küche zurückkehrt, klärt sie sie auf: Die Diener servieren Häppchen und Getränke, wenn die Gäste ankommen, und bei Tisch tragen sie die Speisen auf, die die beiden Mädchen in der Küche vorbereiten.

Während Adriana und die beiden Diener in der Küche die Häppchen auf silbernen Tabletts anrichten und Weinflaschen entkorken, widmet sich Cata dem Tisch. Sie reibt die silbernen Platzteller und die Bestecke vorsorglich mit einem weichen Tuch ab, damit die Señora auch ja kein Stäubchen darauf findet. Auch die Gläser putzt sie mit einem Küchentuch nach, bevor sie sie vor die Teller platziert. Die steif gebügelten, weißen Servietten faltet sie zu einem Krönchen und stellt sie links neben jedes Gedeck, wie sie es in der Nonnenschule gelernt hat. Zufrieden betrachtet sie das Ergebnis. Sie will gerade in die Küche zurückkehren, um Adriana zur Hand zu gehen, als die Señora in das Wohnzimmer stürmt.

„Das sieht ja furchtbar aus! Kann ich denn nicht einen Moment den Rücken drehen? Die Löffel gehören nicht vor den Teller, sondern rechts neben die Messer. Und dann die Sektgläser! Man stellt sie vor das Wasserglas. Hast du denn nie etwas von Etikette gehört?"

„Ich habe den Tisch so gedeckt, wie ich es in der Schule gelernt habe, Señora."

„Das muss ja eine schöne Schule gewesen sein."

„Eine Privatschule, Señora, ich habe an einem von Nonnen geführten Internat mein Abitur gemacht, mein Vater hat viel Geld dafür bezahlt", antwortet Cata, und Frau Iturralde schaut sie irritiert an.

„Na, ist ja auch egal. So kann das zumindest nicht bleiben. Was sollen denn die Gäste von uns denken, wenn wir nicht einmal wissen, wie man einen Tisch vorschriftsmäßig deckt. Ich muss mich umkleiden, wenn ich wiederkomme, sieht das hier anständig aus, verstanden?"

Cata hatte noch nie gehört, dass es Vorschriften für das Tischdecken gibt. Das Essen muss schmecken, das war für sie bisher immer das Wichtigste. Aber wenn die Señora es so will... Warum die Frau bloß immer so schlechte Laune hat? Sie hat einen gut aussehenden, offensichtlich erfolgreichen Mann, ein schönes Haus, und sie muss sich nicht die Hände schmutzig machen. Eigentlich müsste sie den ganzen Tag vor Glück strahlen, denkt Cata, während sie das Tischarrangement ändert. Und warum ist sie so hässlich zu ihr? Sie kann es sich nicht erklären. Wie soll sie am ersten Tag alles richtig machen, wenn es ihr niemand erklärt? Einige Ärzte im Militärhospital waren nicht sonderlich nett zu den Schwestern, aber immer noch freundlicher als die Señora. Und sie selbst hat ihre Angestellten im „Nautilus" sehr viel besser behandelt. Aber was bleibt ihr anderes, als die Launen zu ertragen, denn sie braucht das Geld. Doch eines ist ihr bereits klar: Wenn ihr jemand eine andere Stelle anbietet, wird sie zugreifen. Bis sie etwas Neues gefunden hat, wird sie die Zähne zusammenbeißen und so tun, als höre sie nichts, wenn die Señora ihre schlechte Laune an ihr auslässt. Sie wird sich bei Luz schon einmal erkundigen, ob sie der Agentur die gesamte Vermittlungsgebühr zahlen muss, wenn sie vor Ablauf von drei Monaten kündigt.

Kurz nach neun Uhr kommen die ersten Gäste. Catas Aufgabe ist es, ihnen die Mäntel abzunehmen und sie bis an die Wohnzimmertür zu geleiten, wo die Iturraldes Aufstellung genommen haben, um sie zu begrüßen. Die Señora lächelt und sprüht vor Liebenswürdigkeit. Offensichtlich ist sie nur zum Personal unleidlich. Cata muss zugeben, dass Frau Iturralde fantastisch aussieht in ihrem nachtblauen, kurzen Samtkleid. Strümpfe und Schuhe passen im Ton ebenso dazu wie die mit Brillanten besetzten Ohrringe aus blauem Saphir. Sie dürfte mehr als den Jahreslohn ihrer beiden Mucamas am Körper tragen. Das Leben ist doch ungerecht! Die einen schuften für ein paar lumpige Dollars viele Stunden am Tag und müssen jeden Cent umdrehen, die anderen tun nichts und schwelgen im Luxus. In Peru war ihr das niemals so bewusst geworden, doch dort hatte sie nie Kontakt zu Menschen gehabt, die so reich waren wie die Iturraldes.

Während die Gäste im Wohnzimmer lachen und sich zuprosten, haben Adriana und Cata in der Küche alle Hände voll zu tun. Sie spülen die benutzten Gläser, die die Diener hereintragen, öffnen Flaschen, schenken saubere Gläser wieder voll, leeren Aschenbecher, füllen die Platten mit den Häppchen auf, schöpfen die Suppe in vierzehn Tassen, schneiden Fleisch und Torten und bereiten Kaffee und Tee. Wenn sie das „Nautilus" neu eröffnen wird, soll es auch eine so große Küche haben wie dieses Haus, schwört sich Cata. Hier lässt es sich wunderbar arbeiten. Vor allem der Herd mit den sechs Flammen hat es ihr angetan. Und sie bräuchte jemanden wie Adriana in der Küche. Das paraguayische Mädchen arbeitet schnell und umsichtig, und es gefällt Cata, dass sie die Speisen so liebevoll dekoriert. Auf jede Suppentasse spritzt sie ein Sahnehäubchen und die Fleischplatten garniert sie mit Petersiliensträußchen und Cocktailtomaten.

Nach ein Uhr verabschieden sich die Gäste. Erst jetzt kommen die beiden Mädchen dazu, auch etwas zu essen. Cata lobt Adrianas Kartoffel-Gratin und das zarte Rinderfilet.

„Die Argentinier sind sehr stolz auf ihr Fleisch, es soll das beste der Welt sein. Ich habe es nur mit Salz, Pfeffer und etwas Olivenöl eingerieben. Ich freue mich immer, wenn Gäste kommen und es Rinderfilet gibt, denn ich mag es schrecklich gern. Es bleibt fast immer genug für uns übrig. In Paraguay ist das Fleisch längst nicht so gut. Und niemand kann sich da Filet leisten", sagt Adriana und legt sich noch einmal nach. Sie ist inzwischen freundlicher geworden, vielleicht spürt sie, dass Cata ihr nicht ihre Stellung streitig machen will.

Cata schmerzen die Füße. Sie ist seit sechs Uhr morgens auf den Beinen. Während die Mädchen das restliche Geschirr spülen, kommt Frau Iturralde in die Küche: „Adriana, weck mich morgen erst um zehn Uhr, ich hatte einen furchtbar anstrengenden Tag heute, da habe ich es mir wohl verdient, etwas länger zu schlafen! Der Señor geht aber wie immer zeitig aus dem Haus."

Wieder verschwindet sie, ohne auch nur eine gute Nacht zu wünschen. Wenn der Señor früh aus dem Haus geht, würde auch Cata zeitig aufstehen müssen. Dass sie auch einen schweren Tag hatte, kommt den Herrschaften nicht in den Sinn.

„Die Señora hätte sich ruhig bei dir dafür bedanken können, dass du so gut gekocht hast!", wendet sich Cata an Adriana. Doch die seufzt nur und meint, die Señora sei eben so. Aber sie zahle immer pünktlich zum Monatsende, das sei für sie das Wichtigste. Ihre Schwester, die auch in Buenos Aires als Mucama arbeitet, habe nun schon drei Monate nur den halben Lohn bekommen, weil ihre Herrschaften im Moment knapp bei Kasse sind.

„Warum sucht sie sich denn keine neue Stelle?"

„Dann kriegt sie das Geld nie. Außerdem ist sie noch keine achtzehn Jahre alt, und die meisten Leute haben Angst, Minderjährige einzustellen. Wenn die Polizei eine illegale Minderjährige aufgreift, schickt sie sie sofort zurück in ihr Land. Und für ihre Herrschaften kann es Ärger mit den Behörden geben."

„Aber es ist doch ohnehin verboten, Illegale zu beschäftigen."

„Das schon, aber wenn sie erwachsen sind, drückt die Polizei meist ein Auge zu. Zumindest sind die Geldstrafen geringer."

Wenn morgens früh der Wecker klingelt, fühlt sich Cata wie zerschlagen. Sie schläft nie mehr als sechs Stunden, manchmal sogar weniger.

Auch wenn die Iturraldes keine Gäste haben, sind die Nächte kurz. Nie essen sie vor zehn Uhr zu Abend, und vor Mitternacht ist die Küche nie aufgeräumt. Jeder Tag gleicht dem anderen: Früh um kurz nach sechs Uhr steht sie auf, nimmt eine Dusche, putzt das Haus, schrubbt Toiletten, fegt die Terrasse, jätet Unkraut, spült, kauft ein, schleppt Berge von Kleidern in die Reinigung, füttert und kämmt den Hund und säubert dessen Zwinger. Der Hund, ein schöner Rottweiler namens Quick, gewöhnt sich schnell an sie. Er freut sich, wenn sie kommt und eine Weile mit ihm im Garten spielt. Der Señor richtet nie das Wort an sie, und die Señora spricht nur mit ihr, um ihr etwas aufzutragen oder sich zu beschweren. Gott sei Dank ist sie meist unterwegs. Nach ein paar Tagen begreift Cata, dass Adriana und sie für ihre Herrschaften Maschinen sind: Man kauft sie, und dann haben sie zu funktionieren. Bleiben sie stehen, haut man mit der Faust dagegen. Und wenn das nicht hilft, kauft man neue. Wie die Maschinen haben sie keine Geschichte, keine Gefühle, keine Gesundheit. Und keine Sorgen. Sie laufen, oder sie laufen nicht. So einfach ist das.

Ab Samstag mittag hat Adriana frei, und Cata muss die Herrschaften allein bedienen. Zwar ist sie nach den Achtzehn-Stunden-Tagen so erschöpft, dass sie einen Tag Pause nötig hätte, und doch sie freut sich, dass sie arbeiten kann. Der Wochenenddienst wird schließlich extra entlohnt, und jeder Cent kommt ihr gelegen. Sonntags frühstückt die Señora nicht im Bett, sondern mit ihrem Mann im Wohnzimmer. Erst um zehn Uhr, so dass auch Cata zumindest ein wenig länger schlafen konnte. Sie vergisst prompt, die Zeitung auf den Tisch zu legen, denn das ist wochentags Adrianas Aufgabe. Der Toast gerät ihr nicht kross genug und im Orangensaft schwimmt ein Kern. Doch sie nimmt es schon kaum noch wahr, wenn die Señora sie mit unfreundlichen Worten bedenkt. Sie sagt nur immer brav: „Ja, Señora, ist gut, Señora." Mehr will Frau Iturralde ohnehin nicht hören. Catas Gesicht müsste sie die Gleichgültigkeit ansehen, doch die Señora macht sich nicht die Mühe, ihr ins Gesicht zu schauen.

Nach dem Frühstück ziehen sich die Herrschaften wieder in ihr Schlafzimmer zurück, kurz vor Mittag kommt die Señora in die Küche und legt ihr zwei Pesos auf den Tisch. Sie soll sich davon am Schnellimbiss um die Ecke eine Wurst kaufen, sie seien zum Grillen eingeladen und würden erst spät zurück sein. Zwei Dollar. Da kann sie sich aussuchen, ob sie zwei Würstchen isst oder zu einer Wurst ein Wasser trinkt.

Als sie das Schlafzimmer aufräumt, findet sie vor dem Bett ein benutztes Kondom. Einen Moment lang ist sie versucht, es gut sichtbar auf dem Kopfkissen zu platzieren. Doch was bringt ihr das? Nichts. Nur neuen Ärger. Das Präservativ ist für sie der endgültige Beweis, dass sie für die Iturraldes kein Mensch, sondern ein Roboter ist. Gegenüber einem Menschen hätten sie Schamgefühl.

Adrianas Dienst beginnt am Montag um sieben Uhr, und wenn sie eingetroffen ist, darf Cata gehen, um ihren freien Tag zu nehmen. Doch Adriana kommt nicht. So bleibt Cata nur, trotz des freien Tages das Frühstück vorzubereiten. Als Adriana auch um acht Uhr noch nicht erschienen ist, beginnt Cata sich zu sorgen. Ihr muss etwas zugestoßen sein, denn die Kollegin nimmt es sehr genau mit der Pünktlichkeit.

Als Cata der Señora das Frühstück serviert, macht Frau Iturralde ihrem Ärger Luft: „Ihr seid doch alle gleich. Unpünktlich und faul. Adriana glaubt wohl, sie könne sich das jetzt leisten, weil du ihre Arbeit übernehmen kannst. Doch nicht mit mir. Die kann was erleben, wenn sie kommt. Ich werde ihr jede Stunde vom Lohn abziehen."

„Vielleicht ist ihr etwas passiert, Señora", wendet Cata ein.

„Passiert? Was soll der schon passieren? Verschlafen hat sie, du wirst schon sehen."

Als Cata gerade beginnen will, das Abendessen vorzubereiten, kommt Adriana endlich. Sie sieht furchtbar aus. Sie ist ungekämmt und blass, und sie weint.

„Sie haben gestern Abend meine Schwester auf einer Parkbank gefunden. Sie ist tot."

KAPITEL 5

Die Freundin

Morgens um fünf Uhr wird Cata wach. Sie zittert vor Kälte unter der dünnen Wolldecke. Mit einem heftigen Gewitter hatte sich am Abend der Winter angekündigt. Der Sturm hatte im Garten etliche Zweige von den Bäumen gerissen, und durch die Terrassentür war Wasser ins Wohnzimmer gedrungen. Cata und Adriana kostete es Mühe, die Perserteppiche der Iturraldes davor zu bewahren, nass zu werden. Unter dem Kommando der jammernden Señora mussten sie die schweren Ledermöbel anheben, um die Teppiche aufzurollen. Das Wasser wischten sie mit Lappen auf. Bei Kerzenschein, denn der Strom war wie so oft, wenn ein Unwetter über Buenos Aires niedergeht, ausgefallen. Als die Mädchen gegen zwei Uhr endlich ins Bett gehen durften, weil der Regen nachgelassen hatte, war es noch warm, doch gleich darauf muss es sich schlagartig abgekühlt haben. Für Mitte Mai sei es bis jetzt viel zu heiß gewesen, hatte Adriana gesagt. Cata steht auf und holt sich eine der alten Wolldecken aus dem Schrank. Zwar wird ihr damit allmählich wärmer, doch sie kann trotzdem nicht wieder einschlafen. Es muss die Erschöpfung sein, die sie keinen Schlaf finden lässt, denkt sie, denn in den letzten beiden Wochen hatte sie zum Teil auch Adrianas Arbeit erledigen müssen. Und Elviras Tod war ihr doch nahe gegangen, obwohl sie das Mädchen nicht gekannt hatte. Er hat ihr schmerzlich vor Augen geführt, wie schutzlos eine illegale Mucama in Argentinien ist. Und wie hilflos den jeweiligen Umständen ausgeliefert auch sie selbst lebt. Hoffentlich geht es Adriana nicht wieder schlechter, damit Cata am morgigen Samstag endlich etwas ausruhen darf.

Am vergangenen Wochenende hatte sie freiwillig Adrianas Dienst übernommen, weil die Kollegin am Ende mit ihren Kräften war. Sie übergab sich oft, obwohl sie so gut wie nichts aß, und zitterte danach am ganzen Körper. Zudem war ihr Vater aus Paraguay angereist, um den Leichnam seiner Tochter Elvira in die Heimat zu überführen. Bei der Gelegenheit hat er auch gleich Geld abgeholt, hat ihr Adriana erzählt. Alle paar Monate kommt er ein Wochenende nach Buenos Aires, um das halbe Gehalt der Mädchen zu kassieren. Er kauft sich dann auf Kosten seiner beiden Töchter ein paar Literflaschen Criadores, und lässt sich mit dem billigen argentinischen Whisky voll laufen, bevor er wieder abreist. Die Mutter erlaubt nicht, dass er zuhause das Geld vertrinkt. Sie braucht es, um die vier jüngeren Geschwister zu ernähren. So hat er seine Besäufnisse an den Rio de la Plata verlegt. Adriana hat einmal versucht, dagegen aufzubegehren, doch daraufhin hat er sogar mit Schlägen gedroht. Seitdem schweigt sie, wenn er die Flasche öffnet. Als er vom Tode Elviras erfuhr, hat er bitterlich geweint: „Wovon sollen wir denn jetzt leben?", hat er Adriana gefragt, denn ihr Geld allein reiche nicht für sechs Leute. Auf seinen Whisky hat er dennoch nicht verzichtet. Er brauche den Alkohol jetzt, um Elviras Tod zu verkraften, hatte er seiner ältesten Tochter erklärt.

Adriana hatte vom Tod der Schwester erfahren, als sie nach ihrem freien Wochenende am Montag morgen gerade zu den Iturraldes aufbrechen wollte. Als sie die Haustür öffnete, standen zwei Polizisten davor. Sie wusste sofort, dass etwas mit Elvira geschehen war, denn sie war über Nacht nicht nach Hause gekommen. Zum ersten Mal. Sie war am Sonntagnachmittag mit einem argentinischen Jungen namens Luis zu einem Spaziergang in die Parks des Stadtteils Palermo aufgebrochen, sie wollten sich die Sternwarte anschauen. In der Nähe der Sternwarte hat sie dann die Polizei am späten Abend auf der Bank gefunden. Ihr Körper war bereits kalt.

In der Hosentasche hatte sie einen Zettel mit der Adresse der Pension, in der Adriana und sie ihre Wochenenden verbrachten.

„Wir haben ein totes Mädchen gefunden. Sie mag sechzehn oder siebzehn Jahre alt sein und hat kurze, schwarze Haare. Sie trägt hellblaue Jeans, eine rote Bluse und Tennisschuhe. Hat sie vielleicht hier gewohnt?", fragte einer der beiden und hielt Adriana den Zettel hin.

„Das Papier ist von meiner Schwester, sie ist heute Nacht nicht nach Hause gekommen."

„Dann müssen wir dich mit aufs Kommissariat nehmen, damit du dir die Leiche anschaust."

Als Adriana im Fond des Polizeiwagens hockte, dachte sie kaum an Elvira. Sie hatte Angst. Angst, dass sie nach ihrem Ausweis fragen. Dann würden sie feststellen, dass sie sich illegal in Argentinien aufhielt und sie in den nächsten Bus nach Paraguay setzen. Was sollte dann aus ihren jüngeren Geschwistern werden, wenn sie auch kein Geld mehr verdiente? Sie würden hungern müssen. Sie weiß selbst, wie weh Hunger tut, und sie würde ihn den Kleinen gern ersparen. Sie hatte ihn erlebt, als sie zwölf Jahre alt war. Damals waren die Baumwollpflanzen und ein Großteil der Gemüseernte auf dem Land ihres Vaters vertrocknet, weil der Regen ausgeblieben war. Die Großmutter half ihnen, so gut sie konnte mit Lebensmitteln, doch viel hatte sie auch nicht. Damals beschlossen die Eltern, Adriana zu einer Tante in die Hauptstadt Asunción zu schicken, damit sie ihr eine Stelle im Haushalt sucht. Cata war entsetzt, als sie hörte, dass Adriana bereits als Kind angefangen hatte, bei fremden Menschen zu arbeiten, um die Familie zu ernähren. Die Tante gab sie dann zu koreanischen Einwanderern. Adriana konnte sich kaum mit ihnen verständigen, denn sie sprachen nur wenig Spanisch. Auch das Essen war ihr fremd, doch mit der Zeit gewöhnte sie sich daran; inzwischen mag sie es sogar gern und sie kocht sich gelegentlich etwas Koreanisches. Das Schlimmste war damals, dass sie mit niemandem reden konnte. Und dass niemand sie tröstete, wenn sie sich nachts vor Heimweh in den Schlaf weinte.

„In dem Polizeiwagen hatte ich Angst, dass meinen beiden kleinen Schwestern das gleiche Schicksal bevorstehen könnte wie mir", erzählte Adriana, als Cata sich nach der Arbeit noch eine halbe Stunde zu ihr ins Zimmer hockte, damit sie nicht allein war mit ihrem Kummer. Von Adrianas Hochnäsigkeit der ersten Tage war nichts mehr zu spüren. Sie war froh, dass sie in Cata einen Menschen gefunden hat, dem sie sich anvertrauen kann.

Von den Iturraldes hatte sie wenig Trost zu erwarten.

„Wie furchtbar", schrie die Señora, als Adriana ihr den Grund nannte, warum sie einen Tag lang nicht zur Arbeit erschienen war. „Dass wir hier nur keine Scherereien deswegen kriegen. Du hast ja hoffentlich der Polizei nicht gesagt, wo du arbeitest?", fragte sie das in Tränen aufgelöste Mädchen.

„Nein, ich habe die Adresse der Pension angegeben", erwiderte sie, woraufhin die Dame des Hauses beruhigt war und sich vor den Fernseher setzte. Zumindest zog sie ihr den verlorenen Tag nicht vom Lohn ab. Aber kein Wort des Beileids oder des Mitgefühls. Auch blieb die Frage aus, ob sie Adriana irgendwie helfen könne. Die Frau scheint ein Eisblock zu sein, dachte Cata. Nein, kein Eisblock. Es ist ihr nur egal, wenn eine Maschine verreckt.

In den Tagen nach der Todesnachricht weinte Adriana dauernd und machte sich Vorwürfe, dass sie nicht besser auf Elvira aufgepasst hatte. Zumindest nach dem vollen Namen des argentinischen Jungen hätte sie fragen müssen. Elvira hatte ihn auf der Plaza Miserere kennen gelernt, einem der Treffpunkte der Hausmädchen aus den Nachbarländern. An dem U-Bahn-Knotenpunkt im Stadtteil Once hocken sie sich bei gutem Wetter an den Wochenenden auf die Bänke oder den Rasen, trinken und schwätzen, denn das ist billiger, als irgendwo einzukehren. Der Junge war dort wohl auf der Suche nach einer Begleitung für die Diskothek. Abends war Elvira dann auch mit ihm tanzen gegangen. Ob sie Drogen genommen hatte und an einer Überdosis gestorben war? Die Schwester hatte sich zu Adrianas Ärger gelegentlich mit Bier betrunken und geraucht, doch von Drogen hatte sie nie etwas bemerkt.

„Es nützt nichts, dass du dich selbst zerfleischst. Hinterher ist man immer klüger, und du bist doch nicht ihre Mutter, sie hätte wahrscheinlich nicht einmal auf dich gehört", versuchte Cata sie zu beruhigen. Das Schlimmste war, dass die Polizei nicht herausfand, wie Elvira zu Tode gekommen war. Die Unsicherheit darüber, was passiert war, machte Adriana fast verrückt. Frau Iturralde hatte ihr großzügig dreimal zwei Stunden unter der Bedingung freigegeben, dass Cata ihre Arbeit übernahm. So konnte Adriana zur Polizei gehen, um nachzufragen. Doch sie kam immer ohne Ergebnis heim. Nicht einmal eine Obduktion des Leichnams hatte man für nötig befunden. Die Polizisten wollten ihr einreden, Elvira sei eines natürlichen Todes gestorben. Herzversagen. Gehirnschlag. Doch Adriana konnte das nicht glauben, schließlich war die Schwester erst siebzehn Jahre alt und kerngesund. Auch nach dem Jungen, mit dem Elvira zuletzt zusammen war, haben sie nicht gesucht. Adrianas Beschreibung sei so vage, dass sie damit nichts anfangen könnten, speisten sie sie ab. Schließlich wurden ihnen Adrianas Besuche lästig. Sie solle bloß aufpassen, dass man sie nicht abschiebe, drohten sie ihr. Bislang drückten sie ja noch ein Auge zu, weil sie ihnen leid täte wegen ihrer Schwester, aber sie könnten auch anders. So ging sie nicht mehr hin. Wäre Elvira die Tochter des Ehepaars Iturralde gewesen, hätte die Polizei alle Hebel in Bewegung gesetzt, die Leiche untersucht und mit einem Phantombild nach dem Jungen namens Luis gefahndet, da ist sich Cata sicher. Die Presse hätte über den Fall berichtet und geholfen, den Tod aufzuklären. Über Elviras Tod stand nichts in der Zeitung. Niemand interessiert sich für eine tote illegale Paraguayerin.

Es tat Adriana gut, vor dem Schlafengehen immer noch eine Weile mit Cata zu sprechen. Sie erzählte von sich, von Elvira, von ihrer Familie und vom Leben in ihrem Dorf. Mit sechzehn Jahren war sie nach Buenos Aires gekommen, weil die Wirtschaft in Paraguay immer schlechter lief und viele Leute wie die koreanische Familie ihre Hausmädchen entlassen mussten. Zwar versetzte es sie in Panik, allein in ein fremdes Land zu gehen und künftig nicht mehr nur dreihundert, sondern über tausend Kilometer von der Familie entfernt zu sein, doch ihr blieb keine andere Wahl. Die Familie brauchte Geld. Weil sie noch nicht volljährig war und die Argentinier nur Erwachsene allein ins Land ließen, hatte die jüngste Schwester der Mutter Adriana ihren Personalausweis geliehen. Sie sah der Tante schon immer sehr ähnlich. Adriana hatte sich gekämmt wie sie und sich zudem eine dicke Brille mit schwarzem Rand aufgesetzt, damit sie älter wirkte. Der Zollbeamte an der Grenze merkte nichts. Sie hatte ihm nicht einmal ein Schmiergeld zahlen müssen, obwohl sie fest damit gerechnet hatte und dafür eine Fünfzig-Dollar-Note bei sich hatte. Eine Bekannte der Familie vermittelte ihr dann die erste Stelle in Buenos Aires.

Adriana hat Cata eines Nachts auch erklärt, warum sie sich zunächst so feindselig verhalten hat.

„Du kamst so elegant daher, mit deinem grauen Jackett und dem Knoten im Nacken, da dachte ich, die ist so vornehm, sieht aus wie eine Dame, die kann bestimmt nicht arbeiten. Und ich hatte Angst, du könntest dich mir gegenüber aufspielen, weil du doch studiert hast und so. Ich hatte gelauscht, als du dich bei der Señora vorgestellt hast und ihr erzähltest, du seiest Krankenschwester."

Jetzt sei sie froh, dass Cata da sei, denn das Mädchen vor ihr sei nicht nett gewesen. Sie war Argentinierin und hat sie immer gehänselt, weil sie dick ist. Nur wer dünn ist, sei für die Argentinier schön.

„Aber nach der Uniform zu urteilen war sie auch nicht gerade dünn", wandte Cata ein. Die Uniformen seien von einem anderen Mädchen, das hat Adriana aber nicht kennen gelernt. Die Señora hat die Mucamas meist nicht lange. Entweder sie wirft sie raus, weil sie etwas falsch machen, oder die Mädchen kündigen, weil sie die Señora nicht ertragen können.

Cata verriet Adriana an jenem Abend, dass auch sie schon daran gedacht hat, sich nach einer anderen Stelle umzusehen, weil ihr die Señora auf die Nerven geht.

„Oh, Cata, bitte geh nicht! Du wirst sehen, die Herrschaften sind alle gleich. Oder zumindest fast alle. Dies ist meine dritte Stelle in Argentinien, und nur einmal habe ich mich wirklich gut gefühlt. Als ich bei einer amerikanischen Familie gearbeitet habe. Aber sie gingen zurück in die USA. Sie haben mich dann an die Iturraldes vermittelt. Sie hatten geglaubt, die Iturraldes seien reizende Leute. Der Señor war ein Geschäftspartner von Mister O`Donnell."

Adriana erzählte, dass die reichen Paraguayer mit ihren Hausmädchen auch nicht besser umgehen.

„Hausmädchen sind wohl überall der letzte Dreck. Eine Bolivianerin, die in meiner Pension wohnt, hat mir erzählt, in ihrem Land würden sie auch sehr schlecht behandelt. Eine bolivianische Parlamentsabgeordnete habe einmal versucht, gegen die Missstände vorzugehen, mit einem Gesetz, das Ferien und einen Mindestlohn für die Mucamas vorsah. Doch die Hausfrauen haben zu Tausenden vor dem Regierungspalast dagegen demonstriert, sie haben der Abgeordneten sogar gedroht, sie an einem Laternenpfahl aufzuhängen. Stell dir das mal vor! Man müsste reich sein", seufzte Adriana. Cata erinnert sich, dass ihre Mutter zu ihren Mädchen freundlich gewesen ist. Am liebsten wäre Adriana mit nach Amerika gegangen, und die Familie wollte sie auch mitnehmen. Aber für Hausmädchen gibt es kein Einreisevisum. Sie hatten sich erkundigt.

Es ist gleich Zeit, aufzustehen. Cata sucht sich aus ihrer Reisetasche ein Unterhemd, denn der Tag verspricht, kalt zu werden. Für die kommende Woche würde sie sich warme Sachen mitbringen müssen. Sie hat sie alle im Hause von Charlie und Luz gelassen. Adriana würde ihr sicher für einen Tag einen Pullover leihen, den sie unter die Uniform zieht. Offensichtlich konnte Adriana auch nicht schlafen, denn Cata hört sie bereits in der Dusche. Wenn heute Abend etwas Zeit ist, würde sie ihr gern anbieten, ihr die Haare nachzufärben, denn sie sieht ungepflegt aus mit ihrem schwarzen Scheitel. Wenn sie wieder besser aussieht, wird sie sich auch gleich besser fühlen. Und nachschneiden kann sie ihr die Haare auch, schließlich hat sie als junges Mädchen immer ihren beiden Schwestern die Haare geschnitten, weil der Friseur in San Andrés so schlecht war. Adriana ist ein Friseur sicherlich zu teuer.

Ihr tut die Paraguayerin aufrichtig leid: Sie würde ihr Leben lang dazu verdammt sein, für ihre Familie zu schuften. Die Eltern sind noch jung, erst Anfang vierzig, und die Mutter ist schon wieder schwanger. Und das, obwohl ihr die Ärzte gesagt hatten, eine neuerliche Geburt könne sie das Leben kosten. Elf Kinder hat sie geboren, fünf sind nach der Geburt gestorben. Adrianas Vater muss ein fürchterlicher Kerl sein. Cata kann nicht verstehen, dass er nicht selbst nach Argentinien kommt, um auf dem Bau zu arbeiten, wie so viele Männer aus den Nachbarländern. Aber nein, er lässt seine Tochter für sich schuften. Adriana sagt, er hoffe, dass die Regierung endlich Saatgut an die Bauern verteilt, die durch die Dürre ihre Baumwollernte verloren haben. Dabei ist es zehn Jahre her, dass die Politiker

Hilfe versprochen haben, und der Vater wartet immer noch darauf! Sie kennt ihn zwar nicht, doch Cata hält ihn schlicht für faul. Adriana würde sie das jedoch nie sagen, es würde sie nur demütigen. Und sicher weiß sie es selbst.

Nach dem Frühstück verlassen die Iturraldes gemeinsam das Haus. Sie würden erst am nächsten Morgen zurückkehren, denn sie fliegen nach Bahia Blanca im Süden Argentiniens, zu Verhandlungen mit dem Eigner einer Fischereiflotte. Der Señor besitzt eine Fabrik, die Gefrierprodukte herstellt, und er will Fisch in sein Programm aufnehmen. Das hatte Adriana gehört, als sie den Kaffee nachschenkte. Die Señora erlaubte den Mädchen, am Abend das Fernsehgerät im Gästezimmer zu benutzen und übergab Adriana feierlich fünf Pesos, damit sich die beiden davon etwas zu essen kaufen. Fünf Pesos, und davon sollten sie zu zweit zwei Mahlzeiten bestreiten! Adriana bedankte sich artig, doch Cata blieb stumm. Am liebsten hätte sie der Kollegin Vorhaltungen gemacht, dass sie der Señora auch noch das Gefühl gab, sie sei großzügig. Doch Adriana hat weiß Gott genug Sorgen.

„Weißt du was, Adriana, du kaufst die Zutaten für die Suppe mit Käse, von der du mir mal erzählt hast. Dafür langt das Geld sicher. Ich helfe dir beim Vorbereiten."

Nachdem das Haus geputzt ist, gönnen sie sich das Vergnügen und gehen gemeinsam in den Supermarkt. Adriana hat zwar Angst, die Iturraldes könnten anrufen und bemerken, dass niemand im Hause ist, doch Cata beruhigt sie: „Warum sollten sie anrufen? Und wenn, behaupten wir eben, wir hätten das Telefon nicht gehört, weil der Staubsauger lief. Sie behandeln uns so schlecht, da können wir sie ruhig mal belügen. Sie haben überhaupt kein Verständnis für uns, da verdienen sie es nicht besser."

Gemeinsam suchen sie die Zutaten für die paraguayische Gemüsesuppe aus und kaufen auch gleich Farbe für Adrianas Haare.

„Ich fühle mich wie befreit. Mal nicht nur durch den Laden zu hetzen, sondern in aller Ruhe alles anzuschauen und dabei ein bisschen zu reden. Hätte ich nie geglaubt, dass mir Einkaufen mal als Erholung erscheinen könnte!"

„Das liegt daran, weil du es nicht gewöhnt bist, im Haushalt zu arbeiten. Für mich ist das normal."

„Arbeitest du eigentlich gern als Hausmädchen, Adriana?"

„Mir bleibt ja nichts anderes, Cata. Schau, ich bin nur sechs Jahre zur Schule gegangen, wie fast alle Mädchen bei uns im Dorf. Und für uns war es immer klar, dass wir entweder im Haushalt arbeiten oder mit fünfzehn oder sechzehn Jahren einen Jungen aus der Nachbarschaft heiraten und viele Kinder kriegen würden, die uns dann versorgen, wenn wir alt sind. Wenn ich sehe, wie meine Mutter lebt, von morgens bis abends rackert sie sich ab, mit meinen jüngeren Geschwistern, im Garten, und dauernd ist sie schwanger, dann bin ich lieber Mucama."

„Hast du denn keine Träume für die Zukunft? Ein Leben lang Mucama sein, und dazu noch in einem fremden Land – kannst du dir das vorstellen?"

„Ach, weißt du, Träume… Was bringen die schon? Ich wäre gern Köchin, denn Kochen macht mir am meisten Spaß. Das viele Bügeln und Spülen, das hasse ich. Und als Köchin in der Kantine einer Fabrik verdient man hundert Pesos mehr im Monat. Aber wie soll ich eine Stelle als Köchin finden? Als Illegale ist das schwer. Ein eigenes Restaurant, so wie du es hattest – ich glaube, das könnte ich nicht. Nicht nur, weil ich nie das Geld dazu haben werde. Da muss man Briefe auf Spanisch schreiben und viel rechnen, und das habe ich nie richtig gelernt. Bei uns im Dorf wird nur Guaraní gesprochen, das ist die Sprache der paraguayischen Indianer. Ich habe erst in der Schule Spanisch gelernt, und schreiben kann ich es immer noch nicht gut. Außer dem Einkaufszettel habe ich seit zehn Jahren nichts mehr geschrieben."

„Schreibst du denn nicht an deine Eltern?"

„Weißt du, Cata, meine Eltern können nicht lesen und schreiben."

„Meine Mutter ist auch Analphabetin. Sie ist schon fast 65 Jahre alt, und als sie klein war, gingen die meisten Mädchen bei uns auf dem Dorf noch nicht zur Schule. Und zudem war sie die Erbin unseres Hofes, da haben meine Großeltern gedacht, sie brauche nichts zu lernen. Aber mein Vater hat wie ich Krankenpflege studiert."

An der Kasse stellen die Mädchen fest, dass sie noch zwei Pesos von ihrem eigenen Geld dazulegen müssen, um das Gemüse und den Käse für ihre Suppe zu bezahlen.

„Dabei haben wir doch die Kost frei, und billiger kann man doch nun wirklich nicht essen. In die Suppe kommt ja nicht einmal Fleisch."

„Du hast Recht, Cata, aber mich deshalb mit der Señora streiten – das will ich nicht. Nachher wirft sie mich raus, und wovon sollen meine Geschwister dann leben? Jetzt, wo Elvira tot ist, kann ich mir das erst recht nicht leisten."

Adriana ist ein armes Ding, denkt Cata. Als sie in ihrem Alter war, ging sie noch unbeschwert zur Universität. Und auf Adriana lastet seit Jahren die Verantwortung für die Familie. Sie ist erst 22 Jahre alt, doch sie redet bereits wie eine Frau, die nicht mehr viel vom Leben erwartet.

Auch in Catas Dorf gab es viele Mädchen, die wie Adriana nur ein paar Jahre zur Schule gegangen sind. Sie und ihre beiden Schwestern zählten zu den wenigen, die das Abitur machen konnten, weil ihr Vater das Geld hatte, ein Internat zu bezahlen. In San Andrés gibt es erst seit ein paar Jahren ein Gymnasium. Als sie das letzte Mal durch ihr Dorf gegangen war, hatte sie eine ehemalige Mitschülerin aus der Grundschule getroffen, die nur drei Jahre älter war als sie selbst. In ein paar Jahren würde Adriana wahrscheinlich aussehen wie sie: müde, verhärmt und faltig. Und das Schlimme ist, dass es keinen Ausweg für sie gibt. Nicht in Peru, nicht in Paraguay und nicht in Argentinien. Und ob es für sie selbst einen gibt, weiß sie auch nicht einmal mit Sicherheit zu sagen. Das „Nautilus" ist schließlich nur ein fernes Ziel. Noch unterscheidet sie etwas von der neuen Freundin: Sie hat sich nicht selbst aufgegeben. Zumindest noch nicht.

Mit Adriana am Herd zu stehen, macht ihr Spaß. Wenn sie nur öfter kochen könnte! Aber nach dem Tod von Elvira mag sie Adriana erst recht nicht fragen, ob sie sie gelegentlich am Herd ablösen kann. Und wer weiß, ob die Señora damit einverstanden wäre? Gemeinsam schälen und schneiden sie Möhren, gelben Kürbis, Süßkartoffeln, frische rote Beete und Frühlingszwiebeln, hacken Knoblauch, Petersilie und Dill. Die Paraguayerin brät Zwiebeln und Knoblauch in Oliven-öl an, gibt das zerkleinerte Gemüse hinzu und gießt Wasser an. Als das Gemüse gar ist, schüttet sie eine Dose gelben Mais in die Suppe, bröselt weißen Frischkäse hinein und lässt ihn zerlaufen. Zum guten Schluss mengt sie die Kräuter unter. Cata ist vom Dill begeistert, sie hatte ihn noch nie probiert, denn in der peruanischen Küche wird er nicht verwandt. Er gehört an viele paraguayische Speisen, erklärt Adriana, in ihrem Dorf wuchert er wild in den Gärten.

„Weißt du, meine Familie ist zwar sehr arm, wir wohnen in einem Holzhaus mit Lehmboden und haben kein fließendes Wasser. Auch der Strom wurde erst gelegt, als ich bereits in Asunción war. Doch wir haben einen wunderschönen, riesigen Garten. Wenn wir kochen, gehen wir vorher hinter das Haus und holen uns Gemüse und Ge-würze. Da wachsen Lauch, Paprika, Knoblauch, Zwiebeln, einfach al-les. Und es schmeckt viel besser als aus dem Supermarkt. Die Toma-ten sind richtig rot von der Sonne und würziger. Die Avocados haben auch viel mehr Geschmack. Und wir bauen Maniok an. Den isst man bei uns zu fast jeder Mahlzeit. Die Reste werden dann zum Frühstück gebraten. Magst du Maniok?"

Cata hatte ihn einmal in Tingo María gegessen, er erinnerte sie an Kartoffeln.

„Doch, sogar sehr, aber bei uns im Hochland gibt es ihn nicht. Wir essen mehr Kartoffeln und sehr viel Reis."

Adriana schwärmt von dem guten Fisch, den ihr Vater immer an-gelt, und den sie auf den Grill legen, weil sie keinen Backofen haben. Und von den Enten, die es bei ihrer Großmutter gab. Mit Bergen von Frühlingszwiebeln aus dem Garten in der Kasserolle gegart. Für Se-kunden sieht sie dann sogar glücklich aus. Doch gleich verdunkeln sich ihre Züge wieder.

„Den Garten vermisse ich oft. Ich glaube, ich möchte nicht für im-mer in Buenos Aires bleiben. Aber nach Asunción möchte ich auch nicht wieder, ich mag das Leben auf dem Land am liebsten."

„Die Suppe schmeckt wirklich toll. Ich werde mir das Rezept auf-schreiben. Warum mochten die Herrschaften sie denn nicht?"

„Ich weiß es auch nicht. Ich glaube, alles, was aus Paraguay kommt,

Paraguayische Gemüsesuppe (sopa de verdura)

Für 6 Personen

3 Möhren
500 g gelber Kürbis
3 Süßkartoffeln
1 frische rote Beete
1 kleine Dose Mais
10 Frühlingszwiebeln
3 Knoblauchzehen
5 EL Petersilie
1 Bund Dill
250 g Frischkäse
Salz, Pfeffer
2 EL Olivenöl
Wasser

Möhren schrappen und in feine Scheiben schneiden. Kürbis schälen und in große Würfel schneiden. Süßkartoffeln schälen und in Scheiben schneiden, rote Beete schälen und in ca. 1 cm große Würfel schneiden, Frühlingszwiebeln in 1 cm lange Stücke schneiden, Knoblauch hacken. Öl in einem großen Topf erhitzen, Knoblauch und Zwiebeln darin kurz anbraten, Gemüse dazu geben, mit Wasser auffüllen und kochen, bis das Gemüse gar ist. Mais abgießen und hinzufügen. Frischkäse zerbröseln und hinzugeben. Wenn der Käse zerlaufen ist, Petersilie und Dill hacken und einstreuen. Mit Salz und Pfeffer nach Geschmack würzen.

ist ihnen nicht gut genug. Weil wir so ein armes Land sind und so rückständig. Und der Käse hat ihnen wahrscheinlich zu viel Kalorien."

Am Nachmittag tauschen sie die Aufgaben: Cata übernimmt Adrianas Bügelwäsche, und die Freundin jätet das Unkraut im Garten. Cata macht es nichts aus, zu bügeln, doch Gartenarbeit hat sie noch nie gemocht. Aber die Señora hat bestimmt, dass Adriana zu bügeln und Cata den Garten sauber zu halten hat. Und da passiert es: Cata setzt das Bügeleisen am Kragen einer weißen Seidenbluse an, der Stoff zieht sich zusammen, wellt sich, und es bleibt ein breiter, brauner Streifen zurück. Sie hat die Temperatur zwar reduziert, doch das Eisen war wohl noch zu heiß für Seide. Sie zeigt Adriana die Bluse, und die wird kreideweiß: „Das wird sie dir vom Lohn abziehen. Ich kenne sie, das macht sie immer, wenn etwas kaputtgeht. Und die Bluse kostet sicher ein paar Hundert Dollar. Ich werde sagen, dass ich es war, denn mir wird sie es eher nachsehen. Dich würde sie womöglich sogar rauswerfen, weil du erst drei Wochen hier bist."

„Adriana, es ist zwar sehr lieb von dir, aber ich habe noch immer den Kopf selbst hingehalten, wenn ich Mist gebaut habe."

„Aber dann wird sie mir trotzdem Ärger machen, weil ich dich habe bügeln lassen. Und außerdem möchte ich nicht, dass du gehen musst, ich hatte doch noch nie eine Freundin in Argentinien", flüstert sie und schaut verschämt zu Boden.

Am Abend legt Cata Hand an Adrianas Haare.

„So eine schöne Frisur hatte ich wirklich noch nie! Hinten ganz kurz, vorn etwas länger – da wäre ich wirklich nie drauf gekommen, dass mir das stehen könnte. Und du hattest Recht: Der hellbraune Ton passt wirklich viel besser zu mir als blond."

Nach dem Blick in den Spiegel fällt Adriana Cata um den Hals.

„Jetzt kannst du am nächsten Wochenende losziehen und dir einen netten Freund suchen", lacht Cata, doch als sie Adrianas trauriges Gesicht sieht, hätte sie sich am liebsten auf die Zunge gebissen.

„Adri, was ist denn? Habe ich etwas Falsches gesagt?"

„Nein, nein, ist schon gut, aber ich…"

„Also, ich hätte nichts gegen einen Freund einzuwenden. Es muss hier doch auch nette Männer geben. Wenn du mich fragst: Eigentlich will ich zwar nach Peru zurück, aber wenn ich hier jemanden kennen lernte, mit dem ich mich gut verstehe ... Vielleicht kann man ja auch in Buenos Aires ein peruanisches Restaurant eröffnen."

„Ach Cata, ich würde natürlich auch gern heiraten, und ich hätte auch am liebsten zwei Kinder. Aber wo sollen wir denn einen Mann kennen lernen, wenn wir nur alle zwei Wochen einen Sonntag frei haben? Und du siehst ja, was alles passieren kann, wenn du mit dem Erstbesten in die Diskothek gehst. Womöglich hat dieser Luis meine Schwester sogar ermordet."

Wieder bricht das Mädchen in Tränen aus, und Cata gelingt es erst nach langem Zureden, Adriana zu trösten. Nach einer Weile erzählt ihr Adriana dann, dass sie auch selbst schon schlechte Erfahrungen gemacht hat. Sie war zwei Jahre lang mit einem Busfahrer befreundet, und es war beschlossene Sache, dass sie heiraten würden. Von dem, was ihr von ihrem Gehalt blieb, hatte Adriana vier Jahre lang jeden Monat hundert Pesos zur Seite gelegt, sie hatte es sich vom Munde abgespart. Ihr Freund und sie kauften dann gemeinsam ein Grundstück, fünfzig Kilometer außerhalb von Buenos Aires, in einem Neubaugebiet für Leute mit geringem Einkommen. Irgendwann wollten sie dort einmal ein eigenes Häuschen bauen. Doch weil sie illegal im Land lebt, wurde das Bauland auf den Namen ihres Freundes ins Grundbuch eingetragen. Und dann hatte er plötzlich eine andere. Sie hat gefleht und gebettelt, doch er lachte nur, als sie ihre 4.500 Dollar zurückhaben wollte.

„Adriana, da warst du aber ganz schön naiv. Hast du dir denn von ihm nicht schriftlich geben lassen, dass du auch Geld in das Land gesteckt hast? Wahrscheinlich hattet ihr doch einen Notar, der den Kauf beurkundet hat. Der hätte dir bestimmt auch bescheinigt, dass ein Teil des Grundstücks dir gehört."

„Nein, ich habe nichts Schriftliches. Ich kenne mich mit solchen Sachen nicht aus. Und ich habe doch gedacht, er liebte mich und würde mich heiraten. So viel Gemeinheit habe ich ihm einfach nicht zugetraut. Er weiß doch, wie schwer ich für das Geld schuften muss! Seine Mutter steckte dahinter, die konnte mich nie leiden, ich war ihr nicht gut genug. Sie wollte nicht, dass ihr Sohn eine Mucama heiratet. Dabei ist sie selbst auch nur Putzfrau in einer Schule."

„Was hatte sie denn gegen Hausmädchen?"

„Sie hat mal gesagt, die Mucamas gingen doch alle mit ihren Hausherrn ins Bett."

„So ein Quatsch. Wie kann man nur so etwas denken! Aber weißt du, eigentlich kannst du froh sein, dass du den Busfahrer los bist. Hättest du ihn geheiratet, hätte die Mutter wahrscheinlich versucht, dir das Leben zur Hölle zu machen."

„Bestimmt hätte sie das! Und das Schlimme war, dass Roberto ihr nie widersprach, er liebte sie abgöttisch. Dabei war sie auch zu ihm oft nicht nett. Sie hat ihn sogar mehrmals aus dem Haus geworfen, wenn sie sich gestritten haben. Aber er hat ihr immer brav einen Teil seines Lohns abgeliefert. Er verdiente gut, weißt du, über 1.200 Pesos im Monat, und die Nachtschichten bezahlten sie extra. Er hat mich jeden Samstag von der Arbeit abgeholt, und dann sind wir in einem Restaurant essen gegangen. Es war schön, dass man auch mal bedient wurde!"

„Irgendwann findest du bestimmt einen anderen, Adri. Ich weiß, es ist schwer, aber man kommt darüber hinweg. Lass nur den Kopf nicht hängen! Schade, dass wir nie zur gleichen Zeit frei haben, sonst könnten wir an den Wochenenden gemeinsam etwas unternehmen, uns die Stadt anschauen oder ins Kino gehen."

„Kino wäre toll, denn ich war noch nie in einem Kino. Roberto wollte immer mit mir einen Film ansehen, aber es kam immer etwas dazwischen."

Cata erzählt ihr dann von Juan, und es tröstet Adriana ein wenig, dass sie nicht die Einzige ist, die sitzen gelassen wurde.

Am Samstagmorgen rufen die Iturraldes an. Sie würden über das Wochenende in Bahia Blanca bleiben, die Verhandlungen des Señor zögen sich hin. Cata ist froh über jede Stunde, die sie mit Adriana allein im Hause ist. Zwar hat sie sich geschworen, sich nie ihren Ärger anmerken zu lassen, wenn die Dame des Hauses sie beschimpft, aber es zehrt doch an den Kräften, wenn man es jemandem nie recht machen kann und nie ein freundliches Wort zu hören bekommt. Wie schrecklich wäre es erst, wenn sie es nicht geschafft hätte, zumindest mit ihrer Kollegin gut auszukommen.

Am frühen Nachmittag verabschiedet sie sich von Adriana. Vorsichtshalber gibt sie ihr die Telefonnummer von Luz und Charlie: „Ruf mich an, wenn du allein nicht klarkommst, hörst du? Oder wenn dir wieder schlecht wird. Dann löse ich dich noch einmal ab!" Doch Adriana versichert ihr, dass sie ruhig gehen kann.

Cata genießt es, den Weg in die Serrano-Straße zu Fuß zu laufen, selbst der leichte Nieselregen stört sie nicht. Sie schaut sich die Auslagen der Geschäfte auf der Avenida Córdoba an und ist froh, nach drei Wochen das Haus der Iturraldes endlich für 36 Stunden verlassen zu können. Als sie eine Telefonzelle entdeckt, beschließt sie, die Eltern anzurufen. Bestimmt machen sie sich Sorgen, seit ihrer Ankunft in Buenos Aires hat sie sich nicht mehr gemeldet. Sie ist nicht einmal dazu gekommen, ihnen zu schreiben. Das würde sie am Abend nachholen. Sie versichert ihnen mehrmals, dass es ihr gut gehe, dass sie bereits eine Stelle und einige nette Bekannte gefunden habe. Sie fragen nicht weiter nach, wo sie arbeitet, und Cata ist dankbar dafür. Sie hätte nicht gewusst, was sie ihnen antworten soll. Daheim sind alle wohlauf, ihr Bruder Julio werde in einem halben Jahr zum zweiten Mal Vater, und vor allem ihre Mutter sei überglücklich darüber. Wie gern hätte auch sie ihre Eltern mit der Nachricht überrascht, dass sie ein Kind erwartet, doch daraus würde wohl über Jahre hinaus nichts. Und die Wahrsagerin hatte ihr auch prophezeit, dass sie möglicherweise gar keine Kinder bekommen würde.

Amelia und Leonor sind bereits in der Serrano-Straße eingetroffen, sie liegen auf dem Bett und ruhen sich aus.

„Cata, endlich! Wir haben uns am vergangenen Wochenende bereits Sorgen gemacht, denn da solltest du doch eigentlich frei haben!"

Cata legt sich ebenfalls auf ihr Bett und erzählt den anderen, was passiert war. Ihnen ist das Entsetzen darüber anzusehen, dass eine von ihnen ums Leben gekommen ist. Morde, rätselhafte Todesfälle gibt es viele, doch nie sind sie so nahe. Und auch sie können es nicht fassen, dass die argentinische Polizei nicht das mindeste Interesse aufbringt.

„In Peru ist das doch auch nicht besser!", schimpft Amelia, und Cata muss daran denken, wie die Polizei sie damals im „Nautilus" bestohlen hat.

„Auch in Peru schützt das Gesetz nur die Reichen. Denn wenn du Geld hast, kannst du die Polizei kaufen. Oder dir einen teuren Anwalt nehmen, der Druck macht und vielleicht sogar einen Politiker einschaltet. Klar, als Illegale sind wir erst recht machtlos. Weil sich niemand für uns einsetzt. Haben sich denn Elviras Herrschaften mal bei der Polizei erkundigt, was mit ihr geschehen ist?", will Amelia wissen.

„Adriana hat sie angerufen, doch sie haben ihr nur versichert, wie leid es ihnen tut. Zur Polizei gehen wollten sie nicht, weil dann herauskommen könnte, dass sie auch in ihrem Geschäft mehrere Illegale als Verkäuferinnen beschäftigen. Das haben sie sogar zugegeben. Und womöglich waren sie sogar froh, dass sie tot ist. Sie schuldeten ihr nämlich noch 750 Dollar."

Sie tauschen sich noch eine Weile über ihre Herrschaften aus, und Cata stellt fest, dass sie an besonders unleidliche Menschen geraten ist.

Irgendwann schläft sie vor Erschöpfung ein.

Es ist bereits dunkel, als Leonor sie an die Schulter fasst und weckt: „Cata, wach werden, Telefon."

Sie schreckt hoch, und im ersten Moment weiß sie nicht, wo sie ist. Dann reibt sie sich die Augen und steht mit Mühe auf. Es ist, als hätte sie Blei in den Gliedern, lange hat sie nicht mehr so tief und traumlos geschlafen.

„Es ist fast zehn Uhr abends, Cata, da ist eine Frau für dich am Telefon, du musst hinuntergehen, der Apparat steht unten im Flur", drängt Leonor.

Mit schlaftrunkener Stimme nennt Cata ihren Namen. Dann hört sie ein Schluchzen und erst, nachdem sie fragt, wer denn da sei, hört sie eine verzweifelte Stimme: „Hier ist Adriana. Die Señora hat mich rausgeschmissen."

KAPITEL 6

Das Gesetz

Dass ein Mensch so niederträchtig sein kann! Cata versteht es nicht. Ausgerechnet Adriana zu entlassen, der nie eine Arbeit zu viel war. Nie war sie krank, nie hat sie aufgemuckt. Gleich nach ihrem Anruf bei Cata hatte Adriana den Bus in die Serrano-Straße genommen, und die beiden waren mit Leonor in die Cafeteria an der Ecke gegangen, weil sie die anderen Mädchen in Ruhe schlafen lassen wollten.

„Die Frau ist verrückt! Mehr fällt mir dazu nicht ein", ruft Leonor, nachdem Adriana erzählt hatte, was passiert war.

Die Iturraldes waren gegen sieben Uhr zuhause eingetroffen. Sie wolle sich nur schnell umziehen, sagte die Señora, denn sie hätten noch ein Abendessen in der Stadt.

„Adriana, du hast sicher meine weiße Seidenbluse gebügelt, bring sie mir ins Schlafzimmer, während ich dusche!"

Adriana spürte, wie ihr das Blut in den Kopf stieg.

„Señora, ich … mir ist etwas Furchtbares passiert. Ich glaube, ich habe sie kaputtgemacht, beim Bügeln, ich weiß auch nicht, wie. Das Eisen, es war wohl noch zu heiß…"

„Zeig mit die Bluse", herrschte die Señora sie wütend an. Adriana holte sie aus dem Bügelzimmer und gab sie ihr.

Frau Iturralde schaute sich den Kragen an und schrie: „Ja, taugst du denn zu gar nichts? Jeder Idiot weiß, dass man Seide nicht heiß bügeln darf!"

„Ja, Señora, ich weiß, und es tut mir auch sehr leid."

„Leid tut es dir? Das ist ja wohl das Mindeste! Du wirst mir die Bluse ersetzen, das ist dir ja wohl klar? Ich werde dir das Geld vom Lohn abziehen."

„Ja, Señora, natürlich werde ich dafür aufkommen."

„Sie hat 750 Dollar gekostet. Dann kriegst du diesen Monat gar keinen Lohn, und im kommenden Monat nur die Hälfte!"

Das Mädchen stöhnte laut auf.

„Aber wovon sollen meine Geschwister und ich denn dann leben? Das können Sie doch nicht tun! Ich muss doch Miete bezahlen und Geld nach Paraguay schicken."

„Das hättest du dir vorher überlegen sollen!"

„Señora, das ... das ... das ist gemein! Ungerecht ist das! Wegen einer blöden Bluse kann man doch nicht Menschen hungern lassen. Jedem kann doch mal etwas kaputt gehen!", entfuhr es ihr, und kaum hatte sie es gesagt, hätte sie es am liebsten zurückgenommen. Doch es war zu spät. Die Señora war hochrot angelaufen, ihre sorgsam geschminkten Augen waren nur noch kleine Schlitze. Sie sprach nicht mehr, sie zischte: „Ungerecht bin ich also. Und gemein. Weißt du was, du kleine Schlange? Ich will dich hier nicht mehr sehen. Mich in meinem eigenen Hause zu beleidigen, das ist ja wohl die Höhe! Du hast eine Stunde Zeit, um deine lumpigen Sachen zu packen! Und jetzt verschwinde. So was Dummes wie dich finde ich an jeder Straßenecke. Und billiger noch dazu!"

Gefeuert! Unter einem Schleier von Tränen stopfte Adriana ihre wenigen Habseligkeiten in ein paar Plastiktüten. Drei Jahre lang hatte sie die Señora ertragen, und es war weiß Gott nicht einfach gewesen. Hätte sie das Geld nicht so dringend gebraucht, wäre sie schon längst gegangen. Traurig war sie nicht, dass sie entlassen war, nur schrecklich wütend, auch auf sich selbst, dass sie die Grobheiten der Frau so lange hingenommen hat. In ihrem Zorn nahm sie die teure, blaue Uniform, in der sie servieren musste, wenn Gäste da waren, huschte damit in die Gästetoilette neben dem Wohnzimmer und stopfte sie mit dem Stiel der Klobürste so tief in den Abfluss, bis man sie nicht mehr sah. Dann griff sie sich ihre Tüten und verließ das Haus. Den Schlüssel steckte sie ein. Sie würden nicht nur den Installateur für die Toilette kommen lassen, sondern auch sämtliche Schlüssel des Hauses erneuern müssen, weil sie Angst haben würden, sie könnte einbrechen. Rache ändert zwar nichts, aber ihr gefiel zumindest der Gedanke, dass sie Ärger und Kosten haben würden. Und finden würden sie sie nicht, da sie sich nie die Mühe gemacht haben, ihre Adresse aufzuschreiben.

„Weißt du, Adriana, vielleicht war es doch nicht so klug, das mit dem Klo. Denn die Iturraldes können dich nicht so einfach rauswerfen. In Argentinien gibt es ein Gesetz für Hausmädchen", erklärt ihr Leonor.

„Und so viel ich weiß, kann man niemanden fristlos entlassen, ohne eine Entschädigung zu zahlen! Aber wenn sie jetzt den Installateur bezahlen müssen…"

„Ach, Leonor, ich hatte solche Wut! Und ich bin doch illegal im Land und habe schwarz gearbeitet! Da gelten doch gar keine Gesetze", wendet Adriana ein.

„Da bin ich nicht so sicher. So viel ich weiß, gilt das Gesetz auch für Illegale. Schwarzarbeiterinnen schützt es auf jeden Fall, das hat mir mal ein Mädchen erzählt, das bei uns gewohnt hat. Sie hatte sich bei einem Anwalt erkundigt."

„Leonor, das ist eine gute Idee: Adriana muss zu einem Anwalt gehen! Aber vielleicht gibt es ja auch eine Gewerkschaft, die für Hausmädchen zuständig ist. Da könnte man auch fragen, was sie tun kann. Aber was soll ich denn nun machen?", will Cata von den beiden anderen wissen. „Ich habe nicht die geringste Lust, bei den Iturraldes zu bleiben! Bei der nächsten Gelegenheit werden sie mich auch rauswerfen. Und wenn Adriana nicht mehr da ist, ertrage ich es da auch nicht mehr. Außerdem habe ich ja diese elende Bluse auf dem Gewissen."

„Aber Cata, du kannst doch den Job nicht aufgeben!"

„Doch, Adri, das kann ich. Und jetzt weiß ich auch, was ich mache: Ich werde am Montagmorgen kündigen und das Geld für die drei Wochen verlangen, die ich gearbeitet habe. Die Hälfte davon kriegst du, weil ich dir ja schließlich die Geschichte eingebrockt habe."

„Nein, Cata, sie hat mich nur rausgeworfen, weil ich so frech war!"

„Aber wenn sie dich nicht rausgeworfen hätte, müsstest du die Bluse abstottern."

„Die du aber nur gebügelt hast, weil ich keine Lust hatte!"

„Adri, Schluss jetzt, ich bin älter als du, du kriegst das Geld, du brauchst es noch nötiger als ich. Und wir suchen uns eine neue Stelle. Gleich morgen hören wir uns um."

Adriana hat sich inzwischen beruhigt. Sicher sei es sogar besser für sie, wenn sie nicht mehr bei der schrecklichen Señora arbeiten müsse, meint sie und die beiden anderen stimmen ihr zu.

Am Sonntag früh geht Cata zu Luz, um ihr zu erzählen, was bei den Iturraldes vorgefallen ist. Luz wartet nun täglich auf ihr Baby und ist noch erheblich dicker geworden in den drei Wochen, die Cata sie nicht gesehen hat. Sie sieht blass und deprimiert aus. Sie erlaubt Adriana, noch eine weitere Nacht bei Cata im Bett zu schlafen, damit sie nicht allein ist mit ihrem Unglück. Aber sie sollen nur Charlie um Himmels willen nichts davon sagen. Er sei sehr schlecht gelaunt in den letzten Tagen, weil das Geschäft mit der Wartung von Schwimmbädern so schlecht läuft. Im Herbst sei es fast unmöglich, neue Kunden zu finden. Er überlege sogar, das Haus zu verkaufen, damit sie die Hypothek nicht mehr zahlen müssen. Wenn sie das Haus abstoßen, können sie den Kredit ablösen und von dem Rest des Geldes ein kleines Apartment in einem billigeren Viertel am Stadtrand erwerben. Dabei war Luz so glücklich über den Garten, weil ihr Kind dort spielen könnte. Und er will, dass sie wieder arbeitet, wenn das Baby ein paar Wochen alt ist. Sie kann schon nicht mehr schlafen bei dem Gedanken, ihr Baby jeden Morgen zur Schwiegermutter bringen zu müssen, um wieder putzen zu gehen. Von Vorfreude auf das Kind ist Luz nichts anzumerken. Sie fühle sich mit jedem Tag kraftloser und wisse gar nicht, wie sie die Arbeit mit dem Baby schaffen soll, wenn sie sie schon jetzt kaum erledigen kann.

„Hast du denn deinem Arzt gesagt, dass du dich so elend fühlst?"

„Ach Cata, Charlie hat die private Krankenversicherung gekündigt. Und er will nicht, dass ich in eine Privatpraxis gehe, weil das so teuer ist. In den staatlichen Krankenhäusern behandeln sie dich gratis. Nur muss man morgens schon um sechs Uhr für einen Termin anstehen, und fast immer wartet man viele Stunden. Das ist mir einfach zu viel."

Cata ist entsetzt: „Warst du denn nicht bei den Vorsorgeuntersuchungen? In Peru rät man den Schwangeren, jeden Monat zur Kontrolle zu gehen! Sonst weißt du doch gar nicht, ob auch alles in Ordnung ist mit dir und dem Kind."

„Nein, ich bin jetzt seit zwei Monaten nicht mehr zu den Untersuchungen gegangen, und jetzt lohnt es nicht mehr, denn das Kind muss ja jeden Tag kommen."

Cata bietet ihr an, sie zum Arzt zu begleiten, doch Luz schüttelt den Kopf: „Das ist lieb von dir, doch ich will wirklich nicht. Es ist mir einfach zu viel. Alles, was ich will, ist hier in Ruhe in meiner Küche sitzen und die Beine hochlegen. Und ich freue mich sehr, wenn eine von euch zu mir runterkommt."

Sie sucht Cata die Adresse der Gewerkschaft der Hausangestellten aus ihrem Notizbuch und ruft dann ihre Bekannte von der Vermittlungsagentur an.

„Wenn du kündigst, musst du von dem, was die Señora dir schuldet, ein Drittel an die Agentur zahlen, das ist nun einmal so. Willst du denn, dass meine Freundin dir eine neue Stelle sucht?"

Cata schüttelt den Kopf: „Wenn alle wach sind, werde ich erst mit den anderen Mädchen auf dem Zimmer sprechen. Vielleicht weiß ja jemand zufällig von einer freien Stelle. Dann könnte ich mir die Vermittlungsgebühr sparen."

Sie berichtet Luz auch von Elviras Tod und dem merkwürdigen Verhalten der Polizei.

„Ach, Cata, mich wundert es gar nicht, dass die Polizei nichts tut. Es ist vielleicht ein Jahr her, da ist ein Mädchen, das hier mit seiner Mutter wohnte, vor einer Diskothek erschossen worden. Ein Querschläger hat sie getroffen. Sie war erst zwanzig! Sie wussten genau, aus wessen Waffe die Kugel stammte. Doch sie haben den Jungen nach ein paar Tagen wieder auf freien Fuß gesetzt. Es ging wohl um Drogen, vermutlich hatten sich zwei rivalisierende Banden ein Gefecht um die Verkaufsrechte in der Disko geliefert. Die Polizei verdient angeblich kräftig mit an dem Geschäft, und so passierte nichts. Die Mutter des Mädchens ist viele Male auf der Wache gewesen, doch sie haben sie nicht ein Mal angehört. In ihrer Verzweiflung ist sie dann nach Peru zurückgekehrt, weil sie es hier allein nicht mehr aushielt. Ich sage allen Mädchen, die hier neu ankommen, sie sollen einen großen Bogen um Diskotheken machen. Es ist zu gefährlich. Selbst auf der Plaza Miserere, wo viele Mädchen so gern am Wochenende hingehen, ist es nicht sicher. Da treiben sich abends viele Drogendealer herum." Als Cata zurück auf das Zimmer kommt, ist auch Adriana wach. Und sie hat einen Plan: „Ich werde am Montag zu den Herrschaften von Elvira gehen. Sie waren eigentlich ganz nett, meine Schwester ist immer gut mit ihnen ausgekommen. Das einzige Problem war das Geld, aber auch erst in den letzten Monaten. Ich werde ihnen vorschlagen, Elviras Stelle zu übernehmen. Vielleicht gehen sie darauf ein, wenn ich bereit bin, wie Elvira ein paar Monate für die Hälfte zu arbeiten. Sie müssten mir aber versprechen, dass sie mir die andere Hälfte später geben, und mir auch das Geld auszahlen, das sie meiner Schwester noch schulden. Irgendwann werden sie sicher wieder besser bei Kasse sein."

„Aber Adri, bist du denn sicher, dass sie überhaupt jemals wieder zu Geld kommen?"

„Deshalb wollte ich dich bitten, dass du mitkommst. Dann kannst du dir ein Bild von ihnen machen, und danach entscheiden wir. Am Montag treffen wir sie bestimmt in ihrem Geschäft an."

In der Nacht zum Montag liegt Cata wieder lange wach. Sie hat ein wenig Angst vor dem Besuch bei Frau Iturralde, obwohl sie weiß, dass das unnötig ist. Aber die Señora ist unberechenbar. Hoffentlich zahlt sie ihr den ausstehenden Lohn. Wenn nicht, wird sich die Agentur darum kümmern müssen, denn die will ja ihren Anteil. Sicher wird die Señora sie furchtbar beschimpfen, weil sie nicht pünktlich um sieben Uhr ihren Dienst angetreten hat. Ob die Iturraldes überhaupt in der Lage sind, sich selbst Frühstück zu machen? Sie stellt sich vor, wie der Herr um halb acht Uhr ins Wohnzimmer kommt und einen leeren Tisch vorfindet. Sicher wird er in das Schlafzimmer stürmen und seine Frau wecken. Zu ihm ist sie immer sanft wie ein Lamm. Sie wird sich selbst in die Küche bemühen müssen und Kaffee kochen. Es geschieht ihr recht. Da merkt sie wenigstens einmal, wie es ist, wenn man früh morgens aufstehen muss, um jemand anders zu bedienen. Bestimmt weiß sie nicht, wo die Dose mit dem Kaffeepulver steht. Cata muss lachen bei dem Gedanken. Es würde sie freuen, wenn sie Besuch für den Montag abend eingeladen hätten. Ohne Mucama müssten sie sich etwas einfallen lassen. Sie könnten einen teuren Partyservice bestellen, oder Frau Iturralde mit ihren sorgfältig manikürten Fingernägeln müsste selbst kochen. Man soll nicht Gleiches mit Gleichem vergelten, hatten ihr die Eltern beigebracht, doch Adriana hat Recht: An Leuten wie den Iturraldes möchte man sich rächen. Nicht einmal, als Juan sie verließ, waren ihr Rachegedanken gekommen. Aber Juan war auch nicht böse, er war nur schwach und konnte nicht allein sein. Als ihre Brüder noch Studenten waren, hatten sie im Flur ihres Hauses in San Miguel ein Poster von Che Guevara aufgehängt. Weil er so schön war mit seinen schwarzen Locken und dem Bart, hatte sie es nie entfernt, obwohl sie seine klassenkämpferischen Ideen nie gutgeheißen hatte. Doch jetzt kann sie seine Anhänger zumindest verstehen: Gegen Ausbeuter wie die Iturraldes müsste man in der Tat eine Revolution anzetteln!

Als Cata am nächsten Morgen schellt, öffnet ihr die Señora selbst.

„Cata, endlich, Gott sei Dank! Ich hatte schon befürchtet, dir sei etwas zugestoßen. Nun aber schnell an die Arbeit, denn stell dir vor: Adriana hat ganz plötzlich gekündigt. Du wirst also alles allein machen müssen, bis ich ein neues Mädchen gefunden habe."

Diese Frau ist wirklich unberechenbar. Jetzt ist sie plötzlich überfreundlich, wohl aus Angst, ohne Hausmädchen dazustehen. Aber wie sie lügt!

„Adriana hat gekündigt? Warum denn, Señora?"

„Äh.., ich glaube, sie muss dringend nach Paraguay. Ein Problem mit der Familie…"

Cata schaut sie lächelnd an. Eigentlich hatte sie sich fest vorgenommen, der Señora zu sagen, dass sie ihre Menschenschinderei satt hat, doch jetzt entschließt sie sich ebenfalls zu einer Lüge. Ändern wird sie die Frau auch nicht, wenn sie ihr die Wahrheit sagt, und auf lange Diskussionen wegen des Geldes möchte sie sich nicht einlassen.

„Ach, Señora, so ein Zufall. Ich muss nämlich auch ganz plötzlich nach Peru, meine Mutter ist krank geworden. Ich bin nur gekommen, um Sie zu bitten, mir den Lohn der drei Wochen auszuzahlen, die ich bei Ihnen gearbeitet habe."

„Aber Cata, das kannst du doch nicht machen, mich hier ganz allein lassen. Wie soll ich das denn schaffen? Das große Haus, der Hund, und die vielen Gäste. Und mein Mann ist so furchtbar anspruchsvoll!"

„Señora, es tut mir wirklich leid, ich kann nicht bleiben. Es wäre nett, wenn Sie mir jetzt mein Geld geben könnten! Sie werden sicher schnell wieder jemanden finden."

„Kannst du nicht wenigstens noch ein paar Tage bleiben, bis ich wieder jemanden habe, Cata? Ich bitte dich sehr!"

Sie fleht mich fast an, denkt Cata, und es tut ihr gut. Plötzlich kann sie sogar um etwas bitten. Doch Cata weiß, dass sich der Ton wieder ändern wird, sobald sie nachgibt.

„Leider geht das nicht, ich muss morgen reisen."

Schließlich zahlt ihr die Señora den ausstehenden Lohn. Auf der Straße atmet Cata tief durch. Ob es richtig war, zu gehen? Doch sie schiebt die Zweifel schnell beiseite: Fällt ihr morgen eine teure Tasse zu Boden oder ruiniert sie noch ein Kleidungsstück, wird sie zahlen müssen. Wie Adriana. Das will sie nicht riskieren. Und irgendwann würde auch sie protestieren, dazu kennt sie sich gut genug. Dann stünde sie ohnehin auf der Straße. Sie hat viel Geduld, manchmal zu viel, doch alles schluckt sie nicht. Also besser, selbst zu gehen, und hoch erhobenen Hauptes, nicht wie ein geprügelter Hund.

Auf dem Rückweg in die Serrano-Straße liefert sie in der Vermittlungsagentur ein Drittel ihres Lohnes ab. Luz' Freundin ist keineswegs erstaunt, dass Cata nicht bei den Iturraldes bleiben will: „Du bist nicht die Erste, die geht. Man soll ja nicht schlecht reden über die Kundschaft, aber die Frau ist ein Scheusal. Weißt du, sie war Telefonistin in der Firma ihres Mannes, und sie war sehr schön. Er war damals noch mit einer anderen verheiratet. Über Jahre hatten sie ein Verhältnis. Irgendwann kam die Ehefrau dahinter und hat sich scheiden lassen. Jetzt spielt sie die große Dame. Dabei hat sie nicht einmal das Gymnasium beendet. Aber ich hätte etwas anderes für dich. Eine nette Familie. Beide sind Architekten, sie haben zwei kleine Kinder. Sie suchen jemand Neues, weil ihr Mädchen heiratet und nach Peru zurückkehrt. Willst du dort mal vorbeischauen?"

Cata bedankt sich und verspricht, anzurufen. Sie wolle erst einmal abwarten, ob eine ihrer Zimmergenossinnen vielleicht eine Stelle für sie gefunden hat.

„Wissen Sie, die Vermittlungsgebühr ist doch viel Geld für mich!"

„Ich würde das Geld, das du mir jetzt gegeben hast, anrechnen. Überleg es dir."

Sie holt Adriana ab, und gemeinsam fahren sie mit dem Bus zur Gewerkschaft. Nach sechs Jahren in Buenos Aires kennt Adriana sich aus in der Stadt, und sie lotst Cata in die Montevideo-Straße, während Cata ihr von ihrem morgendlichen Besuch bei der Señora berichtet. Es empört Adriana, dass die Señora behauptet hat, sie sei aus freien Stücken gegangen.

„Adri, sie weiß nur zu gut, dass sie dich schlecht behandelt hat. Aber das kann sie schließlich nicht zugeben. Und außerdem hat sie sicher befürchtet, dass ich vor Schreck auch gleich gehen könnte, wenn sie mir die Wahrheit sagt."

Das Büro der Gewerkschaft der Hausangestellten wirkt heruntergekommen. Die hellgrüne Farbe blättert bereits von den Wänden, das Mobiliar – Aktenschränke, drei Schreibtische und ein halbes Dutzend Stühle – könnte vom Sperrmüll stammen. An einer Wand sind mehrere Pappkartons aufgetürmt, daneben ganze Berge von Flugblättern. Vor jedem Schreibtisch sitzt eine Frau, die sich beraten lässt. Eine der Gewerkschaftsvertreterinnen lädt die beiden Mädchen ein, Platz zu nehmen, bis sie an der Reihe sind.

„Keine der sechs Frauen im Raum sieht wie eine Hausangestellte aus. Mit ihren gut frisierten Haaren, der teuren Kleidung und den beringten Händen gleichen sie eher der Señora", flüstert Adriana und schaut aus, als würde sie am liebsten sofort wieder gehen. Cata beruhigt sie: Sicher würden hier auch die Frauen über ihre Rechte und Pflichten aufgeklärt, die eine Mucama einstellen wollen. Auch

Cata hatte sich unter Gewerkschaftsvertreterinnen schlichtere Frauen vorgestellt. Aber wer weiß, vielleicht ist der Schmuck ja auch nicht echt, denkt sie.

Wenig später sind sie an der Reihe.

„Was kann ich für euch tun?"

„Erzähl du", sagt Adriana und schaut Cata Hilfe suchend an. Und so berichtet Cata, wie Adriana von den Iturraldes entlassen wurde.

„Also, grundsätzlich kann man dich nicht so ohne weiteres fristlos entlassen. Deine Arbeitgeber müssen dir eine Entschädigung zahlen, ein Monatsgehalt für jedes gearbeitete Jahr. Zudem müssen sie die Entlassung fünf Tage vorher ankündigen, die sie dir auch bezahlen müssen, wenn sie nicht wollen, dass du an diesen Tagen noch bei ihnen arbeitest. Und natürlich müssen sie dir den Lohn für diesen Monat zahlen, denn du hast ja den ganzen Mai über gearbeitet. Und anteilig das dreizehnte Monatsgehalt und den noch ausstehenden Urlaub. Insgesamt schulden sie dir also noch über 2.000 Pesos. So will es das Gesetz."

Angesichts der genannten Summe schaut Adriana die Frau ungläubig an. 2.000 Pesos. Wie gut könnte sie die gebrauchen!

„Wärest du Argentinierin, könnten wir dir helfen, auch wenn du schwarz gearbeitet hast. Dann hättest du sogar die Möglichkeit, die Sozialabgaben der letzten drei Jahre einzuklagen, das ist eine Menge Geld. Doch du hältst dich illegal im Land auf – da können wir leider nichts für dich tun. Wir vertreten unsere Mitglieder, und die müssen Argentinier oder ordnungsgemäß angemeldete Ausländer sein. Ich kann dir also nur raten, noch einmal mit der Señora zu reden und dich mit ihr zu einigen."

„Das wird nicht gehen", flüstert Adriana und Cata fragt, ob ein Anwalt etwas für Adriana tun könne.

„Aber sicher, ein Anwalt kann Klage gegen die Señora einreichen. Die Gefahr ist nur, dass dich jemand als Illegale denunziert und du ausgewiesen wirst, bevor es zum Verfahren kommt. Und bis dahin vergehen sicher zwei Jahre."

„Sagen Sie, Señora, wie viele Stunden pro Woche muss eigentlich eine Mucama arbeiten?"

Die Gewerkschafterin steht auf, greift sich ein paar Flugblätter von einem der Stapel und reicht sie Cata.

„Das könnt ihr hier nachlesen. Ich gebe euch gleich mehrere, dann könnt ihr sie auch euren Arbeitgebern zeigen. Der Hausangestellten, die im Hause wohnt, stehen neun Stunden Nachtruhe zu und drei Stunden Mittagspause. Das heißt, sie muss zwölf Stunden arbeiten. Laut Gesetz ist auch der Samstag ein voller Arbeitstag, aber inzwischen haben Gerichte entschieden, dass mittags freigegeben werden soll. Das Gesetz ist von 1956, wisst ihr, das waren noch andere Zeiten."

Zwölf Stunden sind auch nicht gerade wenig, denkt Cata, aber bei den Iturraldes haben sie bis zu achtzehn Stunden gearbeitet. Bevor sie eine neue Stelle antritt, wird sie nach den Arbeitszeiten fragen.

„Und wie viel Geld steht uns für das Essen zu, wenn die Señora verreist und im Hause nicht gekocht wird?"

„Die Ernährung muss menschenwürdig sein, so will es der Gesetzgeber. Allgemein werden heute fünf bis sechs Pesos pro Tag gerechnet."

„Entschuldigen Sie, wenn wir Sie so lange aufhalten, aber wir haben noch eine letzte Frage. Wenn wir etwas kaputt machen, wenn uns ein Glas herunterfällt oder wir ein Loch in eine Bluse bügeln: Darf man uns das vom Lohn abziehen?"

„Ja, das sieht das Gesetz so vor. Allerdings darf die Summe nicht mehr als zwanzig Prozent deines Gehaltes ausmachen. Wenn du also 500 Pesos im Monat bekommst, darf man dir höchstens hundert Pesos abziehen."

„Es ist also verboten, einen ganzen Monatslohn einzubehalten?"

„Um Himmels willen, natürlich ist das nicht erlaubt. Aber ich kann mir kaum vorstellen, dass jemand so etwas tun würde", erwidert die Gewerkschafterin und reicht den beiden Mädchen zum Abschied die Hand. Sie kennt Frau Iturralde nicht, denkt Cata bitter.

„Ach Cata, man müsste legal sein!", seufzt Adriana, als sie das Gewerkschaftsgebäude verlassen.

„Ja, du hast Recht. Wir sind hier wirklich Menschen zweiter Klasse, mit einem Schild vor der Brust: Misshandeln erlaubt. Die Señora hat mich heute Morgen nur bezahlt, weil sie fürchtet, dass sie sonst Ärger mit der Vermittlungsagentur bekommt. Auch wenn sie teuer ist – solange du der Agentur Geld schuldest, kannst du zumindest sicher sein, dass du bezahlt wirst. Vielleicht rufe ich doch heute Abend an wegen der Stelle bei der Architektenfamilie. Und nach drei Monaten, wenn die Agentur bezahlt ist, weiß ich, ob die Leute einigermaßen ehrlich sind. Wenn nicht, gehe ich halt wieder."

„Wenn mich Roberto, du weißt schon, der Busfahrer, geheiratet hätte, wäre ich jetzt legal und könnte gegen die Señora klagen, ohne Angst zu haben, dass ich deportiert werde. Selbst wenn ich den Installateur wegen des verstopften Klos bezahlen müsste und die Bluse, würde ich immer noch über tausend Pesos herausbekommen. Es ist wirklich zum Heulen."

Cata legt den Arm um ihre Freundin: „Man kann nicht immer Pech haben. Du wirst sehen, bald hast du einen neuen Job bei netten Leuten. Nicht alle Menschen sind schlecht. Ich glaube, du solltest doch zu einem Anwalt gehen. Vielleicht sieht er ja eine Möglichkeit, an dein Geld zu kommen. Er könnte zum Beispiel erst einmal mit der Señora reden. Vielleicht kennt Luz ja einen Anwalt. Und versuch du, die Iturraldes zu vergessen. Wenn du immer wieder an sie denkst, machst du dir nur selbst das Leben schwer. Was meinst du, wie sich ein böser Mensch wie die Señora darüber freuen würde? Lass uns jetzt zur Chefin von Elvira gehen, vielleicht sieht danach schon wieder alles anders aus!"

Zwei Stunden später hat Adriana ihren Kummer fast vergessen. Elviras Chefin, Señora Ana Carbajal, war sehr liebenswürdig. Sie hat Adriana in den Arm genommen und ihr versichert, dass sie Elvira sehr gern gehabt habe. Und sie hat Adriana um Verständnis gebeten, dass sie nicht zur Polizei gegangen ist nach Elviras Tod. Sie hätte einfach zu viel Angst gehabt, dass sie ihr das Geschäft schließen könnten, wenn sie heraus bekommen hätten, dass sie fast nur illegales Personal beschäftigt. Als sie hörte, wie es Adriana bei den Iturraldes ergangen ist, hat sie ihr sogar die Hälfte des Geldes ausbezahlt, dass sie der toten Schwester noch schuldet. Sie sei zwar auch knapp, denn sie hätten einem staatlichen Labor tausend Kittel geliefert, und die Rechnung stünde noch offen. Aber Adriana sei jetzt sicher noch schlechter dran. Am kommenden Montag kann sie bei ihr anfangen. Zunächst für 400 Dollar, doch im August wird sie eine Nachzahlung erhalten, sowie den Rest des Lohnes von Elvira. Da erwarte sie spätestens die Zahlung des Labors. Wenn die einginge, sei sie wieder flüssig und würde pünktlich das volle Gehalt von 500 Pesos zahlen können. Frau Carbajal berichtete zudem, dass Adrianas Vater bei ihr gewesen sei, um Elviras ausstehenden Lohn abzuholen. Aber sie habe unglücklicherweise gerade nichts in der Kasse gehabt. Da sei er ziemlich frech geworden, und sie habe ihn hinausgeworden. Er sei so betrunken gewesen, dass sie Angst vor ihm gehabt habe. Cata gefiel die Frau. Sie wirkte offen, herzlich und verständnisvoll.

Als sie das Textilgeschäft verlassen, fällt ihr Adriana vor Glück um den Hals.

„Ach, Cata, und ich habe geglaubt, die Frau sei froh, dass meine Schwester tot ist, weil sie sie dann nicht zu bezahlen braucht. Als mein Vater mir erzählte, dass sie ihn rausgeworfen hat, habe ich doch nicht gewusst, dass er mal wieder betrunken war. Ich hätte es mir eigentlich denken müssen, denn Elvira hat immer nett von Señora Ana gesprochen. Ich glaube, da wird es mir besser gehen als bei den Iturraldes! Elvira musste nie so viel arbeiten wie ich. Und das mit dem Geld: Mein Vater kommt ja ohnehin erst in ein paar Monaten wieder, da macht es nichts, wenn sie mir erst im August den Rest gibt. Ach Cata, jetzt musst du auch noch eine gute Stelle finden."

„Weißt du, ich glaube, ich werde die Agentur anrufen und mich bei der Architektenfamilie vorstellen. Das ist wahrscheinlich das Sicherste."

Als sie nach Hause kommen, schauen Cata und Adriana bei Luz vorbei. Sie ist wieder einmal allein, ihr Mann ist mit Freunden ausgegangen. Eigentlich wollten Adriana und Cata sich oben etwas Paraguayisches zubereiten, doch Adriana schlägt vor, Luz zum Essen einzuladen und auch gleich bei ihr zu kochen. Die werdende Mutter nimmt dankbar an, denn sie ist froh, wenn sie nicht am Herd stehen muss.

Während die beiden Mädchen Luz von ihrem Besuch bei der Gewerkschaft berichten, würfeln sie eine Zwiebel, eine Paprikaschote und gehäutete Tomaten, hacken Knoblauch und schneiden Rindfleisch in Würfel. Adriana brät letztere in einem großen Topf an, gibt Zwiebel und Knoblauch hinzu, und als diese glasig sind, rührt sie Paprika und Tomaten unter. Sie gießt Wasser an und würzt reichlich mit einem Brühwürfel, Salz, Kreuzkümmel und Chilipulver. Als die Paprika weich ist, kommen zwei Tassen Reis dazu. Nach zwanzig Minuten ist er gar, und sie mengt noch eine Dose süßen Mais unter.

Luz hat inzwischen einen Anwalt angerufen, der sie einmal vertreten hat, als sie Probleme mit einer Arbeitgeberin hatte.

„Er ist sehr nett und auf Arbeitsrecht spezialisiert. Du erzählst ihm alles, auch die Geschichte mit dem Klo, damit er weiß, mit welchen Argumenten die Señora kommen wird. Vielleicht reicht es ja, dass er sie anruft. Möglicherweise zahlt sie lieber, als vor Gericht erscheinen zu müssen", erzählt sie beim Essen. Adriana ist ganz stolz, dass ihr Rindfleisch-Reis-Topf den beiden anderen schmeckt. Ihre Großmutter habe ihn immer sonntags zubereitet, wenn sie und ihre Geschwister sie besucht haben.

„Machen Sie sich keine Sorgen. Die Herrschaften werden schon zahlen. Herr Iturralde ist ein bekannter und viel beschäftigter Mann, er wird kaum Lust haben, wegen einer so lächerlichen Summe seine Zeit vor Gericht zu verschwenden."

Der Anwalt lächelt Adriana aufmunternd an. Sie wendet ein, dass es doch die Señora war, die sie rausgeworfen hat.

„Frau Iturralde ist nicht berufstätig, und in diesem Fall ist gewöhnlich der Haushaltsvorstand derjenige, der das Personal beschäftigt. Ich werde ihn anrufen, damit es gar nicht erst zu einem Verfahren kommt."

„Aber was passiert, wenn er Adrianas Forderungen ablehnt?", fragt Cata, die Adriana zu Dr. Bradshaw begleitet hat. Er ist Mitte fünfzig, rothaarig und blauäugig, vermutlich sind seine Vorfahren aus England oder Irland eingewandert.

„Dann werden wir zunächst einen Vermittlungstermin anberaumen lassen. Das ist noch kein Gerichtsverfahren, und meist einigt man sich dort auf einen Vergleich. Das heißt, Ihre Freundin wird sich

Paraguayischer Reiseintopf mit Rind (arroz con carne)

Für 4 Personen

500 g mageres Rindfleisch (Hüfte)
2 Tassen Reis
4 Tomaten
1 große Zwiebel
1 rote od. grüne Paprikaschote
5 Knoblauchzehen
1 Dose süßer Mais
3 EL Pflanzenöl
Salz
Kreuzkümmel
3 Tassen Wasser zum Angießen
gemahlenes oder geschrotetes Chilipulver
1 Brühwürfel oder 1 Teelöffel gekörnte Brühe

Rindfleisch in ca. 2 cm große Würfel schneiden. Zwiebel und Knoblauch hacken, Tomaten häuten und würfeln, Paprika vom Gehäuse befreien und in ca. 1 cm große Quadrate schneiden. Öl erhitzen, Rindfleisch darin anbraten, Zwiebel und Knoblauch hinzufügen, glasig werden lassen, Tomaten und Paprika hinzufügen, drei Tassen heißes Wasser angießen. Mit Salz, Chili und Kreuzkümmel würzen. Die Sauce muss sehr pikant sein, da der Reis die Gewürze neutralisiert. Auf kleiner Flamme kochen, bis die Paprika weich ist. Reis hinzugeben und 15 bis 20 Minuten auf ganz kleiner Flamme quellen lassen. Wird der Reis zu trocken, etwas heißes Wasser hinzugeben. Wenn der Reis weich ist, Mais abgießen und unterrühren. Sofort servieren. Dazu passt Kopfsalat.

bereit erklären müssen, für die Kosten aufzukommen, die sie verursacht hat, aber die Gegenseite wird ihr zumindest eine gewisse Summe zahlen müssen. Wenn es zu keiner Einigung kommt, müssten Sie allerdings klagen. Der Versöhnungstermin wird meist innerhalb von drei Monaten anberaumt, ein Prozess kann dagegen manchmal Jahre dauern."

„Wird man mich denn auch nicht ausweisen, wenn ich dort erscheine?"

„So lange dich bis dahin niemand als Illegale denunziert, wird es dazu nicht kommen. Im Augenblick sind die Behörden nicht sonderlich kleinlich gegenüber Illegalen. Das kann sich allerdings sehr schnell ändern. Vor Wahlen ist es schon ein paar Mal zu Deportationen gekommen, weil die Politiker beweisen wollen, dass sie etwas tun, um die Arbeitslosigkeit zu bekämpfen. Aber wahrscheinlich wird nicht einmal ein Vermittlungstermin notwendig sein."

„Und wie viel kostet diese Vermittlung?"

„Ich berechne dir dafür hundert Pesos, das ist das übliche Honorar. Du zahlst sie mir von dem Geld, dass wir mit den Iturraldes aushandeln. Und für Beratungen wie diese dürfen wir nichts kassieren."

Adriana hat zwar nicht alles verstanden, was der Anwalt erklärt hat, aber sie hat mitbekommen, dass ihre Chancen nicht schlecht stehen, doch noch etwas von den Iturraldes zu erhalten. Cata freut sich vor allem darüber, dass der Anwalt Herrn Iturralde anrufen wird. Sicher wird er sich sehr über seine Frau ärgern und sie das spüren lassen, denn es störte ihn immer sehr, wenn er mit Problemen des Haushalts behelligt wurde.

Zwei Tage später hat auch Cata eine neue Stelle. Die Architektin war ihr gleich sympathisch. Sie heißt Susana, wie Catas Schwägerin. Sie ist kaum älter als Cata und arbeitet nachmittags im Büro ihres Mannes, und es wird Catas Aufgabe sein, in ihrer Abwesenheit die beiden Söhne zu hüten. Marcelo, ein blonder Lockenkopf, ist gerade eingeschult worden, sein Bruder Rodolfo geht noch in den Kindergarten. Am meisten freut es Cata, dass sie kochen soll, wenn die Señora keine Zeit dazu hat. Nur ihr Zimmer ist schrecklich: Es liegt an einer belebten Straße, und das Fenster vibriert, wenn ein Bus oder ein

Lastwagen vorbei kommt, und sie muss es mit Staubsauger, Schrubbern und Putzmitteln teilen. Eine Besenkammer mit Bett, eine kalte obendrein, denn eine Heizung kann sie nicht entdecken. Aber nichts ist perfekt. Zumindest hat sich Señora Susana dafür entschuldigt. Sie habe einfach keinen anderen Platz für das Putzzeug. Aber zum Trost wolle sie ihr noch ein Fernsehgerät kaufen, verspricht sie. Am Wochenende fährt die Familie oft in ihr Ferienhaus in Pinamar, und Cata wird sie begleiten müssen. Zwar hat sie sich nichts anmerken lassen, doch innerlich jubelte sie, als Señora Susana ihr ankündigte, Wochenenden und Feiertage würden extra bezahlt. Nach dem Haus zu urteilen, ist Familie Méndez zwar längst nicht so wohlhabend wie die Iturraldes, aber offenbar weniger geizig.

Als sie in die Serrano-Straße zurückkehrt, öffnet ihr Adriana bereits die Tür. Sie hat sie durch Luz' Küchenfenster kommen sehen. Sie ist in heller Aufregung, denn bei Luz haben die Wehen eingesetzt, und sie muss dringend ins Krankenhaus. Luz liegt auf der Couch im Wohnzimmer und weint, weil Charlie wieder einmal nicht zuhause ist, und sie nicht weiß, wie sie ihn erreichen soll. Die Wehen kommen schon alle zwei Minuten. Cata schlägt vor, einen Krankenwagen zu rufen, doch Luz winkt ab. Das sei viel zu teuer. Da fällt Cata der nette Taxifahrer ein, der sie nach ihrer Ankunft gefahren hat. Sie sucht seine Karte und ruft ihn an, wenige Minuten später steht Pablo vor der Tür und hilft ihr, Luz zum Auto zu bringen. Adriana steigt vorn bei ihm ein, und Cata setzt sich hinten zu Luz.

Unterwegs fällt Luz ein, dass sie in der Aufregung die für das Krankenhaus gepackte Tasche vergessen hat.

„Wir können jetzt nicht umkehren, sonst platzt dir noch die Fruchtblase. Wir liefern dich jetzt im Hospital ab, und dann fährt Adri mit Pablo zurück und holt die Tasche", entscheidet Cata.

Doch Luz widerspricht: „Es ist doch ein staatliches Krankenhaus. Da musst du Spritzen und Medikamente mitbringen. Ich habe sie schon vor ein paar Monaten gekauft, und sie sind in der Tasche."

Doch Cata wird energisch. Wenn Pablo nicht rechtzeitig zurück sei, liefe sie eben in die nächste Apotheke und kaufe eine Spritze. Sie habe etwas Geld in der Tasche. Bei ihrer Ankunft wird Luz sofort mit einem Rollstuhl in den Kreißsaal geschoben. Sie möchte, dass Cata bei ihr bleibt, doch die Schwester lehnt ab. Nur Angehörige dürfen die Schwangeren begleiten, herrscht sie Luz an. So bleibt Cata nur, Luz noch einmal zu umarmen und zu versprechen, vor der Tür zu warten, bis das Kind da ist.

Nach einer halben Stunde kommt die Schwester heraus und fragt nach den Medikamenten, doch Adriana ist noch nicht eingetroffen. „Es gibt doch bestimmt eine Apotheke in der Nähe. Ich kann schnell hinlaufen", bietet sie an. Doch die Schwester winkt wortlos ab und verschwindet wieder im Kreißsaal. Eine weitere halbe Stunde vergeht, bis Adriana eintrifft und sie die Tasche abliefern können.

Während sie vor der Tür warten, erzählt Adriana, dass sie einen Weg gefunden habe, eine Aufenthaltsgenehmigung zu bekommen. Sie zieht einen Zettel aus der Tasche, auf dem ihr Passfoto und ein dicker Stempel prangen. Sie habe ihre Tante im Vorort González Catan besucht. Die habe sie zu einem Mann geführt, der ihr versprach, gegen ein Entgelt von siebzig Pesos die Aufenthaltsgenehmigung zu besorgen.

Cata schaut sie zweifelnd an: „Und ist das denn legal? Warst du bei einer Behörde?"

„Nein, ich war bei dem Mann zuhause, doch er sagte, er arbeite für die Einwanderungsbehörde. Und meine Tante sagt, er habe schon vielen Paraguayern in González Catan zu einer Aufenthaltsgenehmigung verholfen. Das habe alles seine Ordnung. Stell dir vor, dann kann ich sogar gegen die Señora klagen, ohne Angst haben zu müssen, dass sie mich ausweisen. Ich werde den Zettel auch Dr. Bradshaw zeigen, wenn ich wieder zu ihm muss. In drei Monaten kann ich auf der Meldebehörde in González Catan meinen argentinischen Personalausweis abholen."

Cata will es zwar immer noch nicht so recht glauben, doch sie freut sich mit Adriana.

„Und im übrigen wohne ich jetzt auch bei dir! Luz hat mit den beiden Mädchen aus dem Doppelzimmer gesprochen. Sie haben nichts dagegen, wenn ein drittes Bett hinein gestellt wird. Für sie wird es dann billiger. Jetzt, wo meine Schwester tot ist, kann ich das Zimmer in der Pension nicht mehr bezahlen, es kostet 300 Pesos im Monat. Ich habe es bereits gekündigt. So können wir an den Wochenenden etwas zusammen unternehmen. Schön, nicht wahr?"

Auch Cata freut sich, dass ihre neue Freundin zu ihr zieht.

„Meinst du denn, du fühlst dich wohl unter so vielen Peruanerinnen?"

Adriana will gerade antworten, als ein Arzt aus dem Kreißsaal kommt und nach den Angehörigen von Luz Ugalde fragt. Cata steht auf.

„Frau Ugalde hat einen gesunden Jungen zur Welt gebracht. Nur muss ich Ihnen leider eine traurige Nachricht überbringen."

Er schaut zu Boden und sagt dann, Luz werde es wohl nicht schaffen. Sie habe schwere Blutungen bekommen, die sie bis jetzt nicht hätten stillen können. Ihr Herz sei sehr schwach und der Blutdruck zu hoch.

„Wird sie ... sterben?", stammelt Cata. Der Arzt sagt, es sei nicht auszuschließen und eilt wieder in den Kreißsaal zurück. Die Mädchen schauen sich ratlos an, sie können es nicht fassen. Wortlos geht Cata zu einem Münzfernsprecher auf dem Gang und wählt die Nummer der Serrano-Straße. Charlie ist inzwischen nach Hause gekommen.

„Du musst sofort in die Sardá-Klinik kommen. Du hast einen Sohn, aber Luz geht es schlecht."

Dann hängt sie auf und setzt sich wieder zu Adriana, unfähig, etwas zu sagen. Wäre Luz doch bloß regelmäßig zum Arzt gegangen! Charlie hätte weiß Gott auf die Sauftouren mit seinen Kumpanen verzichten und sie zu einem guten Gynäkologen bringen können. Schließlich hat doch jeder gesehen, dass es ihr nicht gut gegangen ist in den letzten Wochen. Vielleicht hatte Luz auch nicht die richtigen Medikamente gekauft. Oder nicht genug. Und wer weiß, wie die technische Ausstattung des Kreißsaales ist? Das Krankenhaus sieht alt und vergammelt aus, kaum besser als das Hospital in Tingo María, in dem sie mit ihrer Hirnhautentzündung gelegen hatte. Evita Perón hat es vor fast 50 Jahren bauen lassen, stand auf einer Plakette in der Eingangshalle, damit auch arme Frauen ihre Kinder in einem

Krankenhaus zur Welt bringen können. Doch womöglich hat man es seitdem nicht mehr modernisiert. Welcher Politiker investiert schon in die Armen? Das scheint in Argentinien nicht anders zu sein als in Peru. Verfassungen und Gesetze sprechen ihnen zwar Rechte zu, auf Gesundheit, auf Menschenwürde, auf Arbeit und gerechten Lohn, doch Papier ist geduldig.

Nach einer Stunde kommt schließlich Charlie, und Cata berichtet ihm, was der Arzt gesagt hat. Sie sieht sofort, dass er kaum noch gerade gehen kann. Er riecht stark nach Alkohol und starrt nur still ins Leere. Wieder warten sie, und erst nach Mitternacht erscheint erneut der Arzt. Er ist kreidebleich und unterdrückt nur mit Mühe ein Gähnen.

„Sind Sie der Ehemann von Frau Ugalde? Es tut mir sehr leid, wir haben alles getan, was in unserer Macht stand, doch Ihre Frau hat die Geburt nicht überstanden. Ihr Sohn ist gesund, er wurde bereits auf die Säuglingsstation gebracht. Morgen früh können Sie ihn sehen.“

Charlie nickt nur, und Cata ist sich nicht sicher, dass er überhaupt verstanden hat, was der Arzt gesagt hat. Sie fühlt, wie Wut in ihr aufsteigt: Hätte er sich nicht wieder betrunken, hätte Luz zumindest nicht allein sterben müssen. Sie war wirklich nicht zu beneiden gewesen um diesen Mistkerl. Cata hofft nur, dass Luz nicht zu sehr gelitten hat. Sie sitzen noch eine Weile reglos auf dem Gang, dann gehen sie langsam zum Ausgang. Als Cata ein Taxi herbeiwinkt, überquert Charlie die Straße, ohne sich auch nur zu verabschieden. Sie sehen, wie er in die nächste Kneipe geht.

KAPITEL 7

Die Drohung

Rodolfo weint herzzerreißend. Er ist auf der Terrasse gefallen und hat sich das Knie aufgeschrammt. Das Telefon klingelt, und der Handwerker, der die von der hohen Luftfeuchtigkeit aufgequollene, hölzerne Haustür wieder gängig macht, verlangt nach einem Besen. Cata nimmt das Kind auf den Arm und hebt das Telefon ab. Nein, die Señora ist nicht im Hause, aber sie ist im Büro zu erreichen. Ja, sie wird ausrichten, dass der Steuerberater angerufen hat. Sie notiert vorsichtshalber dessen Nummer, geht mit dem weinenden Kind auf dem Arm in ihr Zimmer, holt dort den Besen und reicht ihn dem Handwerker. Dann nimmt sie aus dem Badezimmerschrank ein Fläschchen Jodtinktur, setzt den Jungen auf den Toilettendeckel, desinfiziert die Wunde und klebt ein Pflaster darauf. Doch Rodolfito will nicht aufhören zu schluchzen.

„Schätzchen, du brauchst doch nicht zu weinen, gleich tut es nicht mehr weh. Und schau mal, was für ein schönes Pflästerchen du jetzt hast!", tröstet sie den Fünfjährigen. Doch der beruhigt sich nicht. Wieder schellt das Telefon, wieder nimmt sie Rodolfito auf den Arm und antwortet. Die Señora ist am Apparat. Rodolfo will mit der Mama sprechen. Cata reicht ihm den Hörer. Die Mutter tröstet ihn, und er darf sich in der Küche ein Bonbon holen. Frau Méndez bittet Cata, für das Abendessen eine Rinderhüfte in die Backröhre zu schieben und gratinierte Kartoffeln vorzubereiten. Ihr Mann bringt einen Kollegen zum Essen mit. Und ihre Schwiegermutter habe sich ein Bein gebrochen. Cata hört ein lautes Gepolter in der Küche. Rodolfito hat wieder einmal die Schublade mit den Süßigkeiten zu weit herausgezogen, und sie ist auf den Boden gefallen. Ab morgen früh wird die Schwiegermutter im Hause wohnen, bis sie sich wieder allein versorgen kann, teilt ihr die Señora mit. Cata soll schon mal das Gästezimmer richten. Sie verabschiedet sich, legt auf, um die Schublade wieder einzuräumen und die Pellkartoffeln für das Gratin aufzusetzen.

Sie ist nun schon drei Monate bei der Architektenfamilie. Ihr Arbeitstag beginnt um acht Uhr. Der Señor hat dann bereits das Haus verlassen, um Marcelo, den Ältesten, in die Schule zu bringen. Das Frühstück richten sich die Méndez selbst. Sie essen nur ein paar Galletas, salzige Plätzchen, und gießen sich Mate-Tee auf, den die Argentinier den ganzen Tag über aus ausgehöhlten, kleinen Kürbissen trinken. Catas Geschmack ist er nicht, er ist ihr zu bitter. Sie muss zunächst Rodolfito im Kindergarten abliefern, der in fünf Minuten zu Fuß zu erreichen ist. Und dann beginnt sie, das Haus zu putzen. Drei Badezimmer, drei Schlafzimmer, Wohn- und Esszimmer, Flur, Küche, Terrasse. Jeden Tag. Einmal in der Woche auch Waschküche, Gästezimmer, Garage, Bürgersteig. Zwischendurch füllt sie Waschmaschine um Waschmaschine, hängt Wäsche auf, faltet, was trocken ist. Für den Nachmittag bleibt die Bügelwäsche. Zum Glück ist die Familie ordentlich. Die Kinder werden dazu angehalten, ihr Spielzeug nicht im ganzen Haus zu verstreuen, und nie findet sie wie bei den Iturraldes nasse Handtücher im Bett oder schmutzige Wäsche auf dem Boden. Dennoch ist sie immer froh, wenn sie morgens ihr Pensum schafft, denn am Nachmittag ist die Señora im Büro, und die Kinder halten sie auf Trab. Sie muss Marcelo bei den Hausaufgaben helfen, und Rodolfo kann sie kaum zwei Minuten aus den Augen lassen. Er kommt auf die ausgefallensten Ideen. Er stellt sich mit seinem neuen Anorak unter die Dusche, um auszuprobieren, ob er auch wirklich wasserdicht ist. Oder er putzt seine roten Gummistiefel mit schwarzer Schuhcreme und sich selbst gleich mit. Es hat sie Mühe gekostet, sein Gesicht und seine Arme von dem schwarzen Schmierfilm zu befreien. Und er hat eine Vorliebe für die Küche. Er toastet sich eine Schnitte Brot und versucht, die Scheibe aus dem noch nicht ausgeschalteten Gerät zu fischen und verbrennt sich die Finger. Neulich blieb ihr fast das Herz stehen, als er mit einem großen Fleischmesser ein Stück Käse abschnitt. Sie hat immer Angst, dem Jungen könnte etwas zustoßen, während sie mit ihm allein ist. Für die Verantwortung, die ihr die Méndez jeden Tag mit den Kindern aufbürden, wird sie eigentlich zu schlecht bezahlt. Doch es geht ihr um vieles besser als bei den Iturraldes. Die Señora fordert sie jeden Tag auf, sich mittags etwas auszuruhen, und nie geht sie zu Bett, ohne dass sie sich bei ihr für die Tagesarbeit bedankt. Wenn abends Gäste kommen, und es wird später, räumt sie selbst den Tisch ab, damit Cata schlafen gehen kann. Dennoch hat sie meist einen Dreizehn-Stunden-Tag, aber sie nimmt ihn in Kauf, weil man sie freundlich behandelt. Manchmal macht ihr die Arbeit sogar Spaß, denn sie mag die beiden Kleinen. Und gelegentlich, wenn die Señora keine Zeit hat, kann sie abends kochen. Sie hat ihnen bereits ein paar Kostproben peruanischer Küche serviert, doch nur das Lomo Saltado, kurz gebratene Rindfleischstreifen mit geschnetzeltem roten Paprika, Tomatenstücken, Zwiebelscheiben, gewürzt mit Ingwer und Kreuzkümmel, kam so gut an, dass sie es sogar schon für Gäste vorbereitet hat. Fisch mag die Familie nicht. Am liebsten essen die Méndez Schnitzel, Brathuhn, im Ofen gegartes Rindfleisch oder Nudeln. Wie es ihr Amelia bei ihrer Ankunft in Argentinien prophezeit hatte.

Fast jedes Wochenende fährt die Familie nach Pinamar, in ihr Häuschen an der Atlantikküste, und das genießt Cata sehr. Die Méndez schlafen dort mindestens bis zehn Uhr, und Cata, die Frühaufsteherin, nutzt die Zeit für lange Strandspaziergänge, obwohl es Winter ist, und der Wind schneidend kalt. Sie zieht sich warm an und joggt durch den Sand. Während ihrer Schulzeit hat sie Leichtathletik betrieben, und sie ist immer gern gelaufen. Einmal hat sie sogar einen Seelöwen beobachten können, der erst ins Wasser verschwand, als sich der Strand mit Spaziergängern füllte. Wenn die Arbeit es zulässt, begleitet sie auch schon mal die Familie bei ihren Spaziergängen durch die hohen Dünen. Obwohl sie das Häuschen sauber halten muss – angesichts der Ruhe in Pinamar erholt sie sich. In Buenos Aires ist selbst in der Nacht viel Verkehr, und da ihr Zimmer an einer belebten Straße liegt, schläft sie meist sehr unruhig. In Pinamar hört man nachts nur den Wind und das Meer.

Samstags kommen oft Freunde zu einem Asado. Eigentlich ist es traditionell Aufgabe des Hausherrn, den Asado zu braten, doch Herr Méndez schaut inzwischen gern zu, wenn Cata sich an den Gartengrill stellt. Auch bei ihr zu Hause in San Andrés wurde gelegentlich gegrillt, doch auf der argentinischen Parrilla gelingt das Fleisch um vieles besser, das muss sie zugeben. Der Rost liegt nicht waagerecht, sondern abgeschrägt über der Kohle, und seine Stäbe sind nicht rund, sondern V-förmige Rinnen, über die das Fett in einen vor dem Rost angebrachten Behälter abläuft. Das Fleisch verbrennt weniger schnell, wenn das Fett nicht ins Feuer tropft. Cata hat gestaunt, als sie mit dem Señor zum ersten Mal für einen Asado einkaufte. Für jeden Esser kalkuliert man 750 Gramm Fleisch. Als sie ungläubig nachfragte, weil sie dachte, sie hätte sich verhört, sagte der Señor, die Knochen der Hochrippe und der Hähnchenschlegel seien natürlich mit eingerechnet. Wenn sie ein Stück von der mit Walnüssen, Lauch und Rosinen gemengten Blutwurst, ein Mettwürstchen und ein Stück Rippe gegessen hat, ist sie satt und staunt, wie die Argentinierinnen, die die ganze Woche um der Figur willen nur Salate essen, am Wochenende plötzlich Berge von Fleisch verschlingen können. „Wir sind von klein auf daran gewöhnt", lachte die Señora, als Cata sie danach fragte.

An der Küste nimmt die Familie sie auch gelegentlich mit in ein Restaurant. Sie genießt es sehr, dass nicht sie, sondern ein Ober das Essen servieren muss. Längst ist ihr aufgefallen, dass die Kellner sie nicht mit der gleichen Zuvorkommendheit behandeln wie ihre Herrschaften und sie immer zuletzt bedienen, doch sie lacht darüber. Wäre sie allein, würde sie sie allerdings fragen, ob sie etwas gegen Hausmädchen haben oder gegen Peruanerinnen. Doch sie will die Familie nicht in Verlegenheit bringen. In Pinamar hat sie mexikanische Tacos und so manches neue Nudelgericht kennen gelernt. Spaghetti in Sahne-Walnuss-Sauce hat sie sich sogar notiert, für den Fall, dass sie irgendwann das „Nautilus" wieder eröffnen wird. Das „Nautilus". Sie denkt jeden Tag daran. Im Nautilus hat sie auch täglich zwölf, dreizehn Stunden geschuftet, und wenn sie nach Mitternacht nach Hause kam, hatte sie oft geschwollene Füße vom vielen Stehen. Doch sie fühlte sich nicht so erschlagen wie jetzt. Damals war sie stolz auf sich, auf den Überschuss in der Kasse, auf das Lob ei-

Kurzgebratenes Rindfleisch mit Paprika (lomo saltado)

Für 4 Personen

500 g Rindfleisch (Rumpsteak od. Filet)
2 große Tomaten
2 hellgelbe, spitz zulaufende Paprikaschoten
2 Zwiebeln
3 EL milder Essig
2 EL frischer, gehackter Koriander
1 TL frischer, geriebener Ingwer
2 Knoblauchzehen
Chilipulver nach Geschmack
Salz
Öl

Fleisch in ca. 1 cm breite Streifen schneiden. Tomaten und Paprika ebenfalls in Streifen schneiden, Zwiebeln in feine Ringe schneiden. Ingwer schälen und reiben, Knoblauch fein hacken. Öl in einer Pfanne erhitzen und Fleisch darin anbraten. Fleisch herausnehmen und beiseite stellen. Knoblauch, Zwiebeln, Paprika, Tomaten und Ingwer in dem Öl anbraten. Essig und 2-3 Esslöffel Wasser zugeben. Aufkochen lassen und das Fleisch wieder dazu geben. 3 Minuten weiter schmoren. Salzen und mit Chilipulver würzen. Koriander darüber streuen und mit Bratkartoffeln servieren.

nes Gastes, auf ein besonders gut gelungenes Gericht. Doch worauf sollte sie jetzt stolz sein? Darauf, dass ein Haus sauber ist, in dem sie nicht wohnt? Oder darauf, dass ein Mann, den sie kaum kennt, ein gut gebügeltes Oberhemd trägt? Nun ist sie schon vier Monate in Argentinien, doch sie ist dem „Nautilus" noch keinen Cent näher gekommen. Sie hat die Vermittlungsagentur bezahlt und ihrem Bruder José und seiner Frau Susana bereits einen Teil der Summe zurückgeschickt, die sie ihr für die Reise geliehen hatten. Doch sparen konnte sie nichts.

Sie hofft inständig, dass die Familie auch weiterhin regelmäßig an die Küste fährt, denn jedes Wochenende wird extra bezahlt. Im nächsten Monat würde sie dann endlich einige Pesos zurücklegen können. Doch wenn jetzt die Schwiegermutter mit gebrochenem Bein im Hause wohnt, würden sie womöglich erst einmal nicht fahren können, weil sie sich um sie kümmern müssen. Es hat allerdings auch sein Gutes, in Buenos Aires zu bleiben: Sie würde Adriana, Leonor und Amelia häufiger sehen. Manchmal fühlt sie sich doch sehr einsam, weil sie sich über Wochen niemandem mitteilen kann. Sicher, sie unterhält sich mit der Señora, doch eigentlich nur über deren Probleme, über die Kinder, das Wetter oder die Menufolge, wenn Gäste kommen. Nie hat sie Cata nach ihrer Familie gefragt, und schon gar nicht nach ihren Wünschen oder Träumen. Einmal hat Señora Susana ihr sogar ihr Herz ausgeschüttet. Sie hatte sich mit ihrem Mann gestritten, über Geld. Sie kaufe zu teure Kleider, hatte er ihr vorgeworfen, und vergesse, dass er ein neues Auto brauche. Die Señora wollte Catas Meinung wissen. Doch was sollte sie ihr sagen? Dass sie genug schöne Kleider hat und viele nie anzieht? Dass sie selbst sich seit Monaten nichts mehr gekauft hat? Da hätte sie sie nur gegen sich aufgebracht. Also beschränkte sie sich darauf, sie damit zu trösten, dass ihr Mann heute Abend bestimmt schon wieder gut gelaunt sein werde. Sie hatte einmal in einem Geschichtsbuch gelesen, dass die peruanischen Indianer nach der Eroberung durch die Spanier immer nur mit einem ausweichenden „Sí, Señor" antworteten, wenn sie etwas gefragt wurden, weil sie sich nicht den Zorn ihrer Herrn zuziehen wollten. Damals erschien ihr das feige, doch in den letzten Monaten hatte sie gelernt, dass das gar nicht so dumm war. Warum sich unnötige Schwierigkeiten einhandeln oder die Arbeitsstelle riskieren? Da ist das „Sí, Señor" viel praktischer. Und im übrigen ist sie sich nicht einmal sicher, ob die Señora wirklich interessiert, was sie denkt.

Während Cata die Rinderhüfte mit Salz und Pfeffer einreibt, kommt Marcelo mit seinen Rechenaufgaben. Zwar müsste sie längst den Tisch decken, und das Gästezimmer ist auch noch nicht gerichtet, aber die Señora sagt immer, die Kinder gingen vor. Also unterbricht sie ihre Arbeit, rechnet die Aufgaben nach und lobt den Jungen: „Marce, heute hast du gar keinen Fehler gemacht! Das ist aber schön! Siehst du, wenn du dir Mühe gibst, kannst du sogar sehr gut rechnen. Sind das schon alle Hausaufgaben, die du auf hast?"

„Cata, kannst du mir helfen, ein Bild zu malen? Von unserem Haus?"

„Ich schiebe schnell das Fleisch in den Ofen, dann setze ich mich zu dir."

Der Junge holt seine Buntstifte, und dann malt er unter Catas Anleitung. Die hellblauen Außenwände zunächst, dann das Dach mit dem kleinen Giebel, die blaue Haustür, das Garagentor und das Küchenfenster mit dem kleinen Balkon und zuletzt das winzige Fenster von Catas Zimmer.

„Du hast noch etwas vergessen."

Der Junge schaut sie fragend an.

„Was denn?"

„Die weißen Stuck-Girlanden am Giebel und über Tür und Fenstern!"

„Aber wie soll ich die denn malen? Ich habe doch keinen weißen Stift."

„Dann malst du sie eben gelb. Weglassen kannst du sie nicht, denn sie sind wichtig. Schließlich wohnst du in einem alten, typisch argentinischen Haus, und das muss man auf dem Bild auch sehen!"

Während der Junge ihr erzählt, dass er jeden Morgen in der Schule die argentinische Nationalhymne singen muss, kommt die Señora nach Hause. Sie küsst ihren Sohn und bewundert das Bild.

„Cata, wie weit ist das Essen? Warum ist der Tisch noch nicht fertig? Mein Mann kommt jeden Moment mit seinem Gast!"

Cata hört den Vorwurf in der Stimme. Das ist das Schlimmste an der Arbeit als Mucama: Man muss vorausahnen, was für die Herrschaften heute nun gerade das Wichtigste ist. Und es ist schwer, das immer genau zu erraten.

„Ich habe mit dem Jungen Schularbeiten gemacht, Señora, aber das Fleisch ist im Ofen, und das Gratin braucht nicht lange. Ich decke jetzt den Tisch!"

„Ja, ich bitte darum. Ich kann dir leider nicht helfen, ich habe einige dringende Telefonate zu erledigen."

Cata ist fertig, bevor der Besuch eintrifft. Sie serviert den beiden Männern einen Whisky und bezieht dann noch schnell das Gästebett. Morgen früh als erstes wird sie das Zimmer dann durchwischen, denn das würde sie vor dem Essen nicht mehr schaffen.

Die Nacht ist kalt. Cata hat sich einen Pullover über das Nachthemd gezogen, doch sie friert immer noch. Und sie hat Halsschmerzen. Sie hat die Señora vor einigen Wochen gebeten, ihr ein elektrisches Heizöfchen auf das Zimmer zu stellen. Doch sie hat nur geantwortet, sie besitze keines, weil der Strom so schrecklich teuer sei. Seit einigen Tagen sinkt das Thermometer nachts bis auf Null Grad, und da hat Cata abends nicht einmal mehr Lust zu lesen oder einen Brief zu schreiben, weil sie die Hände dabei nicht unter der Bettdecke halten kann. Sie hat es mit Handschuhen versucht, doch auch das war ihr zu kalt. Bleibt das Fernsehen, doch gute Filme und Nachrichten aus dem Ausland gibt es nur im Kabel, und das liegt nur im Rest des Hauses. In den argentinischen Kanälen gibt es selten etwas, was sie interessiert. Die Talkshows, in denen sich Politiker um Nichtigkeiten streiten, langweilen sie ebenso wie die Seifenopern mit drittklassigen Schauspielern. Sie hätten ihr besser einen Ofen statt des Fernsehgerätes gekauft. Auch das Zimmer bei den Iturraldes war nicht geheizt. Ob die Herrschaften denken, Mucamas frieren nicht, weil sie arm sind, und Arme sich auch in ihren Häusern keine Heizung leisten können? Und ob sie glauben, Hausmädchen würden nicht krank?

Wenn sie abends in ihr Zimmer kommt, ist es wie ein Schock. Den ganzen Tag hat sie sich im überheizten Haus aufgehalten und sich viel bewegt. Da spürt sie die Kälte um so mehr, wenn sie still auf ihrem Bett sitzt.

Der Wecker klingelt. Wie jeden Morgen fürchtet sie sich vor dem Aufstehen. Sie hat Angst, das Nachthemd auszuziehen, um in die Dusche zu springen. Die heiße Dusche wärmt dann auch das Zimmer, so dass das Anziehen nicht mehr ganz so schwer fällt. Doch am liebsten stünde sie eine ganze Stunde unter dem warmen Wasserstrahl. Ihre Halsschmerzen sind stärker geworden. Sie würde gleich eine heiße Zitrone trinken, vielleicht kann sie damit eine Grippe verhindern.

Als sie in die Küche kommt, kann sie kaum sprechen.

„Was hast du, Cata, deine Stimme klingt so komisch?", will die Señora wissen.

„Meine Mandeln sind geschwollen, ich glaube, ich habe mich erkältet."

„Um Himmels willen! Und das, wo doch meine Schwiegermutter heute kommt! Steck mir bloß die Kinder nicht an, hörst du? Wo hast du dir das denn aufgeschnappt?"

„Ich bin kalt geworden, Señora."

„Kalt geworden, wo denn? Bist du ohne Mantel auf die Straße gegangen?"

„Nein, Señora, mein Zimmer ist ein Eiskeller."

Darauf bekommt sie keine Antwort. Die Schwiegermutter. Die Kinder. Und sie? Sie hat zu funktionieren. Punkt. So ist das eben. Señora Susana ist keine schlechte Frau, weiß Gott nicht. Sie ist eine gute Mutter, arbeitet viel, und sie will niemanden ausbeuten, da ist sich Cata sicher. Zumindest nicht bewusst. Doch die Reichen, selbst die mit gutem Charakter, haben offenbar nie gelernt, ihre Mucama als Menschen zu sehen. Ihre Brüder behaupteten immer, Lateinamerika sei im Grunde ein Kontinent der Feudalherren geblieben, während sich Europa und die Vereinigten Staaten zu Industriegesellschaften entwickelt haben. Sie hatte damals die endlosen Diskussionen über die politischen Verhältnisse gehasst, doch seit sie als Hausangestellte arbeitet, erinnert sie sich manchmal daran. Gelegentlich fühlt sie sich wie eine Leibeigene, die keine Bedürfnisse haben darf. Und daran wird sich auch nichts ändern, wenn sie wieder die Stelle wechselt.

Ihr Hals brennt inzwischen wie Feuer, und sie zittert vor Kälte. Bestimmt hat sie Fieber. Sie säubert das Gästezimmer und putzt das Haus, doch jede Bewegung fällt ihr schwer. Am Morgen kümmert sich die Señora um die Großmutter, doch am Nachmittag muss Cata sie stützen, wenn sie zur Toilette will und sie mit allem versorgen, was sie braucht. Mal ruft sie nach einem Tee, dann nach einem Paket Papiertaschentücher oder nach der Tageszeitung. Dann will sie vor dem Fernseher im Wohnzimmer sitzen und Cata muss sie dorthin schleppen. Sie ist eine freundliche ältere Dame, und sie klagt nicht. Doch sie langweilt sich. Zum Glück sind die beiden Jungen viel bei ihr, und sie liest ihnen vor.

Am Abend ist Cata völlig erschöpft. Sämtliche Glieder schmerzen, der Kopf dröhnt und sie beginnt zu husten. Als die Señora heimkehrt, sagt sie ihr, dass sie nach Hause gehen wolle, um morgen früh um sechs Uhr einen Arzt aufzusuchen. Sie hat fast 39 Grad Fieber.

„Morgen früh um sechs Uhr? Da hat doch kein Arzt Sprechstunde!"

„Señora, ich habe kein Geld für eine Privatpraxis. Ich werde in das städtische Hospital an der Avenida Las Heras gehen, dort ist die Behandlung umsonst. Aber man muss sich um sechs Uhr dafür anstellen."

„Und warum willst du nach Hause, du kannst doch auch von hier aus gehen?"

„Señora, ich bin krank, und wenn ich noch eine Nacht in dem Eisschrank schlafe, wird es noch schlimmer."

Cata sieht der Señora ihren Unmut an.

„Glauben Sie mir, ich wäre lieber gesund! Aber jeder kann schließlich krank werden."

Cata geht auf ihr Zimmer, zieht sich um und verabschiedet sich.

Inzwischen ist Frau Méndez wieder freundlich: „Gute Besserung Cata, und bitte, bitte, komm wieder, so schnell du kannst. Denn ich kann doch nicht arbeiten, wenn du nicht da bist. Ich sitze an einem großen Auftrag, der fertig werden muss, sonst zahlt der Kunde nicht."

Sie sieht verzweifelt aus.

„Danke, Señora, Sie können sich darauf verlassen, dass ich wiederkomme, sobald ich kann! Ich rufe Sie an, nachdem ich beim Arzt war."

Es ist elf Uhr, und Cata wartet immer noch. Fünf Stunden bereits. Inzwischen hat sich das Wartezimmer ein wenig geleert, und sie kann sich zumindest setzen. Sie hat sich ein Buch mitgebracht, doch sie ist zu erschöpft, um zu lesen. Die Buchstaben tanzen vor ihren Augen. Zumindest hat sie heute Nacht gut geschlafen. Im Warmen. Und Angela, die ihre Stelle als Mucama verloren hat, und jetzt in verschiedenen Häusern stundenweise putzen geht, hat ihr vor dem Schlafengehen einen heißen Tee und zwei Aspirintabletten gebracht. Sie war froh, dass sie nicht allein war. Die Zwanzigjährige erzählte ihr stolz von ihrem neuesten argentinischen Freund, und Cata musste an Elvira denken. Doch sie war zu müde, um Angela zu antworten. Aber sie würde dem Mädchen noch ins Gewissen reden, sich auf keine Abenteuer einzulassen.

Endlich ist sie dran. Der Arzt ist bestimmt jünger als sie, er ist sicher noch in der Ausbildung. Leonor hatte ihr erzählt, dass in den öffentlichen Hospitälern oft auch Studenten höherer Semester behandeln. Als der Arzt sie nach ihrem Personalausweis fragt, wird sie rot.

„Ich habe nur einen peruanischen Reisepass", antwortet sie ihm leise.

„Die Behörden haben uns kürzlich aufgefordert, illegale Einwanderer zu melden. Aber keine Angst, ich finde das grausam, ich halte mich nicht daran. Vor allem ist es verlogen, denn die Politiker haben doch auch illegale Hausmädchen. Du bist doch Hausmädchen, oder?"

Um Gottes willen! Das hatte sie nicht gewusst. Dieses Mal hatte sie Glück gehabt, aber in Zukunft würde sie wohl doch besser in eine Privatpraxis gehen, um nicht Gefahr zu laufen, ausgewiesen zu werden.

„Eigentlich bin ich Krankenschwester, aber hier arbeite ich im Haushalt."

„In Argentinien werden Krankenschwestern gesucht. Und sie werden besser bezahlt als Mucamas. Aber du brauchst natürlich eine Aufenthaltsgenehmigung, um dich bewerben zu können."

„Wie viel verdient denn eine Schwester?"

„Das Einstiegsgehalt liegt bei 900 Pesos, so weit ich weiß!"

900 Pesos. Aber warum auch nur einen Gedanken daran verschwenden? Ohne Arbeitsvisum war kein Denken daran. Der Arzt verordnet ihr drei Tage Bettruhe und gibt ihr ein Rezept: „Die Medikamente musst du dir leider selbst kaufen, sie sind uns ausgegangen. Die öffentlichen Krankenhäuser verfügen nur über geringe Mittel, und im Winter haben zu viele Menschen Grippe. Vielleicht geben dir ja deine Arbeitgeber etwas dazu. Die meisten Familien übernehmen die Arzneimittelkosten ihrer Hausangestellten, wenn sie sie nicht krankenversichert haben."

Cata wird die Señora zumindest fragen. Auf ihre Bitte gibt der Arzt ihr schriftlich, dass sie in seiner Sprechstunde war und erst am kommenden Montag wieder arbeiten darf. Damit die Señora nicht glaubt, sie schwänzt.

Cata ist geschockt, als der Apotheker ihr die Rechnung für Halstabletten, Hustensaft und ein Antibiotikum vorlegt: Fast dreißig Pesos! Sie sind dreimal so teuer wie in Peru. Hoffentlich wird sie in Argentinien nie ernstlich krank. Wenn sie künftig die öffentlichen Hospitäler meiden muss und die Medikamente selbst bezahlen – sie darf gar nicht darüber nachdenken. Eigentlich wollte sie sich demnächst die Zähne durchsehen lassen, aber bei den Preisen! Sie müssen warten, bis sie irgendwann nach Peru fährt. Auch den Gynäkologen wird sie bis dahin verschieben.

Drei Tage lang hütet Cata das Bett, und Angela versorgt sie rührend. Sie bringt ihr das Frühstück und das Abendessen aufs Zimmer, so dass sie nur mittags kurz aufstehen muss, um sich ein Brot zu machen. Sie schläft viel, doch vor allem nachts wird sie immer wieder geweckt. Offensichtlich hat Charlie jede Nacht seine Freunde zu Gast.

„Seit Luz nicht mehr lebt, ist es hier mit der Ruhe vorbei. Ich bin froh, dass du jetzt hier bist, Cata, denn als ich allein war, habe ich mich manchmal gar nicht ins Treppenhaus getraut."

„Warum denn nicht, Angela?"

„Ach, Cata, die Freunde von Charlie sind furchtbar. Sie betrinken sich den ganzen Abend, und schon mehrmals haben sie mich dumm angequatscht. Einer hat mir sogar in den Po gekniffen. Ich schließe abends die Tür immer ab, weil ich Angst habe, sie kommen auf unser Zimmer und tun mir etwas."

„Wo ist denn eigentlich das Baby?"

„Er hat es zu seiner Mutter gegeben, und ich glaube, er kümmert sich nicht viel darum. Es scheint, als arbeite er nicht, denn er ist immer zu Hause. Und wenn ich ihn zufällig treffe, hat er immer schlechte Laune und schimpft, wir wären peruanische Schlampen. Außerdem funktioniert am Herd inzwischen nur noch eine Gasflamme. Wir haben es ihm gesagt, aber es war ihm egal. Ich habe schon mit meiner Mutter gesprochen. Wenn es nicht besser wird, suchen wir uns ein anderes Zimmer."

„Mit einer Flamme, da können wir uns am Wochenende bald gar nichts mehr kochen! Bei dem Geld, das wir bezahlen, müsste er den Herd wirklich reparieren. Und wenn er nicht mehr arbeitet, muss er womöglich das Haus bald verkaufen. Dann stehen wir ohnehin auf der Straße."

In der darauf folgenden Nacht ist der Lärm unerträglich. Man könnte glauben, im Zimmer spielte eine Rockband. Cata wälzt sich im Bett, und auch Angela kann nicht schlafen. Wenn die anderen Mädchen am Mittag nach Hause kommen, müssen sie zusammen zu Charlie gehen und mit ihm reden. Es ist schon traurig: Offensichtlich hat niemand Respekt vor Illegalen. Nicht einmal diejenigen, die an ihnen verdienen. Doch nach Peru zurückkehren? Ohne Geld? Nein, ihr bleibt nur, durchzuhalten.

Am Nachmittag kommt Adriana erst spät von der Arbeit. Es geht ihr nicht gut. Auch sie hat die Grippe, ihr tränen die Augen, sie hustet und hat sich die Blase erkältet. Außerdem hat sie erfahren, dass der Mann, der ihr für siebzig Pesos eine Aufenthaltsgenehmigung versprochen hatte, ein Betrüger ist. Er ist aufgeflogen, und die Polizei hat ihn mitgenommen, hat ihr ihre Tante berichtet. Er war gar kein Beamter, wie er vorgegeben hatte, nicht einmal Argentinier, sondern ein Landsmann von ihr.

„Wenn man schon dazu verdammt ist, von zu Hause fort zu gehen, um sein Geld zu verdienen, dann muss man doch wenigstens zusammenhalten! Das ist doch furchtbar, die eigenen Leute zu betrügen. Und meine siebzig Pesos sind weg", jammert sie. Und die Iturraldes haben ihr nur 800 Pesos gezahlt, obwohl sie ihr über 2000 schuldeten. Der Anwalt hat mit ihnen gesprochen, und sich darauf eingelassen. Das sei besser als nichts, und ein Prozess berge zu viele Risiken. Sie könnte vorher ausgewiesen werden. Immerhin sei Herr Iturralde ein einflussreicher Mann. Womöglich hat er auch gute Verbindungen zur Polizei und könnte dafür sorgen, dass sie des Landes verwiesen würde. Er habe so etwas im Gespräch anklingen lassen. Und außerdem könnte der Richter entscheiden, dass ihr gar nichts zusteht, weil sie die Toilette mutwillig beschädigt und den Schlüssel nicht zurückgegeben habe. So blieb ihr nur, die 800 Pesos zu akzeptieren.

Adriana hat noch eine weitere schlechte Nachricht: In der vergangenen Woche sind über hundert Illegale, die meisten Paraguayerinnen, ausgewiesen worden. Die Polizei hatte sie auf der Straße aufgegriffen, erst ins Gefängnis gesteckt und dann in den nächsten Bus in die Heimat gesetzt. Im Oktober sind Parlamentswahlen, und da wollen die Politiker mal wieder ihre Effizienz beweisen und Arbeitsplätze für Argentinier schaffen. Cata berichtet Adriana, dass ihr der Arzt des Hospitals von einer Anordnung an alle Krankenhäuser erzählt hat, Illegale anzuzeigen.

Nicht nur die Krankenhäuser sollen Illegale melden, weiß Ana, die inzwischen auch eingetroffen ist. „Meine Señora ist Lehrerin an einer Grundschule und in ihre Klasse gehen mehrere Kinder von illegalen Arbeitern. Ihre Direktorin hat ihr erzählt, dass es Überlegungen gibt, auch die anzuzeigen. Aber meine Señora sagt, sie würde das nie tun. Schließlich bräuchte man ja die Ausländer, weil kein Argentinier als Hilfsarbeiter auf dem Bau und keine Argentinierin als Mucama arbeiten will. Und die Kinder müssten schließlich etwas lernen, die könnten doch nichts dafür, dass ihre Eltern zu Hause keine Arbeit finden, sagt meine Señora."

„Da wird uns wohl nichts anderes übrig bleiben, als am Wochenende nicht mehr vor die Tür zu gehen! Das Dumme ist, dass sie uns sofort erkennen, weil wir Mestizinnen sind, und die meisten Argentinier sind weiß", meint Leonor. Es wäre nicht auszudenken, wenn sie deportiert würde. Was soll dann aus ihrer nierenkranken Mutter werden? Außerdem hat sie gehört, dass sie die Illegalen manchmal ins Flugzeug setzen, anstatt in den Bus. Das Ticket müssten sie dann bezahlen. Und wer einmal ausgewiesen wurde, darf nie wieder nach Argentinien einreisen. Nein, sie könne einfach nichts riskieren.

Furchtbar, die Aussicht, nicht einmal mehr frische Luft schnappen zu können, denkt Cata. In der Woche lebt man wie eine Gefangene, und jetzt auch noch am so herbeigesehnten Wochenende.

„Aber vielleicht wird es ja nach den Wahlen Ende Oktober wieder besser. Der Anwalt hatte doch gesagt, nur vor den Wahlen würden sie ausweisen, erinnerst du dich, Cata?"

„Ja Adri, wollen wir es hoffen."

Nur Angela protestiert. Sie denke gar nicht daran, am Wochenende auf der Bude zu hocken, sie wolle ihren Freund sehen. Er sei Argentinier, und da werde ihr schon nichts passieren.

Doch Angela täuschte sich. Als Cata am darauffolgenden Wochenende in die Serrano-Straße kommt, sitzt Angelas Mutter Lucía weinend auf dem Bett. Angela war zwar am Wochenende auf Drängen ihrer Mutter im Hause geblieben, doch am Montag, als Lucía bei ihren Herrschaften schlief und Cata auch wieder arbeitete, war sie trotz aller Warnungen mit ihrem Freund ausgegangen. Am Donnerstag rief sie die Mutter auf ihrer Arbeitsstelle an. Aus Lima. Sie war in eine Razzia der Polizei geraten. Und es nützte ihr nichts, dass ihr Freund Argentinier war, denn sie fanden Kokain in seiner Hosentasche und nahmen ihn fest. Das Schlimmste war, dass die Polizisten das Mädchen geschlagen hatten, bevor sie es ins Flugzeug verfrachteten.

KAPITEL 8

Die Hütte

Frau Méndez kommt mit einem großen Paket aus der Stadt zurück. „Unser neuer Weihnachtsbaum", strahlt sie. Rote Kugeln habe sie auch gleich gekauft. Es ist der achte Dezember, und die beiden Jungen hatten schon am Morgen gedrängt, heute müsse der Baum aufgestellt werden. Jetzt sind sie außer sich vor Freude. Marcelo öffnet den Pappkarton und macht sich gleich daran, die grünen Plastikzweige auszupacken.

„Cata, Cata, komm, wir bauen den Baum auf", ruft er. Sie trocknet sich die Hände ab, denn sie war gerade dabei, ein paar Blusen mit der Hand zu waschen, sucht sich die Beschreibung und setzt sich zu den Kindern auf den Wohnzimmerfußboden.

„Langsam, langsam. Wir müssen doch erst schauen, wie man die Zweige in den Stamm stecken muss. Seht, diese hier sind viel länger als die übrigen, die müssen nach unten. Und die kurzen kommen ganz nach oben."

Bislang hatte Cata gar nicht an Weihnachten gedacht. Zum ersten Mal würde sie das Fest nicht bei ihrer Familie feiern. Am kommenden Wochenende bleiben die Méndez in Buenos Aires, da wird sie mit Adriana, Leonor und Amelia sprechen, und ihnen vorschlagen, einen Truthahn zu braten. Denn ohne den kann sie sich Weihnachten nicht vorstellen. Sicher muss man ihn in der Metzgerei vorbestellen. Aber in der Küche der Serrano-Straße einen Truthahn vorbereiten? Sie weiß nicht einmal, ob der Backofen richtig funktioniert.

Eigentlich wäre es eine gute Gelegenheit, sich endlich nach einem neuen Zimmer umzusehen. Bei Charlie wird es immer ungemütlicher. Adriana hatte sie vor ein paar Tagen angerufen, und berichtet, dass das Telefon im Haus gesperrt worden sei, weil er die Rechnung nicht bezahlt hat. Womöglich stehen sie irgendwann auch ohne Wasser und Strom da.

Rodolfito möchte die Kugeln an den Baum hängen, doch Cata erklärt ihm, dass sie zuvor die Lichterketten anbringen müssten. Der Kleine ist ganz zappelig vor Aufregung.

Cata hat sich an die Familie gewöhnt. Nachdem sie sich damals so erkältet hat und drei Tage im Bett bleiben musste, hat ihr die Señora ein Heizöfchen aufgestellt. Und sie hat ihr die Medikamente bezahlt. Als vor zwei Wochen die Quecksilbersäule auf 37 Grad stieg, gab sie ihr sogar einen Ventilator. Das gesamte Haus hat Klimaanlagen, mit Ausnahme ihres Zimmers. Und da den ganzen Tag die Sonne auf das Flachdach scheint, ist es dort abends unerträglich heiß. Den Januar wird sie mit Frau Méndez und den beiden Kindern in Pinamar verbringen. Der Señor wird nur an den Wochenenden dort sein, er muss arbeiten. Im Februar muss sich Cata eine neue Stelle suchen, denn im März will die Familie für mindestens ein Jahr nach Costa Rica umsiedeln. Herr Méndez hat dort einen großen Bauauftrag für eine argentinische Firma bekommen. Die Señora will sich im Bekannten- und Kundenkreis umhören, ob jemand einen Job für Cata hat. Sie hofft nur, dass sie nicht wieder die Vermittlungsagentur in Anspruch nehmen muss, denn das würde sie erneut viel Geld kosten. Gott sei Dank konnte sie inzwischen fast 1.000 Pesos weglegen. Die Méndez haben ihr versprochen, ihr eine kleine Abfindung zu zahlen, wenn sie gehen. Und Ende Dezember gibt es zudem ein halbes Gehalt als Weihnachtsgeld. Da käme dann wieder etwas zusammen. Zwar würde sie für das „Nautilus" wenigstens 15.000 Dollar brauchen, doch zumindest ist der Anfang gemacht. Sie ist ganz stolz, dass sie es schafft, mit 150 Pesos im Monat auszukommen. Und an den vielen Kleidergeschäften vorbeigeht, obwohl sie sich gern mal wieder etwas Nettes kaufen würde. Aber wann soll sie es anziehen? Seit Angelas Deportation sitzt sie an den Wochenenden ohnehin nur auf ihrem Zimmer und liest. Und während der Woche trägt sie nur ihre Uniform. Das meiste Geld schlucken die Telefonate mit der Familie, denn sie ruft jeden Sonntag die Eltern an, und zwischendurch meldet sie sich immer mal bei José und Susana, denen sie nun auch nichts mehr schuldet. Am meisten bedauert sie, dass sie nicht mehr nach Pinamar fahren wird, wenn sie bei den Méndez aufhört. Es ist immer eine schöne Abwechslung, und das Geld für die Überstunden kommt ihr sehr gelegen.

„Ihr macht das sehr schön", lobt sie die Jungen, die die dicken Kugeln an den unteren und die kleineren an den oberen Zweigen befestigen. Sie würde die beiden Kerlchen vermissen. Aber noch bleiben ihr mindestens zwei Monate mit ihnen.

Auch zu der Señora hat sie inzwischen ein gutes Verhältnis. Meist unterhalten sie sich nach dem Mittagessen ein bisschen. Seitdem Cata ihre Grippe hatte, interessiert sie sich mehr für sie. Vielleicht, weil sie gemerkt hat, dass Hausmädchen auch Menschen sind, die krank werden? Oder weil sie gesehen hat, als sie einige Tage allein war, wie viel Arbeit Cata ihr abnimmt? Sie hat sich von den Zuständen im Hospital berichten lassen und war entsetzt. Das öffentliche Gesundheitswesen sei doch immer der Stolz der Argentinier gewesen! Und jetzt gebe es nicht einmal mehr Geld für Medikamente. Sogar nach Catas Familie hat sie sich erkundigt. Auch vom „Nautilus" hat sie ihr erzählt, und die Señora war erstaunt, dass Cata selbst früher eine kleine Unternehmerin war. Vor allem aber gefällt es der Señora, über ihren Mann zu schimpfen, wenn er mal wieder zu spät zum Essen kommt. Oder sich am Wochenende nur hinter seinen Zeitungen vergräbt und sich nicht um die Kinder kümmert. Vor ihrer Ehe habe sie in einem großen Architektenbüro gearbeitet, viel Erfolg gehabt und gut verdient. Als die Kinder kamen, hat sie dort aufgehört und ist halbtags im Büro ihres Mannes eingestiegen. Doch eigentlich fühle sie sich nur als Hilfskraft, die ihm zuarbeitet. Und über das Geld wolle er allein bestimmen. Oft tut es ihr leid, dass sie die gute Arbeit aufgegeben hat. Aber damals war es für sie ein Traum, von morgens bis abends mit ihrem Mann zusammen zu sein. Der Alltag habe sie eines Besseren belehrt. Cata ist mehrfach versucht, ihrer Chefin von Juan zu erzählen, doch sie lässt es. Zwar unterhalten sie sich wie Freundinnen, doch Cata ist sehr wohl bewusst, dass sie nicht befreundet sind. Passiert etwas mit einem Kind, oder geht ihr etwas zu Bruch, ist sie wieder die Mucama, die man ausschimpft. Sie sind gleich alt, doch

Cata ist das Mädchen, das geduzt und mit dem Vornamen angeredet wird, und sie ist die Señora. Schon die Sprache lässt keinen Zweifel aufkommen, wer die Macht hat. Die Méndez nehmen ihre Mahlzeiten im Esszimmer ein, und Cata isst in der Küche. Sie baut den Weihnachtsbaum auf, doch sie wird ihre Geschenke nicht darunter finden. Sie ist abhängig, und das ist keine gute Basis für eine Freundschaft. Deshalb will sie gar nicht erst das Gefühl aufkommen lassen, sie habe in der Señora eine Freundin. Um eine Enttäuschung zu vermeiden. Sie lebt in der Familie, doch sie gehört nicht dazu. Im März wird man sich von ihr verabschieden, und man wird vermutlich nie wieder voneinander hören.

Die Señora bringt die Krippenfiguren, und die Kinder bauen sie neben dem Weihnachtsbaum auf.

„Nein, nein, Cata, das Jesuskind darfst du noch nicht in die Krippe tun", ruft Marcelo, als sie es in sein Bett legen will. Das werde doch erst in der Heiligen Nacht geboren, und bis dahin müsse man es verwahren.

Cata schaut die Señora fragend an.

„Doch, doch, Marce hat ganz recht. So ist es Sitte bei uns in Argentinien."

Als sie am Samstag in die Serrano-Straße kommt, findet sie Adriana, Leonor und Amelia in heller Aufregung. Charlie hat ihnen gekündigt! Er hat das Haus einer Immobilienfirma zum Verkauf übergeben, denn er kann es nicht bezahlen. Seine Wohnung sei inzwischen völlig verkommen, sagt Amelia, die bei ihm war, um die Miete zu bezahlen. Er räumt nicht auf, und seit Luz' Tod wurde wohl auch kaum jemals geputzt. Er wird zu seiner Mutter ziehen, damit ihm wieder jemand die Wäsche macht und das Essen kocht.

Adriana fühlt sich nicht wohl, denn ihre Blasenentzündung flammt immer wieder auf. Sie ist wohl schon chronisch geworden. Doch sie scheut sich, ins Hospital zu gehen. Aus Angst, man könnte sie melden. In einer Privatpraxis zahlt man dreißig Pesos oder mehr, und dann noch die Medikamente. Das kann sie sich nicht leisten. Warm anziehen, hatte ihre Mutter immer gesagt, und daran hält sie sich.

Gestern war ihr allerdings wieder kalt geworden, denn sie musste den Swimming Pool ausscheuern und hatte nasse Füße bekommen. Dennoch versichert sie ihren Freundinnen, dass sie morgen in ihrer alten Pension vorbeischauen kann und fragen wird, ob dort zwei Doppelzimmer frei sind. Sie möchte sich eines mit Cata teilen, und Leonor und Amelia würden das zweite nehmen.

„Ja, Adri, ich sehe schon, du wirst noch Peruanerin!", neckt Leonor die Paraguayerin.

„Nein, das werde ich bestimmt nicht! Dafür ist es viel zu schön in Paraguay. Aber was kann ich denn dafür, wenn meine Freundinnen zufällig alle aus Peru kommen? Irgendwie merke ich auch gar nicht, dass ihr aus einem anderen Land stammt."

Lucía hat sich nach der Ausweisung ihrer Tochter entschlossen, Weihnachten nach Peru zu fahren und nicht mehr zurückzukehren. Ohne Angela fühlt sie sich sehr allein. Auch Ana wird über die Feiertage heim nach Ayacucho fliegen. Sie hat ihre drei Kinder schon ein Jahr nicht mehr gesehen. Sie möchte vier Wochen bleiben, und danach hofft sie, bei einer Freundin unterzukommen.

Cata schlägt den anderen vor, eine Zeitung zu kaufen, und die Anzeigen durchzuschauen. Vielleicht finden sie ja zu viert ein kleines, billiges Häuschen. Da wären sie unabhängig. Doch viel wird nicht angeboten, es ist alles zu teuer. Sie finden fünf Annoncen, die in Frage kommen. Gemeinsam gehen sie zur nächsten Telefonzelle und werden gleich enttäuscht: Drei Wohnungseigentümer wollen keine Illegalen. Lediglich in einem Apartment in Mataderos, in der Nähe des Schlachthofes, wären sie zu viert willkommen, obwohl sie keine Aufenthaltsgenehmigung haben. Zuletzt ruft Cata noch wegen eines Hauses an. Der Vermieter scheint ein sehr netter Mann zu sein. Sie solle doch gleich morgen vorbeikommen und es sich anschauen. Er glaube an das Gute im Menschen und gehe davon aus, dass auch Illegale ihn nicht um die Miete betrügen. Er gibt ihr die Adresse, und sie verspricht, morgen Vormittag vorbeizukommen.

Am Sonntagmorgen teilen sie sich auf: Adriana wird in ihrer alten Pension nachfragen, Amelia und Leonor, die Angst haben, allein zu gehen, machen sich gemeinsam auf den Weg nach Mataderos, und Cata nimmt den Bus in den Vorort San Martín. Wenn sie allein nach Tingo María gereist ist, wird sie erst recht allein in einen Vorort fahren können. Was soll ihr schon passieren? Sie kann sich höchstens in der Buslinie irren, doch sie hat schließlich einen Stadtplan.

Sie steigt ein paar Blocks weiter an der Niceto-Vega-Straße in die Linie 142 und fährt bis zur Endstation an der Avenida de los Constituyentes. Zu Fuß geht sie über die Brücke, die die Avenida General Paz kreuzt, den Ring um die Bundeshauptstadt. Jenseits der General Paz beginnt die Provinz Buenos Aires. Bereits nach ein paar Metern stellt sie fest, dass hier die Straßen erheblich schmutziger sind und viel mehr Schlaglöcher haben als in der Hauptstadt. Sie geht an einer Kaserne vorbei und nimmt einen Bus, der sie bis zum Belgrano-Hospital bringen soll. Gleich hinter dem Militärgelände wird die Straße auf beiden Seiten von dicht gedrängten, armseligen Häusern gesäumt. Die solidesten sind aus roten Hohlziegeln gemauert und müssten eigentlich verputzt werden, doch die Bewohner scheinen kein Geld dafür zu haben. Andere sind aus Holzbohlen zusammengenagelt. Viele haben Zinkdächer, einige sind nur mit Holzbrettern und Plastikplanen gedeckt. Vor etlichen türmt sich Müll, alte Waschbecken, Teile von Fahrrädern, Stühle mit drei Beinen, ausgediente Lampenschirme. Selbst völlig verrostete Autowracks lagern die Leute vor ihren Türen. Zwischen den Häuschen spielen viele Kinder. Gleich darauf hält der Bus vor dem Hospital. Cata steigt aus, geht an dem Krankenhauskomplex vorbei und biegt in die erste Querstraße ein. Diese ist nicht asphaltiert, und in den Pfützen steht das Wasser. Zum Glück hat sie Tennisschuhe an, denn mit ihren hochhackigen Sandaletten wäre sie im Morast versunken. Der Saum ihrer Jeans ist nach wenigen Schritten braun vom Lehm. An der ersten Wegkreuzung hält sie sich links. Am Straßenrand sieht sie einen Wasserhahn, vor dem sich mehrere Frauen unterhalten, während sie Plastikeimer und Kanister mit Wasser füllen. Ob es hier kein fließendes Wasser in den Häusern gibt? Die Frauen starren sie an, wie sie wohl jeden Fremden anstarren, den sie noch nie zuvor in ihrem Viertel gesehen haben. Cata fällt sofort auf, dass sie viel dunkler sind als die Menschen in der nur wenige Kilometer entfernten Hauptstadt. Die Frauen sind schwarzhaarig, und etliche haben indianische Züge wie sie. Sie sind groß und kräftig und tragen einfache, bunte Baumwollkittel. Im Vergleich zu ihnen sieht die schlanke Cata mit ihrer Markenjeans und der roten Seidenbluse, die ihr Juan einmal zum Geburtstag geschenkt hat, wie eine reiche Frau aus. Cata grüßt, und die Frauen antworten freundlich. Sie suche das Haus von Edgardo Luciano, es müsse hier in der Nähe sein.

„Sie sind fast da, es ist das dritte Haus auf der linken Seite. Er ist vor wenigen Minuten gekommen."

Cata bedankt sich und geht zu der angegebenen Adresse. Vor der Tür steckt an einem Holzpfahl ein Schild im Boden: „Zu vermieten" und darunter eine Telefonnummer. Die sechs Quadratmeter Vorgarten sind verwildert, das Gras steht fast kniehoch. Das Haus wurde aus den Hohlziegelblöcken gebaut, die sie schon von der Straße aus gesehen hat. Die Haustür ist von schmutzigem Weiß, offenbar eine alte Küchentür. Links davon ein kleines Fenster, doch der eine Flügel hat keine Glasscheibe mehr, er ist mit Pappkarton verklebt. Das ist kein Haus, sondern eine Hütte, in einem Elendsviertel noch dazu! Nein, hier möchte sie nicht wohnen. Der Besitzer war sehr freundlich am Telefon, so entschließt sie sich, trotzdem zu klopfen, um ihm wenigstens abzusagen.

Ein Mann Mitte Vierzig öffnet die Tür. Er hat schütteres, schmutzig-blondes Haar und ein rundes Gesicht. Die hochroten Wangen und die geplatzten Äderchen auf der grobporigen Nase lassen unschwer erkennen, dass er zu viel trinkt. Er trägt eine speckige Jeans und ein schwarzes T-Shirt, das über dem Bauch spannt. Seine Stimme war um vieles sympathischer als sein Äußeres.

„Hallo, die Dame, da sind wir ja", begrüßt er sie und fordert sie mit einer Geste auf, einzutreten. Das einzige Zimmer hat vielleicht zwanzig Quadratmeter, und die drei Fenster lassen nur wenig Licht herein. Der Boden ist aus rauem Zement. In einer Ecke steht ein schmutziger Gasherd. Der Mann sieht, dass Cata den Herd taxiert, und erklärt ihr, er werde mit Gas aus der Flasche betrieben. Daneben ein Schemel, eine rote Schüssel darauf. Offensichtlich die Spüle.

„Hat das Haus einen Wasseranschluss?"

Der Mann lacht auf.

„Hier im Viertel hat kein Haus Wasser. Da müssen Sie sich schon zum Kran auf der Straße bemühen!"

„Dann gibt es also auch kein WC und keine Dusche?"

„Das sehen Sie ganz richtig. Im Garten steht eine Latrine. Und waschen können Sie sich in der Spülschüssel. Aber dafür ist das Haus auch billig, für 200 im Monat haben Sie ein eigenes Dach über dem Kopf."

Cata schaut nach oben, und sieht, dass das Dach über dem Kopf aus Wellblech ist. Im Winter würde es hier bitterkalt. Jetzt ist es stickig und heiß. Möbliert, hatte in der Annonce gestanden. Damit waren wohl der alte, runde Tisch mit den vier Stühlen in der Mitte des Raumes und das schmale Bett unter dem hinteren Fenster gemeint.

„Wissen Sie, ich glaube, es ist mir ein bisschen weit bis hier draußen, es ist eine Stunde Fahrt bis zu meiner Arbeitsstelle, und das ist mir zu viel, vor allem im Winter", erklärt Cata und wendet sich zur Tür.

„Komm, Mädchen, wenn du das Haus schon nicht willst, lass uns wenigstens eine Flasche Bier zusammen trinken, auf unsere Freundschaft. Ich habe nicht oft so eine schicke Frau zu Besuch!"

„Das ist wirklich sehr nett von Ihnen, aber ich muss jetzt zurück in die Stadt, ich werde dort erwartet."

Als Cata die Tür öffnen will, packt der Mann sie grob an den Arm und seine Stimme wird rau. Sie will seine Hand wegnehmen, doch seine riesige Pranke umfasst sie mit eisernem Griff.

„Nun zier dich mal nicht. Sei doch ehrlich, du bist nur hier rausgekommen, weil du mal vernünftig gevögelt werden willst. Sonst kommt doch niemand freiwillig in dieses Dreckloch von Viertel."

„Bitte, lassen Sie mich los, Sie tun mir weh", sagt sie, und bemüht sich, ruhig zu bleiben. Nur keine Angst zeigen, denkt sie, das stachelt den Kerl womöglich noch an.

Er zieht sie trotz ihres Widerstands mit Gewalt zum Bett. Nun bekommt sie wirklich Angst, und sie beginnt, um Hilfe zu schreien. Sie hofft inständig, dass die Frauen auf der Straße sie hören, denn die

Tür steht einen Spalt weit offen, und durch das mit Pappkarton verklebte Fenster müssten ihre Schreie ebenfalls dringen.

„Halt deine dreckige Fresse, du kleine Hure, ich werde es dir jetzt anständig besorgen. Damit du mal weißt, was ein Mann ist."

Er wirft sie auf das Bett und kniet sich über sie. Er riecht nach Wein, und von dem sauren Geruch dreht sich Cata fast der Magen um.

„Nein, nein, nein, lassen Sie mich los! Ich flehe Sie an, lassen Sie mich los! Hilfe, Hilfe, warum hilft mir denn niemand?", brüllt sie aus Leibeskräften. Er versucht, ihr den Mund zuzuhalten, doch sie kann ihren Kopf zur Seite drehen. Dann greift er mit der Rechten in den Ausschnitt ihrer Bluse und reißt sie mit einem Ruck auf.

„Titten nennst du diese kleinen Dinger? Die sind ja die Mühe nicht wert", höhnt er und lacht. Mit der linken Hand drückt er ihre Schulter auf das Bett, das widerlich nach Urin und Schweiß stinkt. Dann beginnt er, am Reißverschluss ihrer Jeans zu nesteln. Cata schreit wieder laut um Hilfe und versucht, mit aller Kraft ihn abzuwehren, und als er seine Hose öffnet, kann sie sich etwas aufrichten und stößt ihn mit den Knien von sich. Er torkelt nach hinten, doch als sie aufstehen will, hat er sich gefangen und greift wieder nach ihr, wirft sie erneut auf das Bett. In dem Moment wird die Tür aufgestoßen.

„Du mieses Schwein, lass das Mädchen in Ruhe", hört sie eine schrille Frauenstimme.

„Wenn du nicht sofort aufstehst, und die Kleine gehen lässt, holen wir die Polizei. Und du weißt, wie gut die auf dich zu sprechen ist!"

Cata sieht, wie sich Hände von hinten unter die Arme des Mannes schieben, und dann ist sie frei. Zwei der Frauen, mit denen sie am Wasserhahn gesprochen hatte, halten ihn fest. Sie steht auf und rennt aus dem Haus. Vor der Tür nehmen sie zwei weitere Frauen in Empfang. Eine von ihnen legt den Arm um sie.

„Komm weg hier, der Kerl wird dir nichts mehr tun."

Erst jetzt beginnt Cata zu schluchzen.

„Nun wein mal nicht, bist ja noch mal glimpflich davongekommen."

Cata hört, dass die Frauen im Haus den Mann immer noch beschimpfen, doch sie kann kein Wort verstehen. Von ihm hört sie nichts mehr.

Schließlich kommen auch ihre beiden Retterinnen aus der Tür.

„Du hast verdammtes Glück gehabt, dass wir noch hier waren!", sagt die größere von beiden.

„Ich bin übrigens Marga, und das sind Lucie, Ágata und Mari."

Auch Cata stellt sich vor, ihr laufen immer noch die Tränen über das Gesicht.

„Weißt du was, du kommst jetzt erstmal mit zu mir, trinkst einen Kaffee, und dann bringen wir dich zum Bus!"

Cata nickt nur und folgt den vier Frauen. Gleich um die nächste Ecke liegt Margas Haus. Es ist etwas größer als das des Herrn Luciano, das Mobiliar ist jedoch kaum besser, aber Marga hat zumindest eine Decke auf dem Tisch, und eine blühende Azalee steht darauf. An den Wänden stehen drei Betten und darüber hat sie zahlreiche Fotografien befestigt. Offensichtlich hat Marga Kinder, denn auf zwei der Betten sitzen altersschwache Puppen und abgegriffene Teddybären. Und alles ist sauber.

Sie nehmen um den Tisch Platz, und Marga macht mit einem Tauchsieder Wasser heiß, nimmt fünf Tassen aus einem Regal neben dem Herd, gibt in jede einen Löffel löslichen Kaffee, dann gießt sie das Wasser auf.

„Cata, es fällt mir nicht leicht, es zu sagen, schließlich wohnen wir hier, aber in Viertel wie diese darfst du nie allein gehen! Hier wohnen viele Leute, die nichts taugen. Längst nicht alle hier sind schlecht, die meisten von uns sind nur arm, aber hier lebt viel Gesindel, Diebe, Drogenhändler und so. Und viele Männer, die keinen Respekt vor einer Frau haben. Hier werden immer wieder Frauen vergewaltigt."

„Ja, Marga hat recht. Und Edgardo Luciano zählt zu dem Lumpenpack. Er klaut Autos, das weiß hier jeder. Deshalb hatte er schon verschiedentlich Ärger mit der Polizei. Nicht, dass die Polizisten etwas gegen Autodiebe hätten. Doch er war nicht bereit, ihnen einen Anteil zu zahlen", berichtet Ágata, und sie fährt fort, dass sie sich schon gewundert hätten, als Cata ihnen sagte, sie wolle zu Edgardo

Luciano. So ein hübsches Ding will zu so einem Dreckskerl, hätten sie gesagt, weil er doch stiehlt und meistens betrunken ist. Aber dass er Mädchen vergewaltigt, das haben sie nicht gewusst. Hier im Viertel gäbe es eben die schlimmsten Typen. Cata erzählt, dass sie wegen des Hauses gekommen sei.

„Scheint in Geldnot zu sein, unser lieber Edgardo. Er ist vor kurzem zu einem Neffen gezogen, der auf der anderen Seite der Straße wohnt. Aber für das verkommene Haus findet er nie einen Mieter, jedenfalls keinen, der zahlen kann", meint Marga und schnaubt verächtlich.

Sie erfährt, dass die vier im Belgrano-Hospital putzen, und dass sie aus der nordargentinischen Provinz Misiones stammen. Das erklärt ihre indianischen Züge und ihren kräftigen Körperbau. Adriana hatte ihr erklärt, dass die Guaraní-Indianer, die in Paraguay und Teilen Nordargentiniens leben, gewöhnlich große, kräftige Menschen sind. Cata hatte schon vermutet, dass die Frauen nicht aus Buenos Aires stammen, denn sie sprechen einen anderen Dialekt als die Porteños. Sie sind vor etlichen Jahren gekommen, weil es im Norden keine Arbeit gibt. Sie hatten geglaubt, hier fänden sie einen guten Job. Sie alle haben Kinder, und mit Ausnahme von Mari leben sie allein.

„Unsere Männer haben sich schon in Misiones verpisst! War ihnen zu teuer, eine Familie zu ernähren, da bleibt ihnen nicht genug für Wein übrig", sagt Marga, die die lebhafteste der Gruppe ist. Sie kamen nur mit dem, was sie auf dem Leibe trugen, und da die Kinder essen mussten, blieb für Miete nichts mehr übrig. So haben sie sich zunächst eine Bretterbude gezimmert. Erst nach und nach haben sie Steine gekauft und sich die Häuschen gemauert.

„Du selbst hast dieses Haus gebaut?", fragt Cata ungläubig.

Marga lacht und bejaht: „Man kann alles, wenn man muss. Jetzt verhandele ich mit der Gemeinde. Sie sollen mir das Grundstück verkaufen. Ich habe es, als ich kam, einfach besetzt. Wo sollte ich denn sonst hin mit zwei kleinen Töchtern? Und den anderen hier ging es genauso."

Allmählich kommt Cata wieder zu sich. Sie schaut an ihrer Bluse herunter.

„So kann ich kaum mit dem Bus ins Zentrum zurück fahren!"

„Eine Bluse kann ich dir nicht geben, denn ich besitze nur eine, und die brauche ich selbst, wenn ich zur Lehrerin der Kinder muss. Außerdem wäre sie dir viel zu groß. Aber ich hole Nadel und Faden, wir reparieren deine mit ein paar Stichen!"

Cata zieht ihre Bluse aus. Sie wird sie wohl wegwerfen müssen, stellt sie fest, doch sie kann den Stoff, der unter den Knöpfen ausgerissen ist, notdürftig flicken. Marga hat sogar rotes Garn, so dass die Nähte auf den ersten Blick kaum auffallen.

„So wird es wohl gehen. Ich glaube, ich mache mich jetzt auf den Weg nach Hause, eine Stunde werde ich bestimmt brauchen."

Lucie muss nach ihren Kindern schauen, doch die drei anderen Frauen begleiten Cata zur Haltestelle. Sie umarmt alle drei und bedankt sich: „Was hätte ich nur ohne euch gemacht? Gern würde ich euch meine Adresse geben, aber mir ist mein Zimmer gekündigt worden, so dass ich nicht weiß, wo man mich nächste Woche erreicht."

„Na, du weißt ja jetzt, wo du uns findest, sicher hast du Lust, bald wieder hierher zu kommen", lacht Marga. Aus dem Bus winkt Cata ihnen nach, bis sie sie nicht mehr sehen kann.

„Cata, wo warst du denn bloß so lange? Wir haben uns schon Sorgen um dich gemacht!", empfängt sie Adriana, als sie die Tür zu ihrem Zimmer öffnet. Cata legt sich auf ihr Bett. Erst jetzt spürt sie, wie erschöpft sie ist.

„Ich bin völlig fertig. Es war furchtbar. Ich muss mich erst einen Moment erholen. Erzählt ihr mir erst, wie es euch ergangen ist."

Amelia und Leonor waren nicht erfolgreich. Das Apartment ist zu klein für vier Personen, sie müssten sich Etagenbetten kaufen, um zu viert dort schlafen zu können, und es gibt keinen Schrank. Die Vermieterin sei auch nicht sonderlich freundlich gewesen. Während Adriana berichtet, dass in der Pension zwei Zimmer frei wären, fällt Cata in einen tiefen, traumlosen Schlaf.

Beim Abendessen im peruanischen Restaurant am Abasto-Einkaufszentrum berichtet Cata ihren Freundinnen, was sie erlebt hat. Nachdem sie sie geweckt hatten, erklärte sie ihnen, dass sie das dringende

Bedürfnis habe, irgend wohin zu gehen, wo es schön ist und man sie verwöhnt. Sofort schlug Amelia das Restaurant vor. Adriana wandte ein, dass es zu gefährlich sei, in ein Lokal zu gehen, dass hauptsächlich von Illegalen besucht wird, doch die anderen zerstreuten ihre Bedenken. Es sei schließlich keine Disko, und am Sonntagabend habe die Polizei sicher anderes zu tun, als nach illegalen Einwanderern zu suchen. Die Wahlen seien vorbei, und keine von ihnen hatte von neuerlichen Deportationen gehört. Sie beschlossen, nichts Teures zu essen und sich mit einer Limonade zu begnügen, um nicht viel auszugeben. Cata genoss es, sich nach langer Zeit wieder schick zu machen, Makeup aufzulegen und sich die Fingernägel zu lackieren, und den anderen erging es ebenso.

Sie haben Anticuchos, Rinderherz-Spießchen, bestellt. In San Andrés hat sie sie oft selbst gemacht, wenn auf dem Hof eine Kuh geschlachtet worden war. Man schneidet das Herz in kleine Würfel, legt sie über Nacht in einer Mischung aus Essig, Knoblauch, Kreuzkümmel, gemahlenem Ají, Salz und Pfeffer ein, steckt sie auf Holzspieße und legt sie auf den Grill. Eine Köstlichkeit, erklärt Cata der Paraguayerin, die zunächst etwas skeptisch ist, weil sie noch nie Herz probiert hat. Cata hat keine Anticuchos mehr gegessen, seit sie Lima verlassen hat. Heute hat sie richtigen Heißhunger darauf. Und dann berichtet sie, was ihr in San Martín zugestoßen ist. Den anderen Mädchen ist ihr Entsetzen anzusehen. Amelia findet als erste die Sprache wieder.

„Wenn wir uns legal in Argentinien aufhielten, müsstest du diesen Mistkerl anzeigen! So ein Verbrecher gehört ins Gefängnis. Der macht das doch bestimmt nicht zum ersten Mal. Vielleicht hat er ja sogar die Anzeige nur aufgegeben, weil er alleinstehende Frauen in sein Haus locken will, um sie dann anzufallen!"

„Cata, was hattest du für ein Glück, dass die Frauen dich gehört haben. Stell dir vor, er hätte dich wirklich vergewaltigt! Und du wärst womöglich noch schwanger geworden von dem brutalen Kerl! Oder er hätte dich mit seinem Schwanz verletzt und du hättest zum Arzt gemusst! Man darf gar nicht daran denken, was alles hätte passieren können", sagt Leonor. Als das Wort Schwanz fällt, schaut Adriana sie entsetzt an und wird rot.

Rinderherz-Spießchen (anticuchos)

Für 4-6 Personen

1 Rinderherz
2 EL fein gehackter Knoblauch
1 TL Chilipulver
1 TL Kreuzkümmel
½ TL schwarzer Pfeffer
1 Tasse milder Rotwein-Essig
Salz
Holzspieße

Das Herz von Sehnen befreien und in 2 cm große Würfel schneiden. Essig, Knoblauch, Kreuzkümmel, Chilipulver, Salz und Pfeffer zu einer Beize mischen. Herz damit übergießen und über Nacht zugedeckt ziehen lassen. Jeweils vier Stücke auf einen Spieß stecken. Grill erhitzen und die Spieße darauf von beiden Seiten braten. Zwischendurch erneut mit der Beize bestreichen. Dazu Bratkartoffeln oder einen ebenfalls gegrillten Maiskolben servieren.

„Hey, du Küken, was soll ich denn sonst sagen?", lacht Leonor die Jüngere an. „Das Wort ist noch viel zu nett für das Ding von dem Scheißkerl", fügt sie hinzu.

„Und weißt du, Cata, du kannst nicht nur froh sein, dass die Frauen dich gehört haben, sondern vor allem, dass sie den Mut gehabt haben, dir zu helfen. Das hätte bestimmt auch nicht jeder gemacht, in ein anderes Haus einzudringen, um auf den Besitzer loszugehen. Du hättest ja auch genau so gut eine Nutte sein können, die er dafür bezahlt, dass er sie schlagen darf! Und dann hätten die Frauen dumm ausgesehen."

„Da habt ihr recht. Aber die Frauen kannten ihn, und vielleicht haben sie mir auch geholfen, weil ich vorher mit ihnen gesprochen habe. Wisst ihr, die sind zwar Argentinierinnen, aber ihnen geht es keinen Deut besser als uns. Vielleicht sind sie sogar noch schlechter dran, weil sie ihre Kinder allein durchbringen müssen. Weil wir allein sind, können wir uns zumindest ein Zimmer leisten. Nicht einmal das Grundstück, auf dem ihre Hütte steht, gehört ihnen. Die Frauen haben mir erzählt, dass die Stadtverwaltung sogar schon Hütten mit dem Bulldozer platt gewalzt hat, weil sie den Grund und Boden brauchten und die Bewohner ihn nicht räumen wollten."

Am kommenden Wochenende ziehen die Mädchen in Adrianas Pension. Cata hat Pablo, den netten Taxifahrer angerufen, und sie packen seinen Wagen bis unters Dach mit ihren Habseligkeiten voll. Sie selbst gehen zu Fuß, denn die Pension liegt nur ein paar Straßen weiter stadteinwärts, in der Thames-Straße, an der auch die Méndez wohnen. Das zweistöckige, grau verputzte Haus wurde um die Jahrhundertwende gebaut, und es ist wie das Haus der Méndez mit Stuck geschmückt, der mit der Zeit verwittert ist. Sämtliche Fenster sind mit dunkelgrau gestrichenen, eisernen Läden verschlossen, die bereits hie und da Rost angesetzt haben. Am Ende eines langen, dunklen Flures führt eine Treppe mit knarrenden Dielen in den ersten Stock, in dem die beiden Zimmer der Mädchen liegen. Von dem Gang gehen noch vier weitere Räume ab, die ebenfalls an Mucamas vermietet sind. Adriana kennt einige von ihnen, sie stammen wie sie aus Paraguay. Cata, Adriana, Leonor und Amelia müssten sich das

Bad mit zwei Mädchen aus der Dominikanischen Republik teilen, deren Zimmer auf der gleichen Seite des Flures liegen, erklärt ihnen die Vermieterin. Sie ist eine kleine Frau über sechzig, die im Erdgeschoss eine Änderungsschneiderei betreibt. Ihre steifen Löckchen glänzen silbern. Sie hat einen leichten Buckel von den vielen Jahren, die sie gebückt über ihren Näharbeiten gesessen hat, und ihre Fingergelenke sind dick geschwollen. Cata hat das schon oft im Supermarkt bei älteren Leuten beobachtet: Sie leiden an Gicht. Die Argentinier essen einfach zu viel Fleisch, denkt sie dann immer.

„Ihr könnt hier feiern, kochen … was immer ihr wollt. Nur Männer kommen mir nicht auf die Zimmer, denn die bringen nur Ärger", erklärt ihnen die Vermieterin.

„Und die Miete, 150 Pesos pro Mädchen, wird pünktlich zum Monatsersten abgeliefert. Wenn ihr euch daran haltet, werden wir gut miteinander auskommen", sagt sie und händigt jeder einen Hausschlüssel aus.

Das Zimmer ist nur wenig kleiner als das, in dem sie in der Serrano-Straße zu Zehnt gewohnt haben. Cata öffnet die Fensterläden, damit Licht hineinfällt. Die schmucklosen Wände sind weiß gestrichen, und an jeder Seitenwand steht ein hölzernes Bett. Es gibt sogar zwei Nachttische mit einer Leselampe. An Adrianas Fußende steht ein zweitüriger Schrank, an Catas ein kleiner Tisch, an dem sie zu zweit essen können. Und sie hat endlich einen Platz zum Briefe schreiben. Nur einen Heizkörper sieht sie nicht. Nun ja, es wird noch Monate dauern, bis es wieder kalt wird, und dann wird man weitersehen. Das Wichtigste ist, dass sie wieder eine Bleibe hat. Und sie ist wie bisher in zehn Minuten zu Fuß bei den Méndez, so dass sie kein Fahrgeld auszugeben braucht. Das Bad ist alt, aber gepflegt. Sie fragt Adriana nach der Küche.

„Sie ist am Ende des Ganges, nicht gerade Luxus, aber zumindest haben Herd und Backofen funktioniert, als ich zu euch in die Serrano-Straße gezogen bin. Und wenn wir unseren Tisch und den von nebenan zusammenstellen, können wir sogar bequem zu viert essen."

„Und Weihnachten feiern", fügt Cata noch hinzu.

In der Nacht findet Cata keinen Schlaf. Sie hat in den letzten Tagen unter Alpträumen gelitten. Immer wieder schreckte sie hoch und war in Schweiß gebadet. Sie hatte der Señora von ihrem schrecklichen Erlebnis in San Martín berichtet, und Frau Méndez meinte, dafür, dass sie fast vergewaltigt worden ist, sei sie sehr ruhig und gelassen. Doch nur tagsüber bewahrt sie Haltung, da reißt sie sich zusammen. In der Nacht überfällt sie die Angst. Mehrfach hat sie der Mistkerl im Traum erneut angefallen, und obwohl ihr die Vernunft sagt, dass Edgardo Luciano nicht weiß, wo sie wohnt, fürchtet sie sich davor, er könne ihr irgendwo auflauern, oder gleich zur Tür hereinkommen und sich wieder auf sie stürzen. Nach dem Überfall auf das „Nautilus" hatte sie keine Alpträume, vermutlich, weil ihr Körper hinterher nicht voll blauer Flecken war. Oder weil sie sich in Peru sicherer fühlte als in Argentinien. Dort hatte sie immer noch ihren Vater, der ihr im Notfall helfen konnte. Wie gut war es, zu wissen, dass ihr Vater sie jedes zweite Wochenende im Internat besuchte! Das gab ihr die Sicherheit, dass ihr niemand etwas anhaben konnte. Wenn sie sich von einer Nonne ungerecht behandelt fühlte, erzählte sie es ihm, und er sprach mit der Lehrerin. Welche Strapazen hatte er in Kauf genommen! Es war fast ein Tagesritt von San Andrés. Zumindest in Cajamarca war er ein Mann, dessen Wort etwas galt. Doch sie war erwachsen und konnte sich nicht mehr unter seinem Poncho vor der Schlechtigkeit der Welt verkriechen. Und schließlich gab es auch eine Zeit, da lebte auch der Vater in Angst. Sie weiß noch wie heute, wie ihn die Armee verhaftet hatte. Er habe den Terroristen vom Leuchtenden Pfad geholfen, warf man ihm vor. Dabei hasste er die *Terrucos*. Damals herrschte Chaos in Peru, vor allem auf dem Land, wo der Leuchtende Pfad am stärksten war. Wer seinen Nachbarn loswerden wollte, denunzierte ihn als Kollaborateur der Terroristen. Oder gab dem Leuchtenden Pfad einen Hinweis, er sei ein Spitzel der Streitkräfte. Bis heute können sie nur vermuten, warum ihr Vater damals im Morgengrauen aus dem Haus gezerrt worden war. Einer seiner Feldarbeiter hatte sich den Terroristen angeschlossen, und ihr Vater hatte immer ein besonders gutes Verhältnis zu dem Mann. Ihre Brüder Julio und José haben Himmel und Erde in Bewegung gesetzt, damit der Vater wieder freikam. Damals regierte der Sozialdemokrat Alan García das Land. Ihr Vater gehört seit seiner Jugend dessen Partei an. Der örtliche Parlamentsabgeordnete, ein Parteigenosse, konnte schließlich den Kommandanten der Kaserne davon überzeugen, dass Eugenio Vázquez kein Terrorist war. Man hatte ihn vier Tage hungern lassen, ihm nur schmutziges Wasser gegen den Durst gegeben und ihn geschlagen. Nein, auch in Peru zählt ein Mensch nicht viel.

KAPITEL 9

Die Betrogenen

Es ist nur die Miniaturausgabe eines Weihnachtsbaums, aber immerhin ein Weihnachtsbaum. Cata hat ihn auf der Avenida Santa Fé für fünf Pesos im Sonderangebot erstanden. Sie hat lange überlegt, doch dann hat sie sich entschieden, für jede ihrer Freundinnen auch noch ein kleines Geschenk zu besorgen. Damit zumindest ein wenig Festtagsstimmung aufkommt. Sparen ist zwar das Wichtigste, aber man will schließlich auch noch ein bisschen leben. Für Adriana hat sie ein Halstuch gekauft, für Leonor einen knallroten Nagellack und für Amelia, die Leseratte, ein Taschenbuch. Den beiden dominikanischen Zimmernachbarinnen, die gebeten hatten, mit ihnen den Heiligen Abend verbringen zu dürfen, wird sie nur eine Süßigkeit schenken, denn sie kennt sie schließlich kaum. Irgendwie sehen die beiden Mädchen immer so traurig aus, als wenn sie etwas bedrückte. Dabei gelten die Menschen aus der Karibik als besonders fröhlich. Doch das ist sicher auch nur ein Vorurteil. Vielleicht haben sie Probleme, weil sie Mulattinnen sind. Wenn sie ehrlich ist – so ganz geheuer waren ihr Farbige auch noch nie. Bisher hat sie allerdings erst eine näher kennen gelernt, Julios Frau Mariana. Ihre Schwägerin ist eine Schlange, sie lügt, wenn sie nur den Mund aufmacht. Und sie ist laut. Sie spricht nicht, sie schreit. Aber sie sollte nicht von Mariana gleich auf alle Mulatten schließen. Hoffentlich sind die beiden Nachbarinnen nett, damit es ein schöner Heiligabend wird. Señora Susana hat sie Gott sei Dank gestern Nachmittag für eine Stunde nach Hause gehen lassen, so konnte sie den Truthahn mit einer Mischung aus Essig, Kreuzkümmel, Paprika, reichlich Knoblauch und zerbröselten Brühwürfeln einreiben. Die Äpfel für das Apfelmus hat sie bereits aufgesetzt, denn das Mus aus dem Glas mag sie nicht, zumindest nicht zu Weihnachten. Dazu wird sie dann noch ein Süßkartoffelpüree vorbereiten, das passt besonders gut zum Truthahn. Die drei Freundinnen werden den Tisch decken, Adriana hat eine Weihnachtsdecke aus Papier besorgt, und Amelia und Leonor steuern die Kerzen bei. Sie ist froh, dass sie die drei Freundinnen hat. Bei ihnen kann sie sich alles von der Seele reden. Wenn schon die Familie weit weg ist, braucht man zumindest Freunde. Vor allem Adriana ist eine treue Seele. Sie hat die kleine Paraguayerin richtig ins Herz geschlossen. Nachdem ihr Inés damals Juan ausgespannt hatte, glaubte sie, nie wieder einer fremden Frau vertrauen zu können, doch Adriana hat ihr bei den Iturraldes bewiesen, dass sie zu ihr hält. Obwohl es sie den Job gekostet hat.

Der Ofen ist vorgeheizt und Cata schiebt die Fettpfanne mit dem Truthahn in den Ofen. Sie schaut auf die Uhr: Alle zehn Minuten muss sie das Vieh nun mit Cola begießen, damit es knusprig wird. Und mit einer Injektionsspritze zudem Cola unter die Haut geben, dann wird der Puter besonders zart. Früher hat sie immer Sojasauce genommen, bis sie auf die Idee kam, es mit Cola zu versuchen. Als sie ihren Freundinnen erzählte, womit sie den Truthahn zubereiten wird, wollten sie es nicht glauben. Nur Adriana berichtete, dass sie auch Rinderhüfte in dem braunen Erfrischungsgetränk schmore und die Sauce ganz köstlich werde. Kochen ist schon etwas Schönes, und etwas Neues auszuprobieren, die Phantasie spielen zu lassen, macht erst recht Spaß. Nur schade, dass sie noch keine Herrschaften gefunden hat, die sich auf ihre Küchen-Experimente einlassen wollen. Wenn sie regelmäßig kochen dürfte, vergingen die Tage viel schneller. Wie sie es bereits leid ist, das ewige Putzen und Spülen! Dabei hat sie noch mindestens vier Jahre vor sich. Wenn alles gut geht. Dann hätte sie wieder selbst eine Putzfrau und eine Küchenhilfe – im „Nautilus".

„Einen Applaus für die Köchin!", ruft Adriana und alle klatschen. Der Truthahn war ihr wirklich gut gelungen, ebenso die Crème Caramel zum Nachtisch. Die beiden Dominikanerinnen haben zur Feier des Tages Rotwein gestiftet. Nach dem zweiten Glas sind sie eine muntere

Runde, wie Cata sie zuletzt zuhause in Peru erlebt hat. Maribel und Claudia geben einen Merengue zum Besten, einen Kassettenrecorder und Musik aus ihrer Heimat haben sie aus ihrem Zimmer mitgebracht. Wenn sie Merengue hören, können sie einfach nicht still sitzen. Ob Weihnachten, Ostern oder Geburtstag – in ihrer Heimat wird jede Gelegenheit zum Tanzen genutzt. Tango mögen sie nicht, der ist ihnen zu melancholisch. Musik müsse gute Laune machen, finden sie. Wie geschmeidig sich die beiden im Rhythmus bewegen, denkt Cata. Man könnte meinen, sie haben Gliedmaßen aus Gummi.

„Warum seid ihr eigentlich nach Argentinien gekommen? Hier seid ihr doch schrecklich weit weg von zuhause. Wäre es nicht besser gewesen, in die Vereinigten Staaten zu gehen? Und verdient man da nicht auch viel besser als hier?", will Amelia wissen. Maribel und Claudia setzen sich, und ihre vom Tanzen verschwitzten Gesichter werden ernst.

„Wisst ihr, eigentlich wollten wir ja in die USA. Das ist der Traum aller Dominikaner. Doch dann kam ein Mann in unser Viertel und erzählte uns, wir könnten in Argentinien als Sekretärinnen arbeiten. Er würde uns die tausend Dollar für den Flug vorstrecken, und wir würden sie leicht zurückzahlen können, wenn wir erst einen tollen Job hätten. Der Typ wirkte sehr seriös, mit Anzug und Krawatte und so. Wie ein Politiker im Fernsehen sah er aus. Na ja, und da wir beide arbeitslos waren, haben wir zugesagt. Wir haben ein Papier unterschrieben, einen Vertrag, wie er sagte. Vier Wochen später fuhr er uns dann zum Flughafen."

Maribel, die bisher gesprochen hat, schaut Claudia fragend an. Diese nickt, und so fährt Maribel fort: „Nach acht Stunden Flug kamen wir hier an, und ein Mann und eine Frau erwarteten uns am Airport, sie waren auch aus der Dominikanischen Republik. Wir mussten ihnen unsere Pässe geben, zu unserer Sicherheit, sagten sie. Wir waren insgesamt zehn Frauen aus unserem Viertel. Es herrscht viel Armut dort und es gibt keine Arbeit. Wir sind aus Santo Domingo, aus der Hauptstadt, wisst ihr. Sie brachten uns in ein Haus an der Rivadavia-Straße, dort sollten wir wohnen, bis wir Arbeit ge-

Truthahn mit Süßkartoffelpüree (pavo con puré de camote)

Für 6-8 Personen

1 kleiner Truthahn (2,5 kg)
1 Tasse Essig
je 1 TL Kreuzkümmel und Paprika
1 EL fein gehackter Knoblauch
1 EL gekörnte Brühe
eine Flasche Cola
750 g Süßkartoffeln
Milch
Salz, Pfeffer

Den Truthahn säubern und innen und außen mit der Mischung aus Essig, Kreuzkümmel, Paprika, reichlich Knoblauch und gekörnter Brühe einreiben. Über Nacht ziehen lassen. Truthahn in eine Fettpfanne geben, Cola (nicht mit Süßstoff!) in eine Spritze aufziehen und unter die Haut spritzen, dann den Truthahn für 2 Stunden und 15 Minuten in den bei 200 Grad vorgeheizten Backofen schieben. Alle zehn Minuten mit Cola übergießen.
Süßkartoffeln schälen, mit Wasser bedeckt gar kochen. Stampfen und mit Milch zu Püree verarbeiten. Salzen und pfeffern.
Truthahn mit dem Püree und mit Apfelmus servieren.

funden haben. An der Tür war ein Schild angebracht, irgendwas von einem Hilfs-Verein für Dominikaner in Argentinien stand da drauf. Das Haus war schrecklich schmutzig, und wir mussten auf dem Boden schlafen. Zu essen gab es auch nicht gerade viel. Jetzt erzähl du weiter, Claudia, ich muss einen Schluck Wein trinken."

Maribel drückt Claudias Arm und atmet tief durch. So, als wolle sie damit verhindern, in Tränen auszubrechen.

„Ja, nach ein paar Tagen sagte dann Jorge, der Mann, der uns abgeholt hatte, er hätte nun Arbeit für uns beide. Leider hätte das mit dem Sekretärinnen-Job nicht geklappt, ein Kunde sei unverhofft abgesprungen. Aber er hätte eine Stelle im Haushalt für uns. Und jetzt arbeiten wir seit einem Jahr bei einem dominikanischen Geschäftsmann, ich koche und Maribel putzt. Was bleibt uns anderes übrig?"

„Habt ihr denn eine Ausbildung als Sekretärin?", will Amelia wissen und schaut dabei so geschäftsmäßig, als ob sie wieder in der Firma säße, in der sie als Betriebswirtin tätig war.

„Nein, wir sind beide neun Jahre zur Schule gegangen, das reiche in Argentinien, hatte uns der Mann mit dem Anzug in Santo Domingo gesagt", antwortet Maribel.

„Cata, Leonor und ich haben alle drei die Universität abgeschlossen, aber wir bekommen in Argentinien trotzdem keine Stelle in unserem Beruf, denn dazu brauchst du ein Arbeitsvisum. Und ihr seid doch sicher auch illegal hier?", fragt Amelia. Die beiden antworten, dass sie nichts von einem Arbeitsvisum gewusst hätten, bevor sie kamen. Und sie dachten, eine Sekretärin brauche doch nur das Telefon für den Chef zu bedienen und für ihn Kaffee zu kochen, und das hätten sie sich zugetraut.

Amelia lacht und erklärt ihnen, eine Sekretärin müsse zumindest mit einem Computer umgehen können. Und in ihrer Firma sprächen die meisten Sekretärinnen Englisch. Die beiden schauen sie erstaunt an.

„Ja, aber nun sind wir hier und zurück können wir nicht, denn wir haben keine Pässe, kein Geld für den Rückflug und außerdem Schulden. Jeden Monat zahlen wir Jorge fünfzig Dollar", sagt Maribel. Und sie müssten nicht nur die tausend Dollar zurückerstatten, sondern obendrein noch Zinsen. Insgesamt müssen sie vierzig Monate lang fünfzig Dollar abliefern. Das habe in dem Vertrag gestanden, den sie unterschrieben haben.

„So ein Wucher! Habt ihr den Vertrag denn nicht gelesen?"

„Ach, Cata, das war so eine komplizierte Sprache, die haben wir nicht richtig verstanden. Und der Mann sah doch so nett und solide aus. Wir sind beide zwanzig Jahre alt, wir wollten weg, wie alle bei uns im Viertel. Wir wollten arbeiten. Da haben wir auch nicht so genau nachgefragt."

Maribel schnäuzt sich und wischt die Tränen ab, die sie nun doch nicht mehr zurückhalten kann.

„Nun weine mal nicht", tröstet sie Adriana. Und Leonor fügt hinzu, dass ihnen ihr Konsulat doch sicher helfen könne.

„Ach, auf dem Konsulat waren wir schon. Sie haben uns gesagt, dieser Jorge sei ein anständiger Mann, und unsere Pässe seien bei ihm in guten Händen. Neue geben könnten sie uns nicht. Stellt euch vor, wir haben nichts, um uns auszuweisen! Und zurück können wir auch nicht ohne Pass. Selbst wenn wir Geld hätten!"

Cata will wissen, ob sie denn wenigstens einen guten Lohn bekämen.

„Zuerst dachten wir, es sei ein guter Lohn, denn in der Dominikanischen Republik verdient kein Hausmädchen 350 Dollar. Doch dann haben wir hier die Preise gesehen und mit anderen Mädchen gesprochen. Da wussten wir, dass wir für einen Hungerlohn arbeiten. Wir haben unseren Patron gefragt, ob er uns nicht mehr zahlen könne, doch er hat uns nur ausgelacht. Der Konsul kommt oft zu ihm zu Besuch und auch der Mann, dem die Fluglinie gehört, mit der wir gekommen sind. Wir glauben inzwischen, dass die alle unter einer Decke stecken und sich auf unsere Kosten bereichern."

„Das ist richtiger Menschenhandel", ruft Amelia. Sie überlegen, an wen sich die beiden wenden könnten, doch sie sind ratlos. Nur Adriana, die gläubige Katholikin, hat eine Idee: Sie würde an Stelle von Claudia und Maribel in eine Kirche gehen und mit dem Pfarrer sprechen. Vielleicht wisse der, was zu tun sei. Zumindest aber könne er sie trösten.

Um Mitternacht stoßen sie auf das Weihnachtsfest an, und als Claudia und Maribel sehen, dass die anderen kleine Geschenke für sie gekauft haben, fallen sie vor Freude allen um den Hals. Wo man hinschaut, kleine Tragödien, denkt Cata, als sie im Morgengrauen zu Bett geht. Um so mehr muss man einen schönen Abend wie diesen genießen. Die beiden Dominikanerinnen sind nette Mädchen. Und wie glücklich sie waren, dass sie jemandem von ihren Sorgen erzählen konnten! Sie schämt sich ein wenig, dass sie ihnen zunächst mit Misstrauen begegnet war, nur weil sie eine andere Hautfarbe haben.

Am Tag vor Silvester ist Cata mit den Méndez nach Pinamar gefahren. Sie ist froh, der Hitze der Stadt entkommen zu sein. An der Küste weht auch im Hochsommer immer eine frische Brise. Heute hat sie zunächst das Haus gewienert und dann stundenlang mit der Señora eingekauft. Die Straßen des kleinen Städtchens waren verstopft wie die Innenstadt von Buenos Aires zur Hauptverkehrszeit. Die Porteños scheinen alle die Flucht an den Strand angetreten zu haben. Auf der Mauer, die den Parkplatz des Supermarktes umgibt, saß eine Gruppe von sechs Peruanerinnen und Bolivianerinnen, und Cata hat sie angesprochen. Sie sind erst kürzlich nach Argentinien gekommen und haben noch keine Stelle in Buenos Aires gefunden. Da haben sie sich auf Anraten einer Bekannten in den Bus nach Pinamar gesetzt. Der kostet zwar fast sechzig Pesos, doch sie können es sich erst recht nicht leisten, zwei Monate in der Hauptstadt zu warten, bis die Argentinier aus den Ferien zurückkommen. Nun hoffen sie, dass sie jemand hier vor dem Supermarkt anspricht, der eine Mucama für die Urlaubszeit sucht. Bislang hatten sie noch kein Glück. Cata schlug ihnen vor, doch die Immobiliengeschäfte aufzusuchen und dort ihre Dienste anzubieten. Sie hatte von ihren Herrschaften gehört, dass die meisten Immobilienhändler, die Ferienhäuser vermieten, auch gleich die Putzfrau oder Mucama vermitteln. Die Mädchen berichteten, dass sie im Nachbarort Valeria del Mar in der Hütte eines Bolivianers übernachten, der als Gärtner arbeitet. Cata hat die Hütten gesehen, als sie mit den Méndez einmal dort vorbeifuhr. Der Señor hatte sich beschwert, dass jetzt sogar schon hier an der Küste kleine Elendsviertel entstehen und meinte, die Stadtverwaltung müsse etwas dagegen unternehmen. Wenn die Armen in Scharen einfallen, wäre es mit der Ruhe vorbei, und man wäre auch hier seines Lebens nicht mehr sicher. Cata hat geschwiegen, doch es ärgerte sie, dass Herr Méndez offenbar alle Armen für Diebe und Gewalttäter hielt. Sie und ihre Freundinnen sind schließlich auch arm und haben noch nie einen Cent gestohlen. Und irgendwo müssen die dienstbaren Geister schließlich leben, die jede Woche seinen Rasen mähen und im Haus nach dem Rechten schauen, wenn die Familie nicht da ist. Früher hat sie selbst auch oft abschätzig über die Menschen gesprochen, die in San Juan de Lurigancho oder Huanta vor den Toren von Lima in elenden Behausungen leben, doch inzwischen hat sie gesehen, wie schnell man dort landet, wenn man die Miete in der Stadt nicht bezahlen kann.

Die Familie ist am Mittag zum Baden an den Strand gegangen, und Cata hat bereits Salate und Saucen für den Asado am Abend vorbereitet, den Tisch auf der Terrasse gedeckt und das Feuer entfacht. Die Méndez wollen die Jahreswende mit einem großen Fest begehen, schließlich würden sie das kommende Silvester in Costa Rica feiern. Sie würde alle Hände voll zu tun haben, allein vierzehn Personen zu bedienen. Wie gern hätte sie um Mitternacht mit ihren Freundinnen angestoßen, doch sie haben ihr doppelten Lohn für den heutigen Tag versprochen, und den kann sie sich nicht entgehen lassen. Als sie die ersten Fleischstücke auf die Parrilla legt, kommt die Familie zurück. Marcelo hat sich einen Sonnenbrand geholt, weil er sich nicht hat eincremen wollen, und Rodolfito brüllt, weil er sein Lieblingsförmchen im Sand vergraben und nicht wiedergefunden hat.

„Ich bin völlig geschafft von der Sonne. Cata, bist du so nett und stellst die Jungen unter die Dusche? Wenn ich mich nicht zehn Minuten hinlege, halte ich das Fest nicht durch", stöhnt Señora Susana. Ihr Mann passe derweil auf die Parrilla auf. Cata würde sich auch gern einen Moment ausruhen, doch ihr würde dazu keine Zeit bleiben. Die Jungen verwandeln das Badezimmer in einen See und laufen dann auch noch mit ihren sandigen Badeschlappen über die nassen Kacheln. Es bleibt ihr nur, dass Bad noch einmal zu wischen, bevor die Gäste kommen. Als sie das Putzzeug in der Besenkammer verstauen will, hört sie die Señora rufen.

„Cataaa, wo bleibst du denn? Bring den Wein, wir können doch die Leute nicht verdursten lassen!"

Sie ist eine nette Frau, doch in diesem Moment hasst Cata sie. Kann sie sich nicht einen Augenblick gedulden? Oder mal selbst in die Küche gehen? Damit sie wenigstens Eimer und Schrubber wegräumen kann. Sie seufzt, greift sich den Wein, und trägt ihn auf die Terrasse. Sie grüßt die beiden Ehepaare, die inzwischen eingetroffen sind, doch sie erhält keine Antwort. Die heutigen Gäste scheinen vom Schlage der Iturraldes zu sein, Mucamas sind Luft für sie. Das kann ja ein heiterer Abend werden!

„Was, du bist noch nicht umgezogen? Du kannst doch nicht am Silvesterabend in Shorts servieren! Und übernimm den Grill, damit mein Mann sich um die Gäste kümmern kann!"

Was ist heute bloß in die Frau gefahren? Benimmt sich, als sei sie die Kaiserin von China persönlich!

„Señora, ich hatte noch keine Zeit, mich umzuziehen."

Eine der Frauen verlangt nach einem Orangensaft, und ihr Mann möchte ein Bier. Rodolfito schreit nach einem Glas Milch.

„Cata, gib dem Jungen seine Milch, damit er still ist!"

Sie fühlt, wie Zorn in ihr aufsteigt: „Cata, du wirst jetzt in aller Ruhe eines nach dem anderen erledigen und dich nicht verrückt machen lassen", sagt sie sich. Silvester hin, Gäste her, sie ist auch nur ein Mensch. Schon als Kind hatte sie ihre Mutter damit zur Weißglut getrieben, dass sie, je mehr sie ihr auftrug und sie antrieb, um so gemächlicher wurde. Sie nimmt Rodolfo an die Hand, geht mit ihm in die Küche, gibt ihm die Milch, räumt das Putzzeug weg, um sich dann in ihrem Zimmer ein wenig zu waschen und umzuziehen. Als sie den Reißverschluss ihrer Hose schließt, hört sie wieder die Señora rufen.

„Cataaa! Cataaa! Verdammt, wo bleibst du denn?"

Sie nimmt ihre Bluse aus dem Schrank, zieht sie über und richtet sich gelassen die Haare. So, und jetzt die Getränke. In der Küche trifft sie die Señora, sie sucht nach dem Orangensaft.

„Cata, die Leute wollen etwas zu trinken. Nun mach schon!"
Cata schaut sie nur mit versteinerter Miene an. Soll sie doch meckern. Oder sich selbst bewegen.

Als um zwölf Uhr die Sektkorken knallen, fühlt sich Cata wie gerädert. Sie kann gar nicht zählen, wie oft sie heute abend in die Küche gelaufen ist: Cata, Wasser. Cata, Wein. Cata, Saft. Cata, abräumen, Cata, Nachtisch. Cata, Sektgläser. Cata, Cata, Cata. Ihre Salate waren ein voller Erfolg, doch alle loben nur die Señora, die ja schon wegen ihrer schönen Feste berühmt sei. Nicht einmal ein Glas Sekt bietet man ihr an. Die Gäste scheinen die Méndez mit ihrer Hochnäsigkeit angesteckt zu haben. Als sie um vier Uhr schließlich die Küche aufgeräumt hat, stand sie zwanzig Stunden auf den Beinen. Und niemand hat ihr ein gutes neues Jahr gewünscht.

Cata ist froh, dass sie nach vier Wochen wieder in Buenos Aires ist. Zwar hat sich Frau Méndez am Neujahrstag für ihren Einsatz auf dem Fest bedankt, doch Cata reagierte kühl.

„Dafür werde ich bezahlt", war ihre einzige Antwort.

„Cata, sei nicht so nachtragend", hatten sie früher oft die Eltern und Geschwister ermahnt. Doch sie kann nicht über ihren eigenen Schatten springen. Einen Tag lang hat sie die Señora fast wie eine Sklavin behandelt, und so lange sie sich dafür nicht entschuldigt, hat Cata kein Interesse mehr an vertraulichen Gesprächen. Doch die Entschuldigung blieb aus. So erledigte Cata schweigend ihre Pflichten und zog sich in ihren freien Stunden zurück, genoss die Strandspaziergänge am frühen Morgen und das Sonnenbad mit einem Buch in der Mittagspause.

Nach vier Wochen hat sie nun das dringende Bedürfnis, sich wieder einmal zu unterhalten, und freut sich, die Freundinnen wiederzusehen. Adrianas Mutter hat das siebte Kind zur Welt gebracht, und wie die Ärzte es prophezeit hatten, geht es ihr nicht gut. Am liebsten würde Adriana nach Paraguay fahren, um nach ihr zu sehen und ihr mit dem Baby zur Hand zu gehen, doch sie hat Angst, dass sie bei der Rückreise an der Grenze Schwierigkeiten bekommt. Ihre Tante hatte ihr von einigen Mädchen berichtet, die die argentinischen Grenzbeamten nicht haben einreisen lassen, weil sie nicht genügend Bargeld bei sich führten. Jeder Tourist muss pro Aufenthaltstag neuerdings fünfzig Dollar vorweisen, mindestens aber 300 Dollar, so die neue Politik. Und wer weiß, was sie sich noch alles einfallen lassen, um die Einreise illegaler Arbeitskräfte zu stoppen? Adriana kann sich im Moment nicht das geringste Risiko leisten, denn die Mutter braucht Geld für Medikamente.

Amelia hatte in der letzten Januarwoche Geburtstag, und als sie von der Arbeit nach Hause kommt, überrascht sie die anderen drei Mädchen mit einer Einladung: „Ich habe in der Niceto-Vega-Straße ein tolles Fleisch-Restaurant entdeckt. Es ist zwar nicht schön, nur eine umgebaute Garage, aber es ist gar nicht teuer, und das Fleisch sehr gut. Der Besitzer hat uns einen Tisch für sechs Personen reserviert, denn ich wollte auch unsere beiden dominikanischen Nachbarinnen fragen, ob sie mit uns feiern gehen, nachdem es Weihnachten so nett war mit ihnen. Und es tut ihnen sicher gut, mal raus zu kommen. Sind schließlich zwei arme Schweine."

Zur Feier des Tages hat der Wirt sogar eine Tischdecke für sie aufgelegt. Sie haben sich schick gemacht und sind viel zu elegant für das Lokal mit seinen schmutzig-weißen Wänden und dem abgestoßenen, dunkelgrün gestrichenen Zementboden. Aber wenigstens gelegentlich will man sich auch ein schönes Kleid anziehen. Die Wand zur Straße ist herausgebrochen, und gleich neben dem Eingang befindet sich eine aus Stein gemauerte Parrilla von mindestens anderthalb Metern Länge, auf der bereits Dutzende von Mett- und Blutwürsten braten. Der Besitzer trägt eine helle Jeans, die voll schwarzer Flecken ist. Von der Kohle, die er ständig nachlegen muss bei den Mengen von Würsten und Fleisch, die er umsetzt. An einer Theke mit hohen Barhockern vor der Parrilla hocken einige Männer in Arbeitsanzügen und kauen Choripanes, Brötchen mit Mettwürsten. Ganz unverhohlen drehen sie sich nach den sechs Frauen um. Zwei Mulattinnen und vier Mestizinnen, angezogen für ein Galadinner, fallen auf in der Garage. Hinter Theke und Parrilla schließen sich rechts die Küche und links der Gastraum an, durch eine Wand mit Durchreiche voneinander getrennt. Drei der sechs gelben Resopaltische sind besetzt. Aus einigen der mit Plastik bezogenen Stühle quillt bereits der Schaumstoff, ihre Metallbeine haben Rost angesetzt. Cata fällt sofort auf, dass die Bestecke einen Kunststoffgriff haben und das Essen auf billigen, unzerbrechlichen Tellern serviert wird. Dagegen war das „Nautilus" ein Luxusrestaurant. Aber wichtig ist, was auf dem Teller ist, pflegte ihr Vater immer zu sagen. Und das ist zumindest viel. Die riesigen Fleischstücke lappen über die Tellerränder.

Sie bestellen eine Parrillada und den Hauswein, der nur einen Peso das Glas kostet. Die beiden Dominikanerinnen jubeln, als der Wirt das Essen bringt. So etwas haben sie noch nie gesehen: eine Parrilla in Kleinformat! In einem Metallbecken auf vier Füßen glüht rot die Kohle, und auf dem Rost darüber liegen Berge von Würsten, Hühnerbeinen, Leber, Nierchen, Rippchen und Steaks. Selbst Cata, die durch die Méndez in Pinamar zur Parrilla-Expertin wurde, ist begeistert. Sie stoßen auf Amelia an, singen für sie Happy Birthday und essen. Nach dem Dessert spendiert der Wirt zur Feier des Tages ein Glas Sekt.

„Der Mann ist wirklich reizend, keine Spur von arrogant und außerdem großzügig. Es gibt so nette Argentinier. Warum bin ich bloß schon zweimal bei Herrschaften gelandet, die mich im Grunde nur ausbeuten wollen?"

„Du hast eben Pech, Cata. Meine Mutter sagt immer, Reichtum verderbe den Charakter", meint Leonor.

„Ich weiß nicht, es muss doch auch Reiche geben, die gute Menschen sind. So wie es Arme gibt, die abgrundtief schlecht sind. Wie der Typ, der mich vergewaltigen wollte. Nein, am Geld allein kann es nicht liegen."

„Wisst ihr, ich bin nun seit drei Jahren in Argentinien. Ich glaube, es ist ein Problem der Gesellschaft. Jeder versucht, nur für sich selbst das Beste herauszuschinden. Das ist hier viel stärker als in Peru. Hier ist es ein Beweis von Intelligenz, wenn es einem gelingt, jemand anders hereinzulegen. Und der, der hereingelegt wurde, zieht noch den Hut vor der Schläue des anderen, obwohl er eigentlich stinksauer sein müsste."

„Ja, ich glaube, Amelia hat recht. Meine Herrschaften haben mich vor zwei Jahren mal in eine Tango-Show mitgenommen, damit ich etwas von der argentinischen Kultur kennen lerne. Da haben sie mir erklärt, dass im Tango der Figur des *Vivo* gehuldigt wird. Der *Vivo*, das ist für die Argentinier ein Mensch, der jede Chance für sich auszunutzen weiß, ganz gleich, ob er damit anderen Schaden zufügt oder nicht. Den bewundert man. Und versucht, so zu sein wie er."

Cata seufzt. Das Problem sei nur, dass sie als Illegale sich kaum dagegen wehren können. Was hätte sie denn Silvester tun sollen? Señora Susana vor versammelten Gästen die Meinung sagen? Die Frau kannte sie gut genug, um zu wissen, dass Cata das nie tun würde. Und dass sie obendrein viel zu pflichtbewusst ist, um gegen die viele Arbeit zu protestieren. Das hat die Señora ausgenutzt.

„Aber die Méndez sind ja nun ohnehin bald Vergangenheit. Noch vier Wochen, dann sind sie weg. Mal sehen, was sich dann findet."

Leonor fällt ein, dass ihr Ana geschrieben hat. Einer ihrer drei Söhne ist schwer erkrankt, er hat Tuberkulose, und sie wird voraussichtlich nicht wie geplant Mitte Februar aus Ayacucho zurückkommen, weil sie ihn pflegen muss.

„Frag doch mal bei ihren Herrschaften nach. Vielleicht suchen sie ja jemand Neues. Ana hat nie schlecht von den Leuten gesprochen. Die Frau ist Lehrerin, glaube ich."

„Dass Ana sich nie beklagt hat, heißt gar nichts. Sie beklagt sich auch nicht über ihren Mann, obwohl der sie schon oft geschlagen hat."

„Mag sein, Amelia, aber ich kann mir die Leute dennoch mal anschauen. Ich glaube, Ana hat mir irgendwann ihre Telefonnummer gegeben. Wenn ich sie finde, werde ich morgen anrufen."

Der Wirt bringt eine Geburtstagstorte mit einer Kerze, und Amelia bläst sie aus. Sie hatte die Torte zuvor in einer Konditorei gekauft und in das Lokal gebracht, denn hier führt man keinen Kuchen. Maribel und Claudia wollen von Amelia wissen, was sie sich gewünscht hat, doch sie lächelt nur.

„Wenn ich es euch verrate, geht mein Wunsch nicht in Erfüllung!"

„Bestimmt hast du dir gewünscht, einen reichen Mann zu heiraten", rät Maribel und alle lachen.

„Ich würde mir das jedenfalls wünschen", sagt die Dominikanerin und atmet tief durch.

„Damit das hier alles ein Ende hat."

„Gibt es denn irgendwelche Neuigkeiten? Wart ihr mal bei einem Priester?", erkundigt sich Adriana.

„Ja, wir waren bei dem Gemeindepfarrer in der Nähe unserer Arbeitsstelle. Er konnte uns auch keinen Rat geben, aber er hat uns die Adresse von einer Gruppe von Nonnen herausgesucht, die sich um illegale Dominikaner kümmern. Letzten Samstag sind wir hingegangen. Es war furchtbar", sagt Claudia, und Maribel nickt.

„Waren die Nonnen etwa nicht nett zu euch?", fragt Adriana mit ungläubigem Blick.

„Doch, sie waren sogar sehr nett. Nur: Wir haben einige Mädchen aus unserem Viertel bei ihnen getroffen, die wir seit unserer Ankunft nicht mehr gesehen haben. Und denen geht es dreckig. Jorge und diese Frau haben sie gezwungen, als Nutten zu arbeiten!"

„Als Prostituierte? Das kann doch nicht wahr sein!"

„Doch die Nonnen haben einen Kreis, da kann jeder seine Situation schildern. Wir haben daran teilgenommen, und da haben die drei berichtet, was ihnen passiert ist. Maribel, erzähl du, du kannst das besser als ich."

„Wenige Tage, nachdem wir bei dem Geschäftsmann angefangen haben, hat Jorge sie ins Auto geladen und in ein Haus im Stadtviertel Constitución gebracht, in der Nähe des Bahnhofs. Dort hat sie dann eine Frau in Empfang genommen. Sie hat jeder ein Zimmer zugewiesen, und ihnen gesagt, dass sie es sauber halten müssten, weil sich die Männer sonst ekeln würden. Sie wussten erst gar nicht, was gemeint war, doch dann hat sie es ihnen gesagt: Sie müssen sich von morgens elf Uhr bis Mitternacht in der Straße aufstellen und von jedem Freier dreißig Pesos verlangen. Sie hat ihnen auch noch Kleider gegeben. Schwarze Unterwäsche, Netzstrümpfe, ganz enge Miniröcke aus Leder und so. Das Geld dafür müssen sie natürlich ebenfalls zurückzahlen. Und für jeden Freier, den sie auf das Zimmer bringen, kriegt die Frau zehn Pesos, als Miete. An die Polizei müssen sie auch bezahlen, weil es eigentlich verboten ist, sich auf der Straße anzubieten. Jede Woche kommen die Polizisten vorbei und kassieren von jedem Mädchen vierzig Pesos. Die Polizei, das muss man sich einmal vorstellen!"

„Warum haben sich die Mädchen denn nicht geweigert, sich auf die Straße zu stellen?", will Adriana wissen, der ihr Entsetzen anzusehen ist.

„Eine hat es versucht, doch da hat Jorge sie geschlagen, sie hatte sogar ein blaues Auge. Und er hat ihnen gedroht, sie in Bordells in Patagonien zu stecken, wenn sie nicht gehorchen. Und da ist es doch obendrein noch schrecklich kalt... Das Allerschlimmste ist, dass die Männer oft sehr grausam sind. Sie schlagen sie, manchmal sogar mit einer Peitsche, und sie verlangen die perversesten Sachen, die sie nicht erzählen wollten."

Claudia unterbricht Maribel: „Und als eine von ihnen schwanger wurde, hat Jorge sie zu einem Arzt gebracht, der ihr das Kind weggemacht hat. Das Mädchen ist gerade achtzehn Jahre alt! Sie musste den Arzt obendrein selbst bezahlen!"

„Und die Nonnen? Können die den dreien denn nicht helfen?", will Cata wissen.

„Sie wollen Geld sammeln, damit sie in die Dominikanische Republik zurückkehren können. Und sie haben wohl auch mit dem Konsulat gesprochen. Die haben total erstaunt getan, so als hätten sie noch nie gehört, dass hier Mädchen die Pässe weggenommen werden. Und die drei aus unserem Viertel sind nicht die Einzigen. An dem Nachmittag waren über zwanzig Mädchen in dem Kloster, denen es genau so ergangen ist. Verglichen mit denen geht es uns ja noch richtig gut!"

„Ja, wir haben Glück, dass wir nicht so schön sind wie die anderen! Wir sind zu dick, und die Argentinier mögen nur dünne Frauen. Deshalb haben sie uns in den Haushalt gesteckt."

Claudia lacht bitter.

„Mal muss es ja auch ein Vorteil sein, wenn man zu dick ist", fügt Maribel hinzu.

„Wenn die Nonnen genug Geld für die Flüge zusammenbekommen – könnt ihr dann auch in eure Heimat zurück?"

„Wir wollen sie am nächsten Wochenende fragen. Heute sind wir nicht zu dem Treffen gegangen, da wir Amelias Geburtstag nicht versäumen wollten. Weil wir doch so selten Gelegenheit haben zu feiern. Doch lasst uns jetzt von etwas anderem reden, sonst verderben wir Amelia den Geburtstag!"

„Um Himmels willen! Ihr verderbt mir nicht den Geburtstag. Ihr müsst doch mit jemandem reden, sonst werdet ihr ja trübsinnig. Und wir Mucamas müssen schließlich zusammenhalten!"

Darauf stoßen sie an, bevor sie nach Hause gehen.

Am Sonntag ruft Cata Anas Herrschaften an und erfährt, dass Ana sich vor ein paar Tagen gemeldet hat. Sie hat ihre Rückkehr nach Argentinien auf unbestimmte Zeit verschieben müssen, denn ihr Sohn will sich nicht erholen. Schon am Nachmittag stellt Cata sich vor und bekommt Anas Stelle. Sonderlich sympathisch ist ihr Señora Luisa auf den ersten Blick nicht, denn sie erinnert sie an eine Lehrerin, die sie in der Grundschule hatte, und die besonders streng war. Dennoch sagt sie zu, denn sie braucht schließlich Arbeit. Am Montag wird sie den Méndez sagen, dass sie sofort aufhören muss, um die neue Stelle nicht zu verlieren. Hoffentlich sind sie nicht böse, dass sie die letzten vier Wochen vor ihrem Umzug nach Costa Rica ohne Mucama sein werden…

Adriana, Leonor und Amelia haben vor Señora Luisas Haustür auf sie gewartet, denn sie wollen sich endlich den berühmten Obelisken im Zentrum anschauen. Cata hat ihn bisher nur am Wahltag im Fernsehen gesehen, obwohl sie lediglich wenige Kilometer von ihm entfernt lebt. Nach jedem Wahlsieg ziehen hier die Massen auf, um ihre Politiker hochleben zu lassen, und wenn die argentinische Fußballnationalmannschaft ein Spiel gewonnen hat, treibt es ihre Anhänger zum Obelisken, um bis in die Nacht zu feiern. Er beeindruckt die Mädchen zwar nicht sonderlich, doch Catas Eltern werden sich über ein Foto der Tochter mit ihren Freundinnen vor einem der Wahrzeichen von Buenos Aires freuen. Cata spricht einen jungen Mann an, der gerade vorbeikommt, und bittet ihn, sie zu fotografieren. Er macht die Aufnahme und bietet an, die Mädchen ein Stück zu begleiten. Er heiße Alberto, und er gehe nicht gern allein spazieren. Während sie sich die Auslagen der Buchhandlungen auf der Avenida Corrientes anschauen, weicht er nicht von Catas Seite. Er will wissen, woher sie kommt, und was sie nach Buenos Aires führt. Sie mache Urlaub, erklärt sie ihm, und schon morgen fliege sie zurück. Warum einem Fremden erzählen, dass sie sich illegal im Lande aufhält? Als er sie nach ihrer Telefonnummer in Lima fragt, nennt sie ihm die des Hauses in San Miguel, das vor kurzem ihre jüngere Schwester Lidia bezogen hat, die nun in der Hauptstadt Pharmazie studiert.

„Cata, du hast eine Chance vertan! Der Typ schien doch ganz nett. Und er sah gut aus. Hast du nicht die tollen blauen Augen gesehen? Warum hast du ihm nicht unsere Nummer gegeben? So findest du nie einen Mann", schilt sie Amelia, nachdem sich Alberto verabschiedet hat. Cata hatte ihn schon längst wieder vergessen, als am kommenden Sonntag Lidia anruft. Ein Alberto Etcheverry aus Buenos Aires habe bereits zwei Mal telefonisch nach Cata verlangt.

KAPITEL 10

Der Mann

Adriana schaut sie mit kritischem Blick an. Sie zupft ein wenig an der roten Schleife, die Catas schwarze Lockenpracht zusammenhält und wischt mit dem Zeigefinger an ihrem Kinn, um eine Make-Up-Spur gleichmäßig zu verteilen.

„Du siehst wirklich fabelhaft aus! Sehr elegant. Du wirst sehen, dieser Alberto wird sich Hals über Kopf in dich verlieben!"

Für ihre erste Verabredung hat Cata ihr schlichtes, schwarzes Wollminikleid angezogen, dazu schwarze Strümpfe und schmucklose Pumps. Adriana hat ihr zu der roten Samtschleife und einer von Leonors Holzperlenketten im gleichen Ton geraten, damit Alberto nicht denkt, sie wolle zu einer Beerdigung. Zu dem Kleid sähe eine schlichte, weiße Perlenkette gut aus. Ob sie sich die wohl jemals würde leisten können? Hätte sie das „Nautilus" nicht schließen müssen, wäre ihr sicher nach einem weiteren Jahr genügend Geld übrig geblieben, um sich ein schönes Schmuckstück zu gönnen. Aber warum darüber nachdenken? Das „Nautilus" existiert nicht mehr. Basta. Das Einzige, was sie besitzt, sind 1.800 Pesos, ein gutes Zehntel dessen, was sie ansparen muss, um ihr Restaurant wieder auferstehen zu lassen. Im Januar hat sie nur Geld für die Miete gebraucht, weil sie ständig mit den Méndez zusammen war. Den Rest ihres Gehaltes konnte sie weglegen, ebenso das Weihnachtsgeld und die zweihundert Pesos, die ihr die Familie zum Abschied gegeben hat. Eigentlich hatten sie ihr mehr zugedacht, aber weil sie aufgehört hat, bevor die Méndez Argentinien verließen, war die Bonifikation geringer ausgefallen. Sie fühlten sich von ihr in den Wirren des Umzugs im Stich gelassen. Doch wenn sie vier Wochen länger geblieben wäre, hätte sie Anas Stelle bei Señora Luisa nicht antreten können, und ein neuer fester Job war wichtiger als ein Abschiedsgeschenk. Wenn Señora Susana das nicht verstehen konnte, war das ihr Problem. Cata muss schließlich sehen, dass sie über die Runden kommt. Und nach der Silvesternacht war sie wenig geneigt, sich darum zu sorgen, wie Familie Méndez ihren Umzug bewältigt.

Es schellt. Das wird Alberto sein. Cata hat lange überlegt, wie sie sich verhalten soll, nachdem er vier Mal bei Lidia in Lima angerufen und Cata natürlich nie angetroffen hat. Schließlich hat sie Lidia gebeten, ihm die Telefonnummer der Thames-Straße zu geben, wenn er sich wieder melden sollte. Er rief wieder an, und Lidia hat ihm auch vorsichtshalber gesagt, dass Cata in Buenos Aires als Mucama arbeitet. Damit er gleich weiß, mit wem er es zu tun hat. Und vorher entscheiden kann, ob er sie unter diesen Umständen auch noch wiedersehen will. Es widerstrebt ihr, sich mit einem Mann einzulassen, den sie auf der Straße kennen gelernt hat und von dem sie nichts weiß. Und sehr beeindruckt hatte er sie auch nicht. Sie hat sein Gesicht bereits vergessen, weiß nur noch, dass er blond ist und gut einen Kopf größer als sie. Sie umarmt Adriana, greift sich die schwarze Wollstola, die sie selbst gestrickt hat und geht langsam die Treppe hinunter. Als sie Juan das erste Mal abgeholt hatte, schlotterten ihr die Knie vor Aufregung. Jetzt spürt sie nichts. Nur Hunger. Hoffentlich führt er sie in ein Lokal mit gutem Essen. Als sie die Haustür öffnet, steht er da wie ein Gymnasiast in seiner Schuluniform, der sich zum ersten Mal verliebt hat. Sauber gescheitelte, frisch gestutzte Haare, graue Hose, blauer Blazer, weißes Hemd und eine blau-grün gestreifte Krawatte, in der Hand eine langstielige, dunkelrote Rose. Er überreicht sie ihr mit einer leichten Verbeugung.

„Ich werde sie schnell ins Wasser stellen. Sie ist so schön, es wäre schade, wenn sie vertrocknet. Wenn du bitte einen Moment warten würdest?"

Sie macht auf dem Absatz kehrt, schließt die Haustür hinter sich, stürmt die Treppe hinauf und übergibt Adriana die Rose.

„Schau, was er mir mitgebracht hat. Ob der Typ was taugt, weiß ich nicht. Aber wenn er mir schon eine Blume überreicht, will ich wenigstens etwas davon haben. Es ist das erste Mal, dass mir jemand in Argentinien eine Blume schenkt. Tust du mir den Gefallen, und stellst sie in Wasser?"

„Hast du den armen Kerl vor der Tür stehen lassen?"

„Klar, soll ich ihn etwa mit hochbringen? Und uns Ärger mit der Vermieterin einhandeln? Außerdem kenne ich ihn doch gar nicht. So, jetzt bin ich aber wirklich weg."

Alberto gibt sich als Kavalier alter Schule. Er winkt ein Taxi heran, hält ihr die Autotür auf, nimmt ihr im Restaurant die Stola ab, ist ihr behilflich, Platz zu nehmen und hat für sie sogar eine Karte ohne Preise geordert. Formvollendet. Dabei hätte sie so gern gewusst, wie teuer die Speisen sind! Schließlich isst sie zum ersten Mal in einem der edlen Restaurants in Puerto Madero. Die Luxusfressmeile von Buenos Aires liegt an einem ausgedienten Hafenbecken, und die Stadt hat vor einigen Jahren die alten Getreidesilos am Ufer zu eleganten Wohnungen und Restaurants umgebaut. Cata ist ganz fasziniert von dem Blick auf das Wasser und die alten Ladekräne, die, wie ihr Alberto erzählt, einst in der Deutschen Demokratischen Republik hergestellt worden sind.

Sie wählt als Vorspeise gratinierte Jakobsmuscheln, die sie in Peru immer so gern gegessen hat, und als Hauptgericht ein Steak von patagonischem Hirsch mit Preiselbeeren und Steinpilzen. Sie hatte gelesen, wie schmackhaft Steinpilze seien, doch sie hat sie nie probiert. Sie sieht, dass Alberto schluckt, als sie ihre Bestellung aufgibt. Nachdem der Ober sich zurückgezogen hat, überlegt sie einen Moment, und dann spricht sie ihn darauf an.

„Ist das zu teuer, oder warum bist du so zusammengezuckt? Du hättest mir eine Karte mit Preisen bestellen sollen! Ich habe keine Ahnung, was die Gerichte hier kosten, ich war noch nie in einem solchen Lokal."

Er antwortet eine Spur zu schnell.

„Nein, nein, ist schon gut. Mal kann man sich ja auch etwas Teueres leisten."

Eine Weile schweigen sie betreten. Sie fühlt sich plötzlich unwohl. Irgendwie ist es schäbig, sie in ein Luxusrestaurant einzuladen, um dann zu erwarten, dass sie erahnt, was billig ist. Ob er geglaubt hat, er könne einer Mucama allein damit imponieren, sie hierher zu führen? Er hätte bei ihr mehr Eindruck hinterlassen, wenn er sie in Amelias Garage eingeladen und ihr nicht das Gefühl vermittelt hätte, sie sei eine Schmarotzerin. Es tut ihr zwar weh, aber sie würde ihm anbieten, ihren Teil zu übernehmen. Sie will schließlich niemanden ausnutzen! Irgendwie ist das kein guter Anfang. Beim Essen fragt er sie schließlich, warum sie ausgerechnet nach Argentinien gekommen sei.

„Das ist eine lange Geschichte. Willst du sie wirklich hören?"

„Aber sicher will ich das. Was glaubst du, warum ich dich wiedersehen wollte? Doch nicht nur, um dich anzuschauen. Obwohl das durchaus lohnend ist!"

Sie ignoriert sein Kompliment und beginnt zu erzählen. Von ihrem Studium, vom stetig schrumpfenden Gehalt im Krankenhaus, vom „Nautilus" und von dem Überfall, von ihren Versuchen, sich als Kosmetikverkäuferin und Handlungsreisende für Damenoberbekleidung durchzuschlagen, von ihrer Hirnhautentzündung. Und dass ihr dann ihre Freundin Amelia erzählt hat, dass man in Argentinien als Hausmädchen für peruanische Verhältnisse gut verdient.

„Ich bin nicht gern aus Peru weggegangen, doch mir blieb kaum eine andere Wahl. Und ich sehne den Tag herbei, an dem ich zurückkehren kann, um in meinem Land wieder meine eigene Chefin zu sein", fügt sie noch hinzu.

„Kannst du dir nicht vorstellen, in Argentinien zu bleiben? Gefällt es dir hier nicht?"

„Ich kann mir nicht vorstellen, mein Leben lang als Hausmädchen zu arbeiten. Hier habe ich keine Chance auf einen anderen Job und kann auch kein Restaurant eröffnen. Und ehrlich gesagt: Ich habe nicht sehr viele Argentinier kennen gelernt, die mir wirklich gefallen. Ich habe das Gefühl, hier versucht jeder, jeden auszubeuten."

„Ja, das kann man wohl sagen. Mich hat mein bester Freund aus der Schulzeit um 10.000 Pesos geprellt. Ich hatte sie ihm geliehen, und er hat sie mir nicht zurückgegeben. Seitdem habe ich kaum noch Freunde. Man kann wirklich niemandem trauen! Das geht uns als Argentinier nicht besser als dir."

„Ja, findest du das denn nicht schrecklich? Ich wohne mit drei

Mädchen zusammen, zwei Peruanerinnen und einer Paraguayerin. Ihnen kann ich vertrauen. Das haben sie mir bereits bewiesen. Und meiner Familie vertraue ich auch."

„Ach, weißt du, mit meinen Eltern verstehe ich mich nicht sehr gut, und meine Schwester ist in Uruguay verheiratet, die sehe ich nur zu Weihnachten."

„Das ist aber schade. Warum kommst du denn mit deinen Eltern nicht aus? Ich habe ein sehr gutes Verhältnis zu meinen Eltern, besonders zu meinem Vater. Ich habe neun Geschwister, und zu allen habe ich Kontakt. Ich vermisse meine Familie sehr."

„Mein Vater ist immer schlecht gelaunt und meckert den ganzen Tag, seit er pensioniert ist. Das macht mich ganz krank. Ich bin immerhin dreißig Jahre alt, und da habe ich keine Lust mehr, mich ständig wegen Nichtigkeiten beschimpfen zu lassen. Mal passt ihm meine Frisur nicht, mal ärgert es ihn, dass ich Musik höre. Irgendetwas findet er immer. Und meine Mutter verteidigt ihn, obwohl er auch zu ihr nicht sonderlich freundlich ist. So besuche ich sie nur von Zeit zu Zeit, Weihnachten oder wenn sie Geburtstag haben."

„Dann wohnst du gar nicht mehr bei ihnen?"

„Nein, schon seit mehreren Jahren nicht mehr, seit ich mit dem Studium fertig bin. Ich habe eine kleine Wohnung auf der Avenida Corrientes, eine halbe Stunde zu Fuß von dir entfernt."

„Was hast du denn studiert?"

„Betriebswirtschaft, ich war auf der Katholischen Universität. Jetzt arbeite ich in der Verwaltung der Galerías Pacíficas, du kennst sie sicher, das Einkaufszentrum an der Avenida Córdoba im Zentrum."

„Und? Gefällt dir dein Job?"

„Doch, die Arbeit ist okay. Ich muss nur sehr viele Überstunden machen und komme abends spät nach Hause. Da bleibt mir viel zu wenig Zeit, um ins Kino zu gehen und zu lesen."

„In Peru bin ich auch viel ins Kino gegangen, doch hier bislang nicht. In der Woche kann ich abends ohnehin nicht weg, da muss ich arbeiten, und am Wochenende bleibe ich meist auf meinem Zimmer. Sie haben vor den Wahlen ein paar Hundert Illegale deportiert, und seitdem gehe ich so wenig wie möglich auf die Straße."

„Wenn du Lust hast, können wir nächsten Samstag ins Kino gehen. Wenn du mit mir zusammen bist, wird die Polizei dich wohl kaum auf der Straße anhalten."

„Das wäre schön. Ich ginge auch gern mal in eine Kunstgalerie oder in ein Museum. Die Familie, bei der ich zuerst gearbeitet habe, hatte ein Bild von einem argentinischen Maler namens Uriburu. Von ihm würde ich gern eine Ausstellung anschauen. Überhaupt möchte ich ein bisschen mehr über zeitgenössische argentinische Kunst erfahren. Ich mag Malerei, weißt du. Einer meiner Brüder ist Kunstlehrer, und von ihm habe ich viel gelernt. Er würde mich steinigen, wenn ich zurückkäme und hätte nicht eine einzige Ausstellung besucht."

„Von Malerei verstehe ich gar nichts. Aber ich begleite dich gern, vielleicht gefällt mir ja doch das eine oder andere Bild."

Man kann sich mit ihm gut unterhalten, denkt Cata, als Alberto zur Toilette geht. Anfangs hatte sie ihn für langweilig gehalten, doch da hatte sie sich vielleicht getäuscht. Er ist belesen, vor allem bei amerikanischen Romanen scheint er sich auszukennen. Am nächsten Wochenende will er ihr ein paar Bücher mitbringen, die ihm besonders gut gefallen. Sie ist froh, wenn sie sich keine Lektüre zu kaufen braucht. Bei den Méndez hatte sie sich immer Romane ausleihen dürfen, doch Señora Luisa, ihre neue Chefin, liest kaum Romane, sie interessiert sich vor allem für Geschichte, weil sie die in der Schule unterrichtet.

Gegen Mitternacht bittet Cata, dass er sie nach Hause bringen möge. Samstags halte sie gewöhnlich nicht lange durch, da sie den ganzen Morgen über arbeiten musste. Alberto besteht darauf, das Essen allein zu bezahlen, und er will auch nicht annehmen, dass sie den Taxifahrer entlohnt. Er fragt sie, ob sie Lust habe, am nächsten Tag mit ihm spazieren zu gehen, doch Cata wehrt ab: Sie habe Dringendes zu erledigen, aber am nächsten Samstag ginge sie gern mit ihm ins Kino. Nur nichts überstürzen, sagt sie sich. Sie verspricht aber, ihn im Laufe der Woche anzurufen, da ihre neue Chefin nicht wolle, dass sie in ihrem Haus Anrufe bekommt. Als das Taxi vor ihrem Haus hält, steigt er mit ihr aus. Er wolle den Rest zu Fuß machen. Er haucht ihr zum Abschied galant einen Kuss auf die Hand, und Cata ist ihm dankbar, dass er nicht versucht, sie zu küssen. Nach der Sache mit Juan hat sie sich vorgenommen, sich Zeit zu lassen.

Als sie auf ihr Zimmer kommt, erwarten sie die Freundinnen bereits, und sie kann sich vor Fragen kaum retten. Nein, verliebt sei sie nicht, aber Alberto sei sehr nett und sie werde ihn am kommenden Samstag wieder treffen.

„Ach Cata, ich würde dir so wünschen, dass etwas daraus wird! Du hast es verdient", sagt Adriana und ihrer Stimme ist anzumerken, dass der Wunsch von Herzen kommt. Amelia sieht die Angelegenheit wie immer unter praktischen Gesichtspunkten.

„Vielleicht heiratet er dich, dann kriegst du ein Arbeitsvisum. Dann könntest du als Krankenschwester arbeiten."

„Nun mal langsam, ich würde doch nicht wegen des Visums heiraten!"

„Was glaubst du, wie viele Mädchen das machen? Oder ein Kind kriegen, nur damit sie im Land bleiben können? Tausende, sage ich dir. Die Bolivianerin, die vor mir bei meinen Herrschaften gearbeitet hat, musste aufhören, weil sie ein Kind bekam. Sie hat mir erzählt, dass sie sich nur mit einem Jungen eingelassen hat, um schwanger zu werden. Die Mutter eines Kindes, das auf argentinischem Boden geboren wird, erhält das Recht auf eine Daueraufenthaltsgenehmigung. Jetzt ist sie legal im Land und arbeitet stundenweise. Und ich habe auch schon gehört, dass es Mädchen gibt, die dafür bezahlen, dass ein Argentinier sie heiratet. Dann bleiben sie eine Weile formal verheiratet, bis sie ihre Papiere haben, und später lassen sie sich wieder scheiden."

„Ich habe mal einen Film gesehen, in dem ein Franzose eine Amerikanerin um der Arbeitserlaubnis willen heiratete. Aber ich dachte, das gäbe es nur in Hollywood."

„Ach Cata, wo denkst du hin? Viele Frauen tun alles, nur, um hier bleiben zu können. Weil sie das Geld brauchen, um es nach Hause zu schicken. Wir wollen alle zurück nach Peru, aber die meisten Bolivianerinnen und Paraguayerinnen wollen das nicht."

„Mag sein, Amelia, aber ich werde jedenfalls nicht wegen eines Visums heiraten. Wenn ich heirate, dann weil ich den Mann mag und mit ihm zusammenleben möchte. Und mit Alberto muss ich sehen, wie es sich entwickelt. Bis jetzt bin ich nicht einmal in ihn verliebt."

Cata wartet bis Mittwoch, um ihn anzurufen. Damit er nicht denkt, sie liefe ihm nach. In ihrer Mittagspause geht sie zu einer Telefonzelle, wählt seine Nummer im Büro und hat ihn auch gleich am Apparat. Sie unterhalten sich eine Weile über das Kinoprogramm und beschließen, am Samstag einen argentinischen Krimi anzusehen. Plötzlich hört Cata, dass jemand mit den Fäusten auf die Telefonzelle eindrischt. Sie dreht sich um und sieht einen Mann mittleren Alters in einem Arbeitsanzug. Sie deutet ihm, dass es noch einen Moment dauern wird. Da reißt er die Tür auf und brüllt sie an.

„Du indianische Schlampe, sieh zu, dass du hier rauskommst. Geh in dein Land, da kannst du so viel quatschen wie du willst. Hier stiehlst du nur arbeitsamen Leuten die Zeit."

Sie ist es bereits gewöhnt, dass sie verstohlen angesehen wird mit ihren hohen Wangenknochen, ihren schrägstehenden Augen und ihrer braunen Haut, doch noch nie hat sie deshalb jemand so beleidigt. Sie fühlt, dass sie rot anläuft vor Zorn, doch sie verspürt auch Angst.

„Alberto, hast du gehört, was der Mann gerade zu mir gesagt hat? Was soll ich denn jetzt machen? Hoffentlich geht er nicht auf mich los, wenn ich die Zelle verlasse."

„Ruhe bewahren ist das Wichtigste. Er wird dir schon nichts tun. Hunde die bellen, beißen bekanntlich nicht."

„Aber lass uns Schluss machen, mir ist das unheimlich. Holst du mich dann am Samstag ab?"

Sie einigen sich über die Uhrzeit und Cata legt scheinbar gelassen auf und geht auf die Straße.

„Du dumme Kuh, hau bloß ab hier", ruft ihr der Kerl noch hinterher.

Am Abend erzählt sie Señora Luisa, was ihr passiert ist.

„Ja, so mancher Argentinier glaubt, nur diejenigen, die aus Europa eingewandert und zudem katholisch sind, seien vollwertige Menschen. Ich bin Jüdin, ich weiß sehr wohl, dass es hier Rassismus gibt.

Kürzlich hat man in einer Umfrage herausgefunden, dass nur jeder vierte Hauptstädter einem Juden, Chinesen oder Koreaner eine Wohnung vermieten würde! Vor ein paar Jahren ist das Gebäude unseres jüdischen Selbsthilfevereins von einem Terroristen in die Luft gesprengt worden, und es starben fast hundert Menschen bei der Explosion. Als ich einige Tage später im Taxi nach Hause fuhr, erklärte mir der Fahrer, es sei doch wirklich schrecklich, dass so etwas im Herzen von Buenos Aires passieren könne. Und das Schlimme sei, dass auch Unschuldige dabei ums Leben gekommen seien! Ich fragte ihn, wen er als unschuldig bezeichne, und ohne zu zögern sagte er, ‚katholische Argentinier, Señora‘, die hätten doch nun wirklich nichts mit der jüdischen Organisation zu tun gehabt. Der Mann glaubte also, dass man Juden bedenkenlos in die Luft sprengen kann! Ich hatte keine Lust, mich mit so einem Idioten zu streiten, darum habe ich nichts erwidert, aber ich war entsetzt. Und die Indianer, weißt du, die sind hier zu Tausenden im siebzehnten Jahrhundert unter der Zwangsarbeit gestorben, oder an den Krankheiten, die die Spanier nach der Eroberung aus Europa eingeschleppt haben. 1879 hat dann Präsident Julio A. Roca die letzten Stämme im Süden ausgerottet, in seiner sogenannten Wüstenkampagne zur Eroberung Patagoniens. Einige versprengte Indios leben noch im Norden und in Patagonien, aber sie vegetieren fast alle in bitterer Armut dahin. Auch Schwarze gibt es kaum noch, obwohl in der Kolonialzeit viele afrikanische Sklaven nach Argentinien gebracht worden waren. In den Unabhängigkeitskriegen dienten sie als Kanonenfutter, und in Rocas Wüstenkampagne gegen die Tehuelche und Mapuche im Süden ebenso. Einige Schwarze leben noch im Stadtteil Pompeya. Die Argentinier sind nicht an Menschen anderer Hautfarbe gewöhnt, und alles Fremde lehnen sie ab! Damit müssen wir uns wohl abfinden. Aber in anderen Ländern ist das wohl nicht viel anders.“

Señora Luisa seufzt. Sie kann nicht verleugnen, dass sie Lehrerin ist, denn sie hält gern Vorträge. Doch Cata stört das nicht. Sie braucht ihr nur ein Stichwort zu geben und gleich spult die Señora ihr Wissen ab. Cata hat in den wenigen Wochen, die sie bei ihr ist, schon viel über Argentinien gelernt. Besonders beeindruckt hat sie, was sie ihr über die Militärdiktatur berichtet hat. Eine ihrer Schwestern ist damals verschleppt worden, und bis heute weiß die Familie nichts über ihr Schicksal. Señora Luisas Mutter hat sich davon nie erholt, die alte Dame leidet unter Verfolgungswahn und ist ständig in psychiatrischer Behandlung. Ihre Eltern waren in der Nazizeit im Warschauer Ghetto ermordet worden. Sie selbst war mit einem der letzten Schiffe als Achtzehnjährige nach Argentinien entkommen. Und dann passierte 1975 das mit ihrer Tochter Sara. Sie war ein bildhübsches, blondes Mädchen, ihr Bild steht in einem Silberrahmen auf dem Kamin von Señora Luisa. Sie war Studentin und hatte in ihrer Freizeit Sozialarbeit in einem Armenviertel geleistet. Unter den Militärs machte sich allein schon subversiver Umtriebe verdächtig, wer Soziologie studierte. Und wer obendrein Armen half, konnte nur ein linker Aufwiegler sein. Fünf Männer in Zivil hatten sie nachts aus dem Haus geholt und in den Kofferraum eines grünen Ford Falcon gestoßen. Die Familie hatte damals sämtliche Polizeistationen, Krankenhäuser und Friedhöfe von Buenos Aires nach ihr abgesucht und unzählige Eingaben bei den Behörden gemacht. Doch vergeblich. Nach der Rückkehr zur Demokratie 1983 hatte dann eine Frau Señora Luisas Mutter aufgesucht, die mit Sara zusammen von den Militärs gefangengehalten worden war. Sie wusste nur, dass man Sara gefoltert hatte. Und eines Morgens war sie dann nicht mehr in ihrer Zelle.

Cata gefällt es bei Señora Luisa. Sie ist fast den ganzen Tag in der Schule, und ihre beiden Töchter, sie sind Zwillinge, besuchen die Universität. Nur die viele Bügelwäsche! Oft steht sie stundenlang am Bügelbrett, denn jede der drei Frauen braucht zwei Blusen am Tag. Wenn sie abends noch einmal außer Haus gehen, wechseln sie komplett die Wäsche, und am nächsten Morgen ziehen sie wieder etwas Frisches an. In der ersten Woche hat die Señora sie einmal angefaucht, weil sie die gewaschene Wäsche nicht zu unterst in den Schrank gelegt hatte, sondern obenauf. Sie hat ihr einen ihrer langen Vorträge gehalten über die gleichmäßige Abnutzung der Wäsche. Doch Cata schafft die Arbeit gut, die vier Zimmer und die beiden Bäder hat sie morgens schnell durchgewischt, denn die Frauen halten peinlich

Ordnung. Und wenn die Mädchen etwas liegen lassen, haben sie eine der Predigten der Mutter zu erwarten. Sie hebt dabei den Zeigefinger, ganz so, wie man es sich bei einer Lehrerin vorstellt.

Die Wohnung liegt im vornehmen Recoleta-Viertel, in der Nähe des Friedhofs, auf dem Evita Perón begaben liegt, doch sie hätte eine Renovierung nötig. Die Tapeten sind vergilbt und Bäder und Küche altersschwach. Dauernd funktioniert etwas nicht. Doch die Señora muss ihr Geld zusammenhalten. Als ihr Mann sie vor einigen Jahren verlassen hat, überschrieb er ihr zwar die Wohnung, doch seine monatlichen Zahlungen reichen nicht für große Investitionen. Und eine Lehrerin verdient nicht viel in Argentinien. Ihren Urlaub erarbeitet sie sich mit Nachhilfestunden. Weil das Läuten des Telefons sie dabei stört, darf niemand Cata anrufen, wenn die Señora zuhause ist. Doch Cata ist das nur recht. Sie mag nicht offen sprechen, wenn die Señora dabei ist, und so hat sie nur Adriana und ihrem Vater die Telefonnummer gegeben, für den Fall, dass sie sie dringend erreichen müssen.

Anstrengend wird es nur, wenn die Mutter der Señora zu Besuch kommt. Sie verlegt ständig alles, ihre Brille, ihre Handtasche, ihr Portemonnaie, und immer beschuldigt sie Cata, sie bestohlen zu haben. Doch seit Cata von ihrem Verfolgungswahn weiß, nimmt sie es nicht mehr so tragisch. Beim ersten Mal allerdings war sie empört, als die alte Frau ihr vorwarf, zwanzig Pesos aus ihrer Geldbörse gestohlen zu haben.

Gäste kommen selten, und die drei Frauen gehen meist früh zu Bett, so dass auch Cata zeitig Feierabend hat und sich abends ihren Romanen widmen kann. Die Zwillinge, Graciela und Estela, sind zwei hochnäsige Wesen. Sie sprechen nur selten mit ihr, meist tun sie so, als sei sie Luft. Und die Freundinnen, die sie gelegentlich abholen kommen, grüßen sie kaum, wenn sie ihnen die Tür öffnet. Doch Cata ist das inzwischen gleichgültig, und sie kann sich über den Job nicht beklagen: Sie hat noch nie so ruhig gelebt, seit sie in Argentinien ist. Erstmals respektiert eine Arbeitgeberin, dass der Mucama zwölf Stunden Freizeit am Tag zustehen.

Die Wochenenden gehören Alberto. Er holt sie Samstags von der Arbeit ab, und immer unternehmen sie etwas. Oft gehen sie ins Kino, und sie ist längst über argentinische Schauspieler und Regisseure auf dem laufenden. Mehrfach hat Alberto sie in seine Wohnung eingeladen, weil er ihr Videoaufnahmen alter argentinischer Filme zeigen will, die er besonders schätzt. Vor allem *Die Verschwundenen* müsse sie sehen, wenn sie mehr über die bleierne Zeit der Diktatur erfahren wolle, in der 30.000 Menschen das Schicksal von Sara teilten. Doch Cata hat bislang immer abgelehnt. Sie schätzt Alberto inzwischen sehr, weil er recht gebildet ist, doch sie ist sich nicht sicher, ob sie ihn liebt. Und bevor sie sich darüber nicht im klaren ist, will sie nicht mit ihm schlafen. Wenn sie erst die Einladung in sein Apartment akzeptiert, würde dies wohl unvermeidlich sein. Von Juan hat sie ihm zwar nicht erzählt, doch sie hat ihm gesagt, dass sie eine schlimme Enttäuschung hinter sich hat und Zeit braucht, um ihn besser kennen zu lernen. Es macht sie nachdenklich, ja misstrauisch, dass er sich mit seiner Familie nicht versteht. So etwas hat sie noch nie gehört. Adriana hätte allen Grund, mit ihrem Vater zu brechen, der ihr Geld vertrinkt und die Mutter trotz gesundheitlicher Risiken immer wieder schwängert. Und doch sorgt Adriana für ihn, weil er ihr Vater ist. Schlechte Laune kann doch kein Grund sein, um die Eltern nicht zu besuchen! Sie hat Señora Luisa danach gefragt, ob den Argentiniern die Familie nicht so viel bedeute wie den Peruanern, und diese reagierte fast empört.

„Wie kommst du denn darauf? Die Familien halten hier sehr eng zusammen! Vom Staat hast du keine Hilfe zu erwarten, also bleibt doch nur die Familie, die dich unterstützen kann, wenn es dir mal schlecht geht!"

Einmal hat Cata Alberto vorgeschlagen, auf eine Tasse Kaffee bei seinen Eltern vorbeizuschauen, doch er wiegelte ab. Vielleicht hat er auch Angst, den Eltern eine Mucama zu präsentieren?

Für Alberto spricht, dass er sie nicht bedrängt. Suchte er nur ein Abenteuer, hätte er sie schon längst verlassen, weil sie noch nicht mit ihm schlafen will. Und sie genießt auch seine Komplimente über ihr Aussehen.

Sie unternehmen lange Spaziergänge durch die Stadt, die sie inzwischen recht gut kennen gelernt hat. Ihr gefallen die hochherrschaftlichen Hauseingänge mit ihren messingbeschlagenen Doppeltüren aus schwerem Holz, und sie liebt es, in den alten Cafés mit ihren verwitterten Mosaikböden und den unbequemen Thonetstühlen zu sitzen und die Passanten zu beobachten. Tatsächlich sind die meisten Leute weißhäutig, und wie viele Frauen die Haare blondiert haben! Doch es erschreckt sie, wie unzufrieden und verbittert die meisten Menschen dreinschauen, wenn sie sich unbeobachtet glauben.

„Wir sind kein sonderlich fröhliches Volk", bestätigt ihr Alberto und erzählt, seine Großmutter habe Zeit ihres Lebens ihre Kleider in den alten Schiffskisten aufbewahrt, mit denen sie 1932 als junge Frau von Italien nach Argentinien gereist ist. Sie habe sich nie damit abgefunden, dass sie im falschen Amerika gestrandet sei. Bis heute träumten viele Menschen wie sie davon, irgendwann in die alte Heimat zurückkehren zu können. Sie sträuben sich dagegen, Lateinamerikaner zu sein, obwohl sie insgeheim wissen, dass sie auch keine Europäer mehr sind. Ob sie deshalb Indianer und Mestizen oft schlecht behandeln? Weil sie sich für etwas Besseres halten?

Sie besuchen das Grab Evita Peróns, und obwohl die Frau des ehemaligen Präsidenten Juan Domingo Perón bereits 1952 im Alter von 33 Jahren an Krebs gestorben ist, liegen viele frische Blumensträuße vor ihrer letzten Ruhestätte. Alberto hat nicht viel für Evita übrig. Sie sei eine autoritäre Person gewesen, die mit dem Nationalsozialismus kokettiert habe und jeden vernichtete, der gegen sie war. So habe sie die bekannte Schauspielerin Libertad Lamarque ins Exil getrieben, nur weil sie Evita einmal wegen ihrer Unpünktlichkeit zurechtgewiesen hatte, als sie gemeinsam einen Film drehten. Doch selbst Alberto muss zugeben, dass Evita viel für die Armen getan hat. Sie hat Hospitäler, Schulen und Siedlungen für Arbeiter gebaut, und ohne sie hätte es auch kaum ein Gesetz gegeben, das den Hausangestellten zumindest ein Minimum an Rechten zugesteht. Albertos Familie verehrt sie glühend. Seine Schwester wurde nach ihr benannt, und im Flur der Eltern hängt ein Bild der Frau, die viele Argentinier als geistige Mutter der Nation und Bannerträgerin der einfachen Leute bezeichnen.

„Immer, wenn sich meine Mutter über einen Politiker ärgert, sagt sie, wenn Evita noch lebte, wäre es nicht so weit gekommen!"

Weil Cata die Präsidentengattin fasziniert, führt Alberto sie in eine Ausstellung über Evita. Die vergilbten Fotos der ihr zuwinkenden Massen belegen, wie die Argentinier sie verehrten. Cata ist jedoch vor allem von ihren Kleidern begeistert. Zu schade, dass es verboten ist, die kostbaren Stoffe zu berühren, den Pepita-Tailleur mit schwarzem Samtkragen aus Kaschmir, die hellblaue Robe aus glänzender Seide und die dazugehörigen, mit echten Perlen bestickten Pumps aus schwarzem Samt.

„Eine Verschwendung war das, und alles auf Kosten des Volkes", brummt Alberto, und Cata tut, als hätte sie seine Bemerkung nicht gehört.

Nicolás Uriburu, der Maler, der Cata so gefällt, hat offensichtlich wie sie eine Schwäche für Evita. Überlebensgroß hat er ihr gehuldigt, sie stilisiert, in blauem Ballkleid vor einem Sonnenaufgang. Ihr Antlitz leuchtet, als wäre sie die Sonne. Alberto schüttelt nur den Kopf, als Cata vor dem Bild stehen bleibt.

Als sie sich am Montag von Señora Luisa ein Buch über Evita ausleihen will, bekommt diese einen ihrer Zornesausbrüche.

„Dieses Weib ist Schuld daran, dass so viele alte Nazis aus Deutschland nach Argentinien emigrieren und ihrer gerechten Strafe entgehen konnten! Zu Tausenden hat sie sie mit gefälschten Pässen ins Land geholt!"

Zum ersten Mal wagt Cata, der Señora zaghaft zu widersprechen.

„Ich verstehe nicht viel von Geschichte, und sie haben sicher Recht, Señora, doch in Peru hätte eine Frau wie Evita gefehlt! Dann hätte ich vielleicht nicht in ein Internat gehen müssen, weil es auch in meinem Dorf oder zumindest in der Nähe eine höhere Schule gegeben hätte. Und sie hätte womöglich für eine Krankenstation gesorgt."

Die Señora schnaubt nur und rauscht aus dem Raum. Kaum zu glauben, dass sich viele Argentinier noch über eine Frau entrüsten, die seit fast fünfzig Jahren tot ist!

Wieder rückt das Weihnachtsfest näher. Cata geht nun schon fast neun Monate mit Alberto aus, und sie hat sich an seine ruhige, zuvorkommende Art gewöhnt. Jedes Wochenende versichert er ihr aufs neue, dass er sie liebt, und immer noch findet er sich damit ab, dass sie ihn nicht in seiner Wohnung besuchen will. Ihre Freundinnen haben sie längst für verrückt erklärt, doch sie lacht nur darüber. Sie weiß selbst nicht, was sie zurückhält. Ihre konservative Erziehung vielleicht, oder die Tatsache, dass sie immer noch gelegentlich an Juan denkt, wenn Alberto sie in die Arme nimmt und küsst. Und vor allem stört sie, dass er sie bis heute nicht seinen Eltern vorgestellt hat.

Er hat sie eingeladen, Weihnachten mit ihm in seiner Wohnung zu feiern, und sie hat unter zwei Bedingungen zugestimmt: dass er ihre drei Freundinnen sowie Leonors neuen peruanischen Freund ebenfalls einlädt und sie das Weihnachtsmenu zubereiten darf. Sie sieht die Freundinnen ohnehin viel zu wenig, seit sie mit Alberto ausgeht. Zunächst zögert er, doch dann stimmt er zu. Truthahn wird es allerdings nicht geben können, denn Albertos Backofen versagt seine Dienste, und für einen neuen Herd hat er erst Geld, wenn er Ende Dezember sein dreizehntes Monatsgehalt bekommt. Seit Alberto sie jedes Wochenende einlädt, hat Cata kaum noch jemals etwas Peruanisches gekocht. Für Señora Luisa bereitet sie zwar täglich die Mahlzeiten zu, doch auch sie und ihre Töchter sind für Experimente nicht zu gewinnen.

Am Vormittag des Heiligen Abends schellt sie bereits zeitig bei Alberto.

„Cata, wie schön, dich schon so früh zu sehen! Du hast Glück, mich anzutreffen, denn ich wollte gerade für das Essen einkaufen gehen. Warum bist du denn so aufgeregt? Komm erst mal herein."

„Alberto, es ist etwas Furchtbares passiert. Die Señora hat seit drei Tagen einen Neffen zu Besuch. Und als ich heute Morgen in meinem Badezimmer aus der Dusche stieg, öffnet er plötzlich die Tür und schaut mich von oben bis unten an. Ich war im ersten Moment zu Tode erschrocken. Dann habe ich ihn angebrüllt, er solle verschwinden. Er grinste mich an und meinte, ich solle mich nicht so anstellen, er wolle mich doch bloß anschauen. Stell dir das vor.“

Alberto nimmt sie in den Arm und führt sie zum Sofa.

„Ich mache dir erst einmal einen Kaffee, damit du dich beruhigst. Hat er dich etwa auch angefasst? In diesem Land gibt es nämlich immer noch viele Männer, die glauben, die Mucama sei nicht nur für die Hausarbeit da.“

„Nein, dazu kam es Gott sei Dank nicht! Wohl, weil ich so gebrüllt habe. Nach dem Frühstück habe ich dann die Señora gebeten, sie möge ihrem Neffen sagen, dass so etwas nicht wieder vorkommen dürfe. Da hat sie doch glatt behauptet, ich hätte erfunden, dass er in mein Bad gekommen sei! Carlos sei ein wohlerzogener junger Mann, der es nie einer Frau gegenüber an Respekt fehlen ließe. Sie wurde richtig wütend. Ich habe ihr versichert, dass ich die Wahrheit sage, und da hat sie mich hinausgeworfen. Ich sei entlassen, weil sie jemandem, der haltlose Geschichten über ihre Familie in die Welt setze, nicht mehr vertrauen könne. Ich bin also mal wieder ohne Arbeit. Zumindest hat sie mir den vollen Lohn für Dezember sowie das Weihnachtsgeld gegeben.“

Alberto serviert ihr den Kaffee und beruhigt sie.

„Cata, so etwas kannst du dir nicht gefallen lassen! Die Señora ist eben doch nicht so nett, wie du immer gedacht hast. Sei nicht traurig, du wirst schon etwas Neues finden.“

Allmählich wird Cata wieder ruhiger und sie beschließen, gemeinsam einzukaufen. Hand in Hand schlendern sie durch den Supermarkt, und Cata ist zum ersten Mal froh, dass sie Alberto hat. Als er an der Kasse den Arm um sie legt, durchflutet sie ein warmes Gefühl der Geborgenheit.

Alberto bäckt leidenschaftlich, und am Abend zuvor hat er bereits eine Schwarzwälder Kirschtorte für den Nachtisch vorbereitet. Cata traut ihren Augen kaum, denn sie sieht aus wie von Profihand gemacht. Er habe das von seiner Großmutter gelernt, die habe für ihr Leben gern gebacken, berichtet er ihr stolz. Wenn sie gern Kuchen esse, würde er jedes Wochenende für sie backen, sagt er und lacht.

Als er ihr in der Küche assistiert, ist sie erstaunt, wie leicht es ihm

Tintenfisch mit schwarzer Olivensauce (pulpo al olivo negro)

Für 6 Personen

1 Tintenfisch
1 EL schwarzer Tee
250 g schwarze Oliven, entsteint
1 Tasse Mayonnaise
¼ Tasse Olivenöl
Salz, schwarzer Pfeffer
3 Avocados

Drei Liter Wasser aufkochen, Teeblätter einstreuen. Den gesäuberten Tintenfisch darin ca. 45 Minuten garen. Tintenfisch aus dem Wasser nehmen und unter fließendem Wasser die Teeblätter abspülen. Wenn der Tintenfisch abgekühlt ist, in ca. 1 cm große Stücke schneiden. Die Oliven mit dem Olivenöl in einem Mixer pürieren, Mayonnaise dazugeben und unterrühren. Mit Salz und Pfeffer würzen. Tintenfisch auf sechs Tellern portionieren, die Olivensauce darüber geben, mit jeweils einer halben, in Scheiben geschnittenen Avocado garnieren und mit Baguette servieren.

von der Hand geht, aus Eiern, Öl und Senf eine Mayonnaise zu schlagen.

„Es sieht aus, als hättest du das schon hundertmal gemacht!"

„Na, so oft nicht. Aber ich koche mir seit Jahren abends etwas Gescheites, und da habe ich so einiges gelernt."

Während Cata einen Tintenfisch, den sie zuvor in schwarzem Tee gekocht hat, in mundgerechte Stücke zerteilt, püriert er schwarze Oliven und rührt sie unter die Mayonnaise. Tintenfisch mit Olivensauce zählt zu Catas Lieblingsvorspeisen. Er ist zwar teuer, doch Weihnachten muss man sich etwas Besonderes leisten. Und nachdem sie am Morgen so ungerecht behandelt worden ist, hat sie es erst recht verdient, gut zu essen.

Auf dem Herd kocht bereits das Huhn, das sie in einen Hühnerpfeffer verwandeln wird. Als es gar ist, lässt sie es abkühlen, um es dann von den Knochen zu lösen und zu zerfasern. In seiner Brühe weicht sie vier Scheiben Weißbrot ein. Sie hackt eine Zwiebel, zwei Knoblauchzehen und eine gelbe Pfefferschote, brät sie in Öl an und rührt das Weißbrot mit etwas Brühe hinein, bis es zerfällt. Nach zehn Minuten gibt sie das Huhn sowie ein halbes Pfund Frischkäse hinzu und schmeckt den Hühnerpfeffer mit Salz ab. Wenn die Gäste kommen, muss sie ihn nur noch mit schwarzen Oliven und Vierteln von hartgekochten Eiern garnieren. Alberto probiert und verzieht das Gesicht vor Begeisterung. Auch das spricht für ihn: Ihm schmeckt einfach alles.

Es wird ein schöner Abend. Leonors Freund, ein Architekt, der in Peru keinen Job gefunden hat und nun in Argentinien auf dem Bau arbeitet, passt gut in die Runde. Er ist offen und hat Humor. Cata sieht es Leonor an, dass sie glücklich ist. Cata berichtet allen, was am Morgen im Hause von Señora Luisa vorgefallen ist, und die Freundinnen versprechen ihr, sich sofort nach einer neuen Stelle für sie umzuhören. Nachdem sie um Mitternacht auf Weihnachten angestoßen haben, stehen die Freunde auf. Sie bringen sie zur Tür, und als Alberto Cata in den Arm nimmt und sie leise fragt, ob sie noch bleibt, errötet sie leicht. Doch sie nickt.

KAPITEL 11

Das Kind

Adriana ist schwanger! Cata, Leonor und Amelia können es kaum fassen.

„Wie konnte dir das nur passieren? Wie willst du denn als Mucama ein Baby versorgen?"

Doch die Freundin strahlt Cata an: „Könnt ihr euch noch erinnern, dass wir vor einer Weile darüber gesprochen haben, dass die Mutter eines in Argentinien geborenen Kindes die Aufenthaltsgenehmigung erhält? Ich hatte das schon früher von anderen Mädchen gehört. Ja, und ich habe mir gedacht, das mit dem Kind ist auch für mich eine gute Lösung. Dann bin ich legal! Ich brauche keine Angst mehr zu haben, dass sie mich rauswerfen. Und ich kann in die Krankenkasse und in die Altersversorgung einzahlen! Ich muss doch an die Zukunft denken!"

„Ja, und das Kind?"

„Das gebe ich zu meinen Eltern nach Paraguay."

„Aber Adri! Da hat es doch keine Chance. Es wird wie du nur ein paar Jahre zur Schule gehen, mit zwölf Jahren muss es anfangen zu arbeiten, und irgendwann endet es als Mucama oder Hilfsarbeiter in Argentinien oder sonst wo auf der Welt."

Adrianas Züge verfinstern sich.

„Als wenn die Schule etwas nützt! Ihr habt studiert, eure Eltern haben viel Geld für eure blöde Universität ausgegeben, und nun seid ihr doch Mucamas!"

Die Freundin ist richtig böse geworden. Cata und Leonor schauen betreten, sie wissen nichts zu erwidern. Amelia findet als erste die Sprache wieder: „Adri, du hast zwar recht, wir sind auch Mucamas, und das ist ja auch weiß Gott keine Schande! Doch in spätestens zwei

Jahren werde ich zurückgehen nach Lima und dort mein Geschäft aufmachen. Wenn ich nicht Betriebswirtschaft studiert hätte, könnte ich das nicht, weil ich nicht wüsste, wie man Preise kalkuliert, mit anderen Firmen Verträge aushandelt, Bücher führt und Steuererklärungen macht. Wenn ich ein Kind habe, werde ich es auf eine gute Schule schicken."

„Du und Cata, ihr seid Ausnahmen. Leonor kann genau wie ich kaum etwas sparen für ein Geschäft oder ein Restaurant, weil sie ihr Geld ihrer Mutter schickt. Wenn ich schon in Buenos Aires arbeiten muss, dann bin ich doch lieber legal hier. Und meine Mutter ist eine gute Frau, gesundheitlich geht es ihr auch wieder gut, und sie wird mein Kind schon großziehen! Wenn ich nicht mehr illegal hier lebe, kann ich es jedes Jahr in Paraguay besuchen, ohne Angst zu haben, dass man mich nicht wieder ins Land lässt."

„Sag mal, Adri, was ist eigentlich mit dem Vater?", will Leonor wissen. Die Paraguayerin läuft rot an und schaut verschämt zu Boden.

„Ach, wisst ihr, ich habe ihn bei meiner Tante kennen gelernt, er ist auch aus meinem Dorf. Er sieht sehr gut aus, aber er ist erst achtzehn Jahre alt. Als ich zu meiner Tante kam, war er bei ihr zu Besuch. Sie war nicht da. Da haben wir ein bisschen geredet, über unser Dorf, über unsere Familien, ja, und dann haben wir miteinander geschlafen. Ich dachte, das ist eine gute Gelegenheit. Ich habe ihn seitdem nicht wieder gesehen, und er weiß auch nicht, dass ich schwanger bin. Er ist inzwischen längst wieder in Paraguay. Ich hoffe, mein Baby wird so hübsch wie er, er ist groß und hat ganz lange Wimpern, wie aus Seide."

„Adri, das hätte ich dir gar nicht zugetraut – einen Jüngling zu verführen! Aber sag mal, hast du denn schon mit deinen Herrschaften gesprochen, ob du weiterhin bei ihnen arbeiten kannst?"

„Ja, Cata, das habe ich. Señora Ana war sehr lieb, sie hat mir gesagt, ich könne arbeiten, solange ich wolle. Für die Geburt nehme ich meinen Urlaub. Und in den ersten sechs Wochen kann ich das Kind sogar mitbringen. Danach muss mein Vater es dann abholen."

„Meinst du denn, du kannst bis zur Geburt arbeiten? Und glaubst du, dein Vater kann einen Säugling auf der Busfahrt versorgen? Hoffentlich trinkt er dann nicht!"

„Ich habe gestern meiner Mutter geschrieben, vielleicht kommt sie mit oder meine Schwester Julia. Sie ist dreizehn und kann gut mit Kindern umgehen. Sie versorgt oft meine jüngeren Geschwister, wenn meine Mutter auf dem Feld war. Wenn Julia oder meine Mutter dabei ist, säuft mein Vater bestimmt nicht. Und was das Arbeiten angeht: Meine Mutter hat auch immer bis zum Tag der Geburt auf unserem Acker und im Garten gearbeitet, dann werde ich das bisschen Haushalt schon schaffen. Ich bin ja viel jünger als sie."

„Also, Adri, wenn du von uns Hilfe brauchst – du musst es nur sagen. Geh auf jeden Fall jeden Monat zum Arzt, damit es dir nicht wie Luz ergeht", mahnt Cata und verspricht ihr, sie in die Klinik zu begleiten.

Cata lebt seit dem Heiligen Abend bei Alberto, doch ihr Bett in der Thames-Straße hat sie vorsichtshalber noch nicht aufgegeben. Silvester hat Alberto ihr einen weißgoldenen Ring mit einem blauen Saphir geschenkt und sie gebeten, seine Frau zu werden. Sie war sehr glücklich darüber, aber sie hat sich Bedenkzeit erbeten, denn blind verliebt ist sie nicht.

Sie genießt das Zusammenleben mit ihm. Er ist zärtlich im Bett und verwöhnt sie sehr, mit Blumen, kleinen Geschenken und seinen köstlichen Torten. Er bügelt seine Hemden selbst, trocknet das Geschirr ab und hilft beim Putzen. Er wäre der ideale Ehemann, wenn er nicht so eifersüchtig wäre! Nachdem Adriana angerufen hatte, dass sie dringend mit ihr und den beiden anderen Freundinnen sprechen wolle, war er verärgert, dass sie ihn am Samstag nachmittag allein ließ. Sie hat ihm erklärt, dass sie ihre Freundinnen auch brauche, doch sie ist sich nicht sicher, ob er es verstanden hat. Schließlich hat er selbst keine Freunde. Er schmollte jedenfalls, als sie ging.

„Alberto hat mir einen Heiratsantrag gemacht!", erklärt sie den Freundinnen, nachdem sie noch eine Weile über Adrianas Baby gesprochen haben. Wenn es ein Mädchen wird, soll es Catalina heißen.

„Cata, das ist ja toll. Du hast doch hoffentlich ja gesagt?"

„Nein, Adri, habe ich nicht. Aber auch nicht nein. Ich habe ihm geantwortet, dass ich erst darüber nachdenken muss. Und ich wollte auch mit euch sprechen."

Adriana und Amelia raten ihr zu, wegen des Visums vor allem. Sie könne sich schließlich wieder scheiden lassen, wenn die Ehe nicht klappt. Nur Leonor versteht, dass Cata es sich gut überlegen will.

„Eine Scheidung ist teuer. Und immer mit viel Ärger verbunden. Cata, du musst dich fragen, ob du ihn liebst! Und ob es dir gefällt, mit ihm zu leben."

„Doch, es ist sehr schön mit ihm! Ob ich ihn liebe? Ich weiß es nicht. Jedenfalls nicht so wie Juan. Es ist … irgendwie ruhiger. Für Juan hätte ich alles getan, ich fieberte jedem Treffen mit ihm entgegen. Auf Alberto freue ich mich, aber ich empfinde für ihn nicht die gleiche Leidenschaft. Vielleicht habe ich auch nur Angst davor, wieder enttäuscht zu werden."

„Das mag sein, aber ist nicht auch jede Beziehung anders? Und Juan war dein erster Mann, das ist ohnehin immer etwas Besonderes. War Alberto schon einmal verheiratet?"

„Nein, Amelia, war er nicht. Aber er hat drei Jahre mit einer Frau zusammengelebt. Dann hat sie ihn verlassen, sie hatte einen anderen. Es hat ihn schwer getroffen. Mich stören eigentlich nur zwei Dinge an ihm: Er ist sehr eifersüchtig, auch auf euch, und er will mich nicht seinen Eltern vorstellen, angeblich, weil sie so schrecklich sind und doch nur an mir herummäkeln würden. Ich glaube eher, er schämt sich, weil ich eine illegale Mucama bin."

„Sag ihm doch einfach, was du vermutest, dann siehst du, wie er reagiert!"

„Ich glaube, Amelia, das ist eine gute Idee. Ach, es tut immer so gut, mit euch zu reden! Es ist wirklich schön mit Alberto, aber ihr fehlt mir doch. Das Zimmer werde ich auf jeden Fall behalten, bis ich mir über alles im Klaren bin…"

Leonor unterbricht sie: „Cata, ehe ich es vergesse: Ich habe Arbeit für dich! Nicht als Mucama, sondern als Putzfrau. Eine Freundin meiner Señora, eine Journalistin, die beim deutschen Fernsehen arbeitet, sucht jemanden, zwei Mal pro Woche vier Stunden, und eine andere Bekannte, die Frau eines Bildhauers, möchte eine Zugehfrau einmal in der Woche für acht Stunden. Wäre das nichts für dich, wo du doch jetzt bei Alberto wohnst? Sie zahlen sechs Pesos die Stunde und das Geld für den Bus."

„Oh, Leo, das wäre fantastisch! Das wären … knapp 400 Pesos im Monat. Das ist besser als nichts. Vielleicht finde ich ja noch jemanden, der stundenweise eine Putzfrau sucht, dann hätte ich fast das gleiche Einkommen wie eine Mucama. Ich bin nicht von Alberto abhängig und muss auch nicht an mein Erspartes gehen!"

„Vor allem die Journalistin ist nett, sie heißt Mercedes Rojas, sie kommt gelegentlich zu meiner Señora zum Essen. Ich schreibe dir die Telefonnummern auf, dann kannst du dich mit den Leuten in Verbindung setzen."

Auf dem Rückweg zu Alberto ruft Cata von einer Telefonzelle aus bei ihrem Bruder José und seiner Frau in Lima an, denn sie möchte nicht, dass Alberto das Gespräch hört. Susana ist am Apparat, und Cata erzählt auch ihr von Albertos Heiratsantrag.

„Weißt du, Cata, das mit der Liebe und der Leidenschaft ist so eine Sache. Ich bin jetzt zehn Jahre mit deinem Bruder verheiratet, und wir verstehen uns immer noch prächtig. José war auch nicht die große Liebe meines Lebens, und wilde Leidenschaft verband uns nie. Doch ich würde sagen, wir führen eine gute Ehe. José ist mein bester Freund und Berater. Leidenschaft vergeht ohnehin nach ein paar Jahren, das kann ich dir aus Erfahrung sagen, denn ich war ja vorher schon einmal fest liiert. Was am Ende zählt ist, dass man den Alltag mit seinen tausend Problemen gemeinsam bewältigt. Wenn du von mir einen Rat willst: Sag Alberto, der auf deinen Fotos übrigens sehr sympathisch aussieht, du möchtest gern noch ein halbes Jahr mit ihm zusammenleben und im Juli heiraten. Bis dahin kannst du ihn dir noch genauer anschauen. Und eines ist klar: Dein Bruder und ich kommen natürlich zur Hochzeit!"

„Ach Susana, das wäre wirklich schön. Und ich glaube, du hast Recht, es wäre gut, wenn ich noch ein paar Monate mit ihm zusammenlebe."

Die Schwägerin berichtet, dass es der ganzen Familie gut geht. Cata ist jedes Mal froh, das zu hören. Die Eltern sind weit über sechzig, und manchmal hat sie Angst, ihnen könnte etwas passieren und sie würde sie nicht lebend wiedersehen. Es sind über zwei Jahre, die sie nicht bei ihnen war. Als sie arbeitslos wurde, hatte sie erwogen, für zwei Wochen nach Peru zu fliegen, doch das hätte ein zu großes Loch in ihre Kasse gerissen. 4.600 Pesos hat sie inzwischen angehäuft, und sie ist stolz darauf. Sie legt immer noch eisern jeden Monat 300 Pesos zur Seite. Oft hat sie ein schlechtes Gewissen, dass sie sich gar nicht mehr um die Eltern kümmern kann. Doch sie würde es nachholen, wenn sie wieder in Peru wohnt. Aber würde sie überhaupt jemals wieder in der Heimat leben? Alberto hat eine gute Arbeit in Argentinien, und er würde bestimmt nicht mit ihr nach Lima gehen wollen. Ob sie in Buenos Aires ein Restaurant eröffnen könnte, wenn sie verheiratet ist? Dafür würde ihr Geld kaum reichen, denn hier kostet ein Ladenlokal in einem bürgerlichen Viertel um vieles mehr als in Lima. Mit einem Dauervisum könnte sie natürlich auch als Krankenschwester arbeiten, sie werden gesucht, behauptet Alberto. Und sie verdienen nicht schlecht, über 900 Pesos im Monat. Private Hospitäler zahlen sogar noch mehr. Wieder in ihren Beruf zu gehen, wäre auch eine Überlegung wert. Und doch: Die Arbeit im „Nautilus" hat ihr mehr Spaß gemacht…

Am Abend schlägt sie Alberto vor, Ende Juli zu heiraten. Ende Juli, denn dann könnte auch Adriana an der Hochzeit teilnehmen, weil ihr Baby bereits auf der Welt wäre. Aber das sagt sie ihm natürlich nicht. Im Juli, so erklärt sie ihm, könnten nämlich ihr Bruder und ihre Schwägerin kommen, und das sei ihr sehr wichtig. Für die Eltern wäre die Reise zu beschwerlich, ihre Mutter schafft das nicht, zunächst 24 Stunden mit dem Bus nach Lima zu fahren und dann noch nach Buenos Aires weiterzufliegen. Alberto ist glücklich. Er nimmt sie immer wieder in den Arm und beginnt, Pläne für den großen Tag zu schmieden. Kirchlich heiraten wollen sie beide nicht, denn er ist ebenso wenig gläubig wie sie. Er will einen Fotografen bestellen, Einladungen drucken lassen und nach der Trauung in Puerto Madero essen, im Katrine, weil sie dort ihren ersten gemeinsamen Abend verbracht haben. Ihre Einwände, das sei viel zu teuer, lässt er nicht gelten. Schließlich heirate man nur einmal im Leben. Außerdem habe er gespart. Er freut sich, dass ihr Bruder und ihre Schwägerin eigens anreisen wollen.

„Meine Eltern werde ich nicht einladen, mein Vater würde uns nur das Fest verderben mit seiner Meckerei. Aber wenn dein Bruder kommt, ist wenigstens jemand von deiner Familie dabei. Und sie scheinen ja auch viel netter zu sein als meine Sippe."

„Aber das kannst du doch nicht machen, deine Eltern nicht zu deiner Hochzeit einladen! Sag mal, versteckst du mich vielleicht vor ihnen? Weil ich eine Illegale bin? Und Mucama noch dazu? Oder weil ich Mestizin bin?"

„Aber Cata, wie kannst du so etwas denken? Ich verstecke dich doch nicht. Du weißt doch, wie stolz ich auf dich bin. Das Problem ist die argentinische Gesellschaft: Von einer Mucama nimmt jeder gleich an, dass sie mit ihren Chefs ins Bett geht, wenn die Señora den Rücken dreht, und Argentinien ist ein rassistisches Land, du hast es doch selbst schon erlebt, denk nur an den Kerl vor der Telefonzelle! Ich will dir einfach nicht zumuten, dass jemand unfreundlich zu dir ist, nur, weil du nicht aus Europa stammst. Deshalb werde ich auch keinen meiner Kollegen einladen, denn sie werden sich nur das Maul über dich zerreißen. Und das schadet mir dann im Büro. Schließlich will ich doch dieses Jahr befördert werden! Mit dir hat das gar nichts zu tun, nur mit diesem Land, in dem die Leute so borniert sind."

Cata sieht ihn an, doch sie sagt nichts. Sie muss das erst verdauen. Sie geht in die Küche und beginnt, die Waschmaschine zu füllen, doch er folgt ihr und fragt: „Bist du jetzt böse? Ich sage dir nur, wie die Dinge hier liegen! Man muss doch den Tatsachen ins Auge schauen."

Er will sie in den Arm nehmen, doch sie entzieht sich ihm.

„Weißt du, wenn die Leute so sind, wie du sagst, dann muss man sich dagegen wehren."

„Aber das kann man doch gar nicht. Glaubst du, mein Chef würde mir sagen, ich befördere dich nicht, weil du mit einer Peruanerin verheiratet bist? Dann könnte ich ihm sagen, Chef, das ist ungerecht. Aber das läuft viel subtiler ab! Er wird nichts sagen und mich stillschweigend übergehen. Auch mein Vater würde kein Wort darüber verlieren, dass er Peruaner nicht mag. Er würde uns nur mit seiner schlechten Laune die Hochzeit verderben, und das will ich nicht. Ich will uns schützen, kannst du das denn nicht verstehen?"

„Ich muss darüber nachdenken, Alberto. Ich habe mich noch nie verstecken müssen!"

„Aber das musst du doch auch nicht! Gehen wir denn nicht überall zusammen hin? In Restaurants, ins Theater, ins Kino, ins Museum. Ich bin stolz, eine so schöne, kluge Freundin zu haben, Cata, merkst du das denn nicht? Ich will wirklich nur dir und mir Ärger ersparen, glaube mir!"

„Doch, ich glaube dir. Aber es tut doch weh."

„Das verstehe ich, aber wir beide können die Menschen hier nicht ändern! Wir haben uns, und das ist doch das Wichtigste, oder?"

„Sicher hast du recht."

Doch ganz überzeugt ist sie nicht. Wenn sie nur eine argentinische Freundin hätte, die sie fragen könnte, ob dies Land tatsächlich so rassistisch ist! Obwohl: Señora Luisa hat auch über den Rassismus geschimpft.

Einen Monat später gibt Cata ihr Bett in der Thames-Straße auf. Alberto mag seine Fehler haben, doch seine guten Seiten überwiegen. Es ist schön, nach der Arbeit in eine richtige Wohnung zu kommen, und nicht in einem engen Kämmerchen hocken zu müssen. Bei Señora Luisa hatte ihr Zimmer nicht einmal ein Fenster, nur einen Belüftungsschacht. Im Sommer konnte sie oft nicht einschlafen, weil es so stickig war. Zwar gab es einen Schrank, doch darin lagerte das Putzzeug. Und es ist schön, die Abende nicht allein verbringen zu müssen. Alberto kommt selten vor acht Uhr aus dem Büro zurück und Cata hat Zeit, in aller Ruhe zu kochen. Er liebt die peruanische Küche, vor allem ihre Fischgerichte. Sie muss an sein Gesicht denken, als sie ihm zum ersten Mal Ceviche vorgesetzt hat.

„Der Fisch ist nicht gekocht? Das ist ja ekelhaft. Roher Fisch, igitt."

Doch sie konnte ihn überreden, zumindest einmal zu probieren. Zumal der Fisch nicht roh sei, weil er mit reichlich Zitronensaft übergossen wird, und der gart den Fisch. Seitdem will er immer wieder Ceviche essen und hat sich sogar erklären lassen, wie man ihn zubereitet. Und er liebt Choros a la Chalaca, eingelegte Miesmuscheln. Im „Nautilus" hat sie immer ihren Gästen eine Muschel als Amuse Gueule vorgesetzt. Man muss nur Zwiebeln, Tomaten, etwas Ají, Petersilie und Koriander sehr fein hacken, mit dem Zitronensaft mischen und auf die gekochten Muscheln geben, die man in der Hälfte ihrer Schale belässt, an der sie festgewachsen sind.

Meist gönnen sie sich ein Glas Wein zum Essen, sitzen lange und reden oder sehen sich einen Film im Fernsehen an. Sie mag es auch, mit ihm Arm in Arm auf dem Sofa zu sitzen und ein Buch zu lesen. Wenn sie es recht überlegt: Was kann sie mehr vom Leben verlangen?

Sie hat darauf bestanden, die 150 Pesos, die sie in der Thames-Straße an Miete gezahlt hat, nun zu Albertos Wohnung beizusteuern. Zunächst wollte er das nicht, doch sie konnte ihn überzeugen, dass sie sich dann besser fühlt. Schließlich kommt er auch weitgehend für ihren Lebensunterhalt auf, obwohl sie wieder arbeitet und jede Woche fast 150 Pesos verdient. Oft bezahlt sie den Einkauf, doch sie kann weiterhin ihre 300 Pesos weglegen.

Sie hat die beiden Putzstellen bekommen, und Señora Mercedes hat ihr sogar noch eine dritte vermittelt. Mercedes Rojas gefällt ihr sehr. Sie will nicht, dass man sie Señora nennt, sie redet Cata sogar mit Sie an. Und sie ist sehr großzügig. Nie will sie Geld zurück, wenn sie ihren Lohn nicht passend hat, und sie hat ihr kürzlich einen sehr wertvollen Kaschmirpullover geschenkt, den sie zum Geburtstag bekommen hat und der ihr zu klein war. Cata hat inzwischen einen Schlüssel zu ihrer Wohnung, denn Mercedes ist oft beruflich unterwegs. Sie ist die Produzentin eines deutschen Fernsehkanals, hat sie Cata erzählt. Bevor der Korrespondent und das Fernsehteam aufbrechen, um einen Film zu machen, fliegt Mercedes voraus und sucht die Schauplätze und Interviewpartner aus. Sie war schon in vielen Ländern Südamerikas, auch in Peru. Sogar in Tingo María hat sie gedreht, einen Beitrag über den Leuchtenden Pfad und den Anbau von Coca! Auf Catas Bitte brachte sie die Kassette mit und sie haben sie sich zusammen angeschaut. Cata traute ihren Augen nicht, als ihre Freundin Marta im Bild erschien. Sie verstand nur Fetzen von dem, was Marta sagte, da das Interview ins Deutsche übersetzt worden war. Es ging natürlich um den Verkauf von Chemikalien für die Herstellung von Kokainpaste. Marta war schön und elegant wie immer. Cata war gerührt, als sie sie sah. Wie gern würde sie Marta wiedersehen! Als Mercedes ihr erzählte, sie habe mit Marta zu Abend gegessen, umarmte Cata sie spontan und berichtete ihr, wie selbstlos Marta ihr geholfen hat.

Auch zu der Familie, die Mercedes ihr vermittelt hat, geht Cata gern. Die Frau des Bildhauers allerdings gefällt ihr nicht sonderlich. Wenn Cata kommt, teilt sie ihr die Arbeit zu, doch sie wechseln nie ein privates Wort. Und sie ist geizig. Obwohl Cata ganztags bei ihr ist, hat sie ihr noch nie mittags etwas zum Essen angeboten. Am ersten Tag war ihr fast schlecht vor Hunger, doch jetzt nimmt sie sich immer ein Brot mit.

Da sie nur an drei Wochentagen arbeitet, hat sie Zeit, Adriana regelmäßig zum Arzt zu begleiten. Ihre Freundin ist immer noch glücklich über ihre Schwangerschaft, und sie sehnt den Tag herbei, an dem sie ihr Visum beantragen kann. Allerdings war es ein harter Schlag für sie, als Señora Ana ihr sagte, sie werde sie auch nicht anmelden, wenn sie sich legal im Lande aufhält. Die Sozialversicherung koste über Hundert Pesos im Monat, die könne sie nicht aufbringen. Zudem seien mehrere Behördengänge für die Anmeldung notwendig, dazu habe sie keine Zeit. Und sie kenne niemanden, der seine Mucama versichert, das sei nicht üblich in Argentinien. Cata hat Adriana geraten, jetzt nicht darüber nachzudenken, sondern ihr Baby gesund zur Welt bringen. Wenn sie die Aufenthaltsgenehmigung dann tatsächlich in Händen halte, könne sie sich immer noch eine neue Stelle suchen.

Das Kind entwickelt sich prächtig, hat der Arzt im Sardá-Krankenhaus gesagt, und Adriana freut sich, als der Ultraschalltest ergibt, dass sie eine Tochter bekommen wird. Wenn Cata das Krankenhaus betritt, muss sie immer daran denken, wie sie hier mit Adriana darauf wartete, dass Luz' Baby zur Welt kommt und dann die Nachricht vom Tod der Mutter erhielt. Adriana sagt sie nichts davon, und erst recht behält sie für sich, dass sie Angst hat, auch Adriana könnte hier nicht gut versorgt werden. Adriana scheint jene schreckliche Nacht

194

Miesmuscheln nach Chalaca-Art (choros a la chalaca)

für 4 Personen

24 Miesmuscheln
2 große Zwiebeln
2 große Tomaten
½ Tasse gehackte Petersilie
2 EL gehackter Koriander
1 rote Peperoni
2 Limetten

Muscheln in kochendem Wasser garen. Abgießen. Die Muscheln in der Hälfte der Schale belassen, an der sie festgewachsen sind. Die andere Hälfte der Schale entfernen. Jeweils 6 auf einem Teller anrichten. Tomaten häuten und fein hacken, Zwiebeln fein hacken, Peperoni von den Kernen säubern und ebenfalls fein hacken. Tomaten, Zwiebeln, Peperoni und Kräuter mit dem Saft der beiden Limetten vermischen und auf die Muscheln verteilen.

verdrängt zu haben. Was bleibt ihr auch? Für ein privates Krankenhaus hat sie kein Geld.

Ende Juni, es ist ein bitterkalter Tag, ruft Señora Ana bei Cata an. Es ist Freitag, sie hat frei und putzt gerade die Wohnung.

„Cata, ich glaube, bei Adriana ist es so weit. Sie hat seit zwei Stunden Wehen. Kannst du sie abholen und ins Krankenhaus begleiten? Ich kann meine Kinder nicht alleinlassen."

Cata hinterlässt Alberto einen Zettel auf dem Küchentisch und ruft Pablo an, den netten Taxifahrer. Er holt zunächst sie ab, und dann fahren sie zu Adriana. Die Wehen kommen bereits alle zwei Minuten.

„Pablo, ich glaube, du musst dich mal wieder beeilen. Es fehlt nicht mehr viel."

Pablo fährt, als hätte er den Teufel im Nacken. Nach einer halben Stunde sind sie im Hospital. Wieder will eine Schwester sie abwimmeln wie damals bei Luz, doch aus Erfahrung klug, behauptet Cata nun, sie sei die Kusine und darf Adriana in den Kreißsaal begleiten. Cata hält ihre Hand, wischt ihr den Schweiß von der Stirn und redet ihr gut zu. Adriana muss sich nicht lange quälen. Bereits nach einer guten halben Stunde verkündet die Hebamme, der Kopf des Kindes sei nun da, und wenig später ist Catalina geboren. Cata wäscht ihr kleines Patenkind und legt es der erschöpften Mutter in den Arm.

„Adri, ist sie nicht süß? Und du warst ganz toll, richtig tapfer."

„Ach, ist sie schön! Und schau, sie hat die Wimpern ihres Vaters, lang und seidig. Und es war auch alles gar nicht so schlimm. Nur bin ich jetzt furchtbar müde."

Nach drei Tagen wird Adriana aus dem Krankenhaus entlassen, und sie zieht für die Dauer ihres Urlaubs mit Catalina in Albertos Arbeitszimmer. Señora Ana hatte Adriana zwar erlaubt, in ihrer Kammer zu wohnen, doch Adriana zog es vor, bei Cata zu bleiben. Sonst hätte sie trotz Urlaub doch im Haushalt geholfen. Adriana fand, die Señora sei wirklich großzügig, doch Cata widersprach ihr heftig: „Adri, sie hat zwar das Recht, dich zu entlassen, wenn du schwanger bist, doch wenn sie dich weiterhin beschäftigt, stehen dir sechs Wochen bezahlter Mutterschaftsurlaub zu! Aber du musst deine zwei Wochen Jahresurlaub nehmen, um dein Kind zu kriegen. Daran ist gar nichts großzügig! Wie gut wäre es, wenn du den Urlaub noch hättest, um Cati in einem halben Jahr in Paraguay zu besuchen und dich nach der Geburt drei Wochen ausruhen und um dein Kind kümmern könntest!"

„Ja, das stimmt zwar, aber ich darf immerhin Cati für sechs Wochen mitbringen! Das ist doch sehr nett!"

„So nett nun auch wieder nicht, denn du musst schließlich arbeiten. Und du wirst sehen: Du wirst ganz schön schuften müssen. Du musst Cati versorgen und den ganzen Haushalt machen. Zudem bleibt jetzt bestimmt viel liegen. Glaubst du, die Señora bügelt in diesen zwei Wochen? Sie wird die Wäsche schön für dich aufheben!"

„Ach, Cata, aber ich habe doch keine andere Wahl, als mich auf ihre Vorschläge einzulassen. Wenn du schwanger bist, findest du keine neue Stelle. Wenn sie mich entlassen hätte, das wäre schlimm gewesen. Und ich arbeite auch gern bei ihr. Sie ist freundlich zu mir, sie zahlt jetzt pünktlich, und die beiden Jungen mag ich sehr."

Alberto ist ganz verrückt nach Cati. Es stört ihn nicht, dass die Kleine ihn jede Nacht weckt, weil sie Hunger hat, und die Wände in dem Apartment nicht sonderlich dick sind. Er hat sie sogar schon gewickelt. Er wird ein guter Vater sein, denkt Cata. Am liebsten möchte er sofort auch ein Kind, doch Cata wehrt ab.

„Ich fände es auch sehr schön, ein Baby zu haben. Doch erst muss ich wissen, was beruflich aus mir wird. Jeden Tag melden die Nachrichten, dass immer mehr Firmen schließen und die Leute ohne Arbeit auf der Straße stehen. Stell dir vor, wir hätten ein Kind, und du verlörest deine Stelle! Da muss ich doch wenigstens meinen Titel als Krankenschwester in Argentinien anerkannt haben, damit ich in einem solchen Fall arbeiten könnte. Wovon sollen wir denn sonst leben? Und ich finde auch, wir sollten zuvor zumindest eine Wohnung kaufen, damit wir ein sicheres Dach über dem Kopf haben. Lass uns beide noch ein paar Jahre arbeiten und sparen, bevor wir eine Familie gründen."

„Ich habe 20.000 Pesos auf der Bank, und du hast fast 6.000 Pesos gespart. Für ein kleines Drei-Zimmer-Apartment wie dieses müssen wir etwa das Doppelte rechnen. Wenn alles gut geht, können wir in zwei Jahren etwas kaufen. Viele Leute nehmen eine Hypothek auf, doch das ist furchtbar teuer, die Zinsen liegen im Moment bei fünfzehn Prozent, ich habe mich erkundigt. Im Oktober sind außerdem Präsidentschaftswahlen. Bestimmt werden die Peronisten durch die Radikale Bürgerunion abgelöst. Die Leute sind die Korruption der Peronisten unter Präsident Carlos Menem leid. Und man weiß nie, was die Radikalen für eine Wirtschaftspolitik machen werden. Besser, sich nicht zu verschulden und zu sparen."

Eine Woche später wollen sie das Aufgebot bestellen. Cata liegt zuvor fast eine ganze Nacht wach und grübelt, ob der Schritt der richtige ist. Die Aussicht auf eine ruhige, gesicherte Existenz ist wunderbar. Eine Eigentumswohnung, ein Arbeitsvertrag an einem Krankenhaus, ein Mann, der sie liebt und irgendwann zwei Kinder! Doch sie gibt dafür etwas auf: Den Traum, in ihre Heimat zurückzukehren, regelmäßigen Kontakt zu ihrer Familie zu pflegen und wieder im eigenen Restaurant zu arbeiten. Doch weiß sie, ob sie jemals wieder einen Mann wie Alberto finden würde? Lohnt es sich, ihn um des Traumes von einem Restaurant willen aufzugeben, der womöglich nie Wirklichkeit wird? Wohl kaum. Und wenn sie ehrlich ist, kann sie es sich auch nicht mehr vorstellen, wieder allein zu sein. Er schläft tief. Sie schmiegt sich an ihn und schläft ebenfalls ein, zufrieden, dass sie sich entschieden hat.

Adriana genießt die Hochzeitsvorbereitungen genauso wie Cata und Alberto. Sie kaufen Eheringe, entwerfen die Anzeigen, bestellen den Fotografen und besprechen das Hochzeitsmenü: Als Vorspeise wird es Fischsuppe geben, Rinderfilet mit Rukulasalat und Tomatencoulis als Hauptgericht und zum Nachtisch Cassis-Sorbet mit Waldbeeren aus Patagonien. Alberto wählt einen Rotwein aus der Malbec-Traube, den er besonders liebt. Malbec gedeiht nirgendwo auf der Welt so gut wie in Argentinien, und er möchte, dass José und Susana einen typisch argentinischen Wein kennen lernen, obwohl Cata ihn daran erinnert, dass ihr Bruder keinen Alkohol trinkt. Nach dem Essen wird mit einem Glas Sekt angestoßen und zum Abschluss dann noch die Hochzeitstorte angeschnitten. Sie wird dreistöckig sein, so wie Cata es sich gewünscht hat. Adriana hat noch nie ein so vornehmes Restaurant betreten. Vor Ehrfurcht wagt sie nur zu flüstern. Cati dagegen hat keinerlei Scheu, sie schreit, denn sie hat Hunger. Adriana nimmt sie aus dem Tragetuch. Für einen Kinderwagen hat sie kein Geld, und so bindet sie sich das Kind in dem bunten Tuch vor den Bauch, wie es ihre Mutter auch mit ihr und ihren Geschwistern gemacht hat. Da das Lokal noch nicht geöffnet hat und sie mit der Wirtin allein sind, legt Adriana Cati an die Brust, und sie wird gleich ruhig. Adriana geht so selbstverständlich mit dem Baby um, als hätte sie bereits viele Kinder groß gezogen.

Auch das Hochzeitskleid sucht Cata mit Adriana und ihrer Tochter aus. Alberto muss zuhause bleiben, denn es bringt Unglück, wenn der Bräutigam das Kleid vorher sieht. Cata entscheidet sich für ein schlichtes, cremefarbenes Wollkleid mit einem kurzen Jäckchen. Dazu hochhackige, fliederfarbene Pumps, und ein Fliedersträußchen aus Tüll für das Revers der Jacke. Als Adrianas Urlaub zu Ende geht und sie mit ihrer Tochter zu Señora Ana umgezogen ist, vermissen Cata und Alberto die beiden.

„Adriana ist ein guter Kumpel, und Cati ist mir richtig ans Herz gewachsen in den zwei Wochen", sagt Alberto.

„Von mir aus könnten sie hier wohnen bleiben!"

„Das glaube ich gern, dass die Idee dir gefällt, mit drei Frauen im Haus zu leben", neckt ihn Cata, die froh darüber ist, dass Alberto sich so gut mit ihrer Freundin versteht, obwohl er immer behauptet hat, Freunde taugten nichts.

Drei Tage vor der Hochzeit ruft Adriana an. Sie ist in Tränen aufgelöst: „Cata, ich weiß nicht, was ich machen soll! Die Señora hat gesagt, mein Vater müsse früher kommen, weil mich Cati zu viel Zeit kostet und ich meine Arbeit nicht schaffe. Und außerdem störe das Kind doch sehr, weil es nachts schreit und ihre Kinder weckt. Was soll ich denn nur tun? Das Baby hat doch noch keinen Pass, den habe ich erst beantragt. Mein Vater kann es aber ohne Ausweis nicht mit nach Paraguay nehmen!"

„Wenn du willst, nehme ich Cati, bis dein Vater kommt. Alberto hat bestimmt nichts dagegen. Ich glaube, sie ist mit vier Wochen auch noch sehr klein für eine sechzehnstündige Busfahrt. Bei Señora Mercedes kann ich sie mitbringen und bei ihren Freunden auch. Nur montags, bei dem Bildhauer, wird es nicht gehen, die Leute sind so geizig, dass sie Angst haben werden, ihnen geht eine Minute Zeit verloren, die sie bezahlt haben, wenn ich mich zwischendurch um Cati kümmere. Frag deine Señora, ob es ihr recht ist, wenn du Cati immer Montag morgens mitbringst und ich sie abends nach meiner Arbeit abhole. Einen Tag in der Woche wird sie sie ja vielleicht noch ertragen. Den einen Monat, bis dein Vater kommt, kriegen wir auch noch rum."

„Ach, Cata, ich bin ja so froh, dass ich dich habe! Ich finde es zwar schrecklich, dass ich Cati dann nur am Wochenende sehe, und ich kann sie auch nicht mehr stillen, aber ich glaube, so würde es gehen."

Am Abend holen Alberto und Cata die Kleine ab. Adriana weint, als sie sich von ihr verabschiedet.

„Adri, nun weine nicht! Du siehst Cati ja in drei Tagen auf der Hochzeit. Du musst um ein Uhr bei uns sein, dann fahren wir gemeinsam zum Standesamt."

Am Tag darauf treffen José und Susana ein. Sie staunen zunächst, als sie Cata mit dem Säugling vor dem Bauch auf dem Flughafen sehen. Das Baby stehe Cata gut, erklären sie lachend, nachdem sie sich begrüßt haben.

„Cata, du siehst fabelhaft aus! Es scheint mir, Argentinien bekommt dir bestens!"

Cata hakt sich bei Susana ein, während sie zum Auto gehen.

„Susana, es geht mir auch blendend. Ich arbeite zwar noch als Putzfrau, aber Gott sei Dank nicht mehr als Mucama, so nennen sie hier die Hausangestellten, die bei den Herrschaften wohnen. Ich habe mich, ehrlich gesagt, nie richtig daran gewöhnt. Man hat kein eigenes Leben! Deine Freundin feiert am Wochenende ihren Geburtstag, aber ausgerechnet an dem Sonntag braucht die Señora dich dringend. Nicht einmal einen eigenen Arbeits-Rhythmus hast du. Du fängst an zu bügeln, dann wollen die Herrschaften Tee, du putzt das Klo, und sie wollen essen. Du fegst die Terrasse, und sie schreien nach einem gebügelten Hemd. Wenn sie abends Gäste haben, kommst du erst um Mitternacht dazu, etwas zu essen, obwohl du vor Hunger fast umfällst. Und dann ist da immer die Angst, dass sie dich womöglich nicht bezahlen. Oder aus einem nichtigen Grund rauswerfen. Als Illegale hast du schließlich kaum Möglichkeiten, dich zu wehren. Ich bin wirklich froh, dass die Zeit vorbei ist. So wie ich mein Visum habe, werde ich meinen Universitätstitel anerkennen lassen und dann hoffentlich bald eine Stelle als Krankenschwester finden."

„Das wäre dir wirklich zu wünschen. Und dein Alberto macht einen netten Eindruck. Er sieht auch gut aus, obwohl ich nicht auf blonde Männer stehe. Ihr seid ein schönes Paar, das habe ich gleich gedacht, als ich euch von weitem sah."

Sie kommen zu dem Parkplatz, auf dem Pablo mit seinem Taxi gewartet hat, und fahren in die Stadt.

Er wird, während Cata und Alberto arbeiten, José und Susana die Stadt zeigen. Und Cata bittet ihn, sie übermorgen zum Standesamt zu fahren. Als er antwortet, er werde ihnen seine Chauffeurdienste zur Hochzeit schenken, muss Cata einmal mehr ihr Urteil revidieren, dass alle Argentinier kleinlich sind. Und sie lädt ihn spontan zum abendlichen Festessen ein.

Bis in die Nacht sitzen sie mit Bruder und Schwägerin zusammen. Über zwei Jahre hat Cata sie nicht gesehen. Sie bringen Briefe und Fotos von den Eltern und Geschwistern mit. Vor allem Lidia und Carolina, die beiden jüngeren Schwestern, wären ebenfalls gern zu Catas Hochzeit gekommen, doch der Flug ist teuer, und in Albertos Arbeitszimmer ist nur Platz für zwei. Hotels aber kosten ein Vermögen in der argentinischen Hauptstadt, wenn man wie Catas Familie in peruanischen Soles verdient.

Als sie schließlich ins Bett kommen, unterhalten sich Alberto und Cata noch einen Moment, sehr leise, um Cati nicht zu wecken, die gerade wieder eingeschlafen ist, nachdem Alberto ihr die Flasche gegeben und sie gewickelt hat. Sie liegt auf einer Matratze vor dem Ehebett.

„Cata, ich mag deine Leute. Weißt du, wenn ich im Januar Urlaub habe, fahren wir ein paar Tage nach Uruguay und besuchen meine Schwester und ihren Mann. Mit ihr verstehe ich mich gut, und sie wird dir auch gefallen. Es war so nett heute Abend, und es tut mir richtig leid, dass ich nicht so guten Kontakt zu meiner Familie habe."

„Alberto, ich finde, wir sollten nach unserer Heirat bei deinen Eltern vorbei schauen. Die Hochzeit können sie uns dann nicht mehr verderben, und wenn sie mich nicht mögen – dann haben wir es aber wenigstens versucht."

Als er zustimmt, nimmt Cata ihn in den Arm. Sie sei schon ein rechter Dickkopf, meint er, der sich immer durchsetzen müsse.

Pablo wartet bereits vor der Tür, um sie zum Standesamt zu fahren, nur Adriana ist noch nicht da. Sie wollen gerade die Wohnung verlassen, als das Telefon klingelt. Adriana ist selbst am Apparat und schluchzt.

„Cata, die Señora hatte mir fest versprochen, rechtzeitig aus dem Geschäft zu kommen, damit ich gehen kann, aber sie ist noch nicht da, und ihr Handy ist abgeschaltet. Wenn ich aber die Kinder allein lasse, wirft sie mich raus. Ich glaube, ihr müsst ohne mich heiraten. Hoffentlich lässt sie mich wenigstens heute Abend an der Feier teilnehmen."

„Adri, wir müssen jetzt gehen. Weine nicht, heute Abend darfst du sicher kommen. Susana wird sich während der Trauung um Cati kümmern. Sie ist übrigens heute ganz besonders lieb, sie hat uns bis zehn Uhr schlafen lassen."

Wie egoistisch und grausam Menschen sein können! Erst zwingt man Adriana, ihr Baby wegzugeben, nachdem man ihr zunächst Versprechungen gemacht hat, sie könne es eine Weile bei sich behalten. Und jetzt kann sie nicht zu ihrer Trauung kommen! Für Adriana ist die Hochzeit ein großes Ereignis, auf das sie sich seit Wochen freut. Eine Mucama hat aber offenbar kein Recht auf Freude. Und schon gar nicht auf ein Kind. Adriana kann ihres nicht einmal sechs Wochen lang stillen. Für die Kinder der Señora hat Adriana jedoch immer da zu sein. Señora Ana lässt ihre beiden Jungen, sie sind acht und zwölf Jahre alt, nicht einmal fünf Minuten allein im Haus. Arme Cati. Sie ist schon als Säugling zu einem Leben zweiter Klasse verdammt.

KAPITEL 12

Die Trennung

Adriana weint nicht, sie schreit, als hätte sie einen Toten zu beklagen: „Nein, nein. Mein Kind, mein Kind."
Immer wieder. Mein Kind. Mein Kind. Cata muss sie stützen, als sie dem Bus nachschauen, der langsam in die Avenida Libertador abbiegt. Alberto und Cata haben Adriana zum Retiro-Bahnhof im Zentrum begleitet, damit sie nicht allein ist, wenn ihr Vater und ihre Schwester mit Cati nach Paraguay aufbrechen. Es würde schwer werden, das haben sie gewusst. Doch dass Adriana fast zusammenbrechen würde, haben sie nicht geahnt. Als der Bus nicht mehr zu sehen ist, haken sie sie von beiden Seiten unter und ziehen sie mehr, als dass sie geht. Sie setzen sich am Denkmal des General San Martín auf eine Bank unter den Ombú-Bäumen. Cata hatte gehofft, an ihren freien Wochenenden oft unter den riesigen Ombús sitzen zu können, als sie sie am Morgen ihrer Ankunft in Buenos Aires zum ersten Mal gesehen hatte. Doch immer, wenn sie mit Alberto an der Plaza San Martín vorbei kam, regnete es oder es war zu kalt. Mit ihren mannsdicken, überirdischen Wurzeln und mehr als meterdicken Stämmen haben diese Bäume etwas Beruhigendes, Ewiges. Eine Weile sitzen sie nur schweigend da. Was soll sie Adriana sagen, fragt sich Cata. Sie habe vorher gewusst, dass sie Cati nicht würde bei sich behalten können? Dass ihre Mutter gut auf sie achten würde? Dass sie sie in einem Jahr wieder sehen kann? Dass Ana ihre drei Kinder auch nur einmal im Jahr getroffen hat? Dass andere Mucamas ihre Kinder zur Adoption freigeben müssen, weil sie keine andere Wahl haben? Weil sie nicht wissen, wo sie sie unterbringen sollen, wenn sie arbeiten? Wohl kaum. Also schweigt sie lieber. Alberto findet als erster die Sprache wieder.

„Adri, du hast ein tolles Kind. Sie quengelt nie und ist so niedlich mit ihrem schwarzen Haarschopf. Und wie sie schon lacht! Gestern hat sie mir richtig fest an den Haaren gezogen. Ihre kleinen Händchen haben bereits Kraft."

Adrianas vom Weinen aufgequollenes Gesicht entspannt sich.

„Ja, sie ist wirklich ein nettes Baby. Sie wird bestimmt einmal ein schönes Mädchen! Hoffentlich hält meine Schwester Wort und schreibt mir einmal die Woche, wie sie sich entwickelt. Meine Schwester kann im Gegensatz zur übrigen Familie gut schreiben. Und wenn ich es gar nicht mehr aushalte, kann ich bei unserer Dorflehrerin anrufen und fragen, wie es Cati geht. Sie ist die einzige im Dorf, die ich kenne, die einen Telefonanschluss hat. Wenn ich nach Paraguay fahre, werde ich einen billigen Fotoapparat kaufen, damit meine Familie mir regelmäßig Bilder von ihr schicken kann. Dann sehe ich, wie sie wächst."

„Das ist eine gute Idee, Adri, dann sehen wir sie auch!"

Cata sagt Adriana nicht, dass Fotos teuer sind. Adrianas Mutter wird die zwanzig Dollar, die es kostet, einen Film zu kaufen und zu entwickeln, bestimmt nicht oft ausgeben können. Davon kann sie viel Brot und Reis kaufen. Schließlich muss sie von den 300 Dollar, die Adriana jeden Monat schickt, jetzt noch ein weiteres Mäulchen stopfen.

Alberto lädt sie auf ein Sandwich und ein Glas Sekt in der Cafeteria an der Ecke der Avenida Santa Fé ein.

„Wir haben noch nie auf Cati angestoßen! Das werden wir jetzt nachholen! Und auf ihre Mutter trinken wir natürlich auch!"

„Ach, ihr seid so lieb zu mir. Was würde ich nur ohne euch machen? Irgendwann werde ich Cati taufen lassen, und ihr werdet die Paten sein! Wenn Cata und ich erst unsere Aufenthaltsgenehmigungen haben, fahren wir alle drei nach Paraguay und machen in meinem Dorf ein großes Fest zu ihrer Taufe. Meine Großmutter wird dafür sicher ein Rind schlachten. Wisst ihr noch, wie brav Cati auf eurer Hochzeit war? Sie wusste genau, dass sie sich in einem so vornehmen Restaurant gut benehmen muss."

„Nur als Mercedes sie auf den Schoß nahm, hat sie ein bisschen geweint. Ausgerechnet bei Mercedes, wo sie doch so nett ist! Aber sie hat Cati verziehen."

„Ja, Cata, Mercedes ist wirklich toll. Es war richtig, dass ihr sie als Trauzeugin gewählt habt. Und sie war so lustig! Sie hat sich sehr gut mit deinem Bruder und deiner Schwägerin verstanden. Sie haben fast den ganzen Abend über Peru gesprochen."

„Ja, Mercedes hasst Präsident Fujimori. Sie sagt, er sei ein Diktator, und sie kann ihm nicht vergessen, dass er 1992 mit der Armee geputscht und das Parlament geschlossen hat. Susana aber verteidigt ihn, weil er den Terrorismus eingedämmt und viele Straßen und Schulen gebaut hat. Und sicher auch ein bisschen, weil er wie sie japanischer Abstammung ist. Sie hat ihn einmal kennen gelernt auf einem Empfang der japanischen Gemeinde in Lima. Sie hat sich zehn Minuten mit ihm unterhalten, seitdem findet sie ihn toll. Ich hoffe nur, Susana hat Erfolg mit ihren Plänen, Kleider nach Argentinien zu exportieren. Dann käme sie gelegentlich nach Buenos Aires. Ich habe mich immer schon gut mit ihr verstanden."

„Sie hat viel Geld, nicht wahr?"

„Im Vergleich zu uns beiden schon, Adri, aber reich sind José und Susana auch nicht. Sie haben ein schönes Haus und zwei Autos, und sie können jedes Jahr in Urlaub fahren, aber dicke Sparbücher haben sie nicht. Sonst hätte ich sie damals gebeten, mir das Geld für den Kauf eines Lokals zu leihen. Ich war jedenfalls froh, dass sie zu unserer Hochzeit gekommen sind. Sie werden meinen Eltern und Geschwistern den Videofilm und die Fotos zeigen, das ist mir sehr wichtig. Vor allem meine Mutter und meine Schwestern wollen schließlich wissen, wie ich aussah als Braut."

„Du warst die schönste Braut der Welt!", sagt Alberto und legt den Arm um Cata.

Vor ihrer Heirat waren Cata und Alberto bei der Einwanderungsbehörde vorstellig geworden. Alberto hatte schriftlich versichern müssen, dass er sie binnen vier Wochen heiraten wird, und so bekam Cata den ersehnten Stempel in den Pass, der sie als vorläufig legal ausweist. Bei ihrer Einreise hatte sie ein Zehn-Tages-Visum erhalten, nach dessen Ablauf sie sich in das Heer von Illegalen eingereiht hatte. Fünfzig Dollar betrug die Strafe dafür, dass sie sich ohne gültigen Sichtvermerk über zwei Jahre in Argentinien aufgehalten hat. Kein sonderlich hohes Bußgeld, fand sie.

„Ist doch ganz klar, Cata: Im Grunde haben weder Beamte noch Regierungsleute ein Interesse daran, die Illegalen zu vertreiben, deshalb ist die Strafe so gering. Fiele sie höher aus, käme niemand mehr ins Land, weil es sich nicht lohnte. Schließlich haben die Bonzen auch alle ein Hausmädchen aus Peru oder Bolivien oder lassen sich ihr Haus billig von paraguayischen Bauarbeitern hochziehen. Glaubst du, sie ließen sonst zu, dass sich Hunderttausende von Ausländern ohne Dokumente hier aufhielten? Nur, wenn gewählt wird, lassen sie die Muskeln spielen, um den Bürgern vorzugaukeln, sie wollten Arbeitsplätze für Argentinier schaffen. Und ein paar Hundert arme Schweine werden symbolisch ausgewiesen. Das ist alles nur Show.“

„Ganz schön heuchlerisch, nicht wahr?“

„Was hast du denn von unseren Politikern anderes erwartet?“

Señora Ana hat sich bereits beklagt, dass Adriana mehrmals der Arbeit fern blieb, weil sie mit Catis Geburtsurkunde viele Stunden lang bei der Migrationsbehörde Schlange stand. Adriana war froh, dass sie die endlosen Wartezeiten nicht allein ertragen musste. Und Cata war zudem viel gewandter als sie, wenn es darum ging, den unfreundlichen Beamten des Einwanderungsamtes Rede und Antwort zu stehen. Gemeinsam stellten sie sich morgens um sechs Uhr an, gemeinsam gingen sie zum Röntgen und ließen die offiziellen Fotos für die Ausländerkarte machen. Nach ein paar Wochen halten sie schließlich glücklich ihre vorläufige Aufenthaltsgenehmigung in Händen. Neun Monate würde es nun dauern, bis sie die Ausländerkarte bekämen. Bis dahin würden sie alle drei Monate das provisorische Visum verlängern lassen müssen, doch sie können nun aus- und einreisen, wie es ihnen beliebt. Und vor allem: Sie haben das Recht, in Argentinien zu arbeiten.

Mercedes Rojas, ihre Trauzeugin, meldet Cata auch gleich als Teilzeithaushaltshilfe an, so dass sie nun endlich kranken- und rentenversichert ist. Vorbei sind die Zeiten der Angst vor einem Unfall oder einer schweren Krankheit. Endlich würde sie ihre Zähne behandeln lassen und den Frauenarzt aufsuchen können. Ohne die Furcht, der Arzt könnte sie der Polizei melden.

Adriana hat weniger Glück. Frau Carbajal will sie weiter nur schwarz beschäftigen, obwohl die Arbeitgeberbeiträge für Hausangestellte auf 55 Pesos gesenkt worden sind. Die Paraguayerin hat bereits ihre Mitbewohnerinnen in der Thames-Straße gebeten, sich nach einer neuen Stelle für sie umzuschauen. Wenn sie etwas Neues hat, würde sie von Señora Ana sogar die Nachzahlung der Sozialversicherungsbeiträge verlangen können. Und wenn Adriana kündigt, würde ihr die Señora das anteilige dreizehnte Monatsgehalt sowie den Jahresurlaub auszahlen müssen. Schließlich hält sie sich nun legal im Lande auf, und jeder Anwalt würde mit Freuden eine Klage gegen die Carbajals einreichen, wenn sie nicht zahlen, wie das Gesetz es verlangt. Man würde sie nicht länger mit einem Almosen abspeisen können. Doch rechte Freude will bei ihr dennoch nicht aufkommen: Sie muss immer an ihre Tochter denken, die den Preis für ihre Sicherheit zahlen muss. Nie hätte sie es sich träumen lassen, dass sie sie so vermissen würde. Oft weint sie nachts und betet, dass es Cati gut gehen möge. Wie sie es auch dreht und wendet: Eine Alternative hat sie nicht. In ihrem Dorf gibt es keine Arbeit, und als Ungelernte bleibt ihr auch in ihrer Heimat nur, im Haushalt zu arbeiten. Für ein Drittel dessen, was sie in Argentinien verdient. Sie müsste zudem in eine größere Stadt ziehen, und dann sähe sie ihr Kind auch nur selten. Doch nie tut ihr der Entschluss leid, Cati geboren zu haben. Irgendwann würde sie vielleicht einen Mann finden, der sie und Cati ernähren könnte.

Adriana berichtet Cata, dass Claudia und Maribel, die beiden Dominikanerinnen, vor einigen Tagen in ihre Heimat zurückgekehrt sind. Die Nonnen hatten erwirkt, dass ihr Konsulat ihnen neue Pässe ausstellte, und eine ausländische Hilfsorganisation zahlte den Heimflug. Ihre Schulden wurden ihnen erlassen, und auf Drängen der Nonnen gab ihnen ihr Arbeitgeber sogar eine kleine Abfindung, so dass sie nicht ganz mit leeren Händen nach Hause gingen. Sie waren froh, Argentinien den Rücken zu kehren, denn es hatte ihnen hier nie so recht gefallen: Der Winter war ihnen zu kalt und die Menschen nicht fröhlich genug. Und sie wollten auch lieber in einem Land leben, wo sie als Mulattinnen nicht auffielen. Sie gingen in der Hoffnung, irgendwann und irgendwie in die USA zu gelangen. Amelia und Leonor hatten ihnen ins Gewissen geredet, bloß nicht noch einmal auf ein kriminelles Schleppernetz hereinzufallen. Beim nächsten Mal kämen sie womöglich weniger glimpflich davon und endeten doch in einem Bordell oder im Gefängnis.

Cata ist zufrieden. Wenn sie erst ihren argentinischen Personalausweis hat, wird sie sich um die Anerkennung ihres Universitätstitels bemühen. Sie wird José und Susana bitten, ihn vom peruanischen Erziehungsministerium und der argentinischen Botschaft in Lima beglaubigen zu lassen, denn ohne die Stempel aus Peru kann sie den Prozess der Anerkennung nicht einleiten. Und wie sie die peruanischen Behörden kennt, wird sich das Ministerium viel Zeit lassen. Bis sie sich eine Stelle als Schwester suchen kann, wird sie sich mit ihren Putzstellen begnügen. Man kann ja nicht alles auf einmal verlangen. Zu Mercedes geht sie weiterhin mit Vergnügen, und sie freut sich jedes Mal, wenn die Journalistin zuhause ist, während sie putzt. Dann trinken sie nach der Arbeit noch einen Kaffee oder ein Glas Wein und schwätzen über Gott und die Welt. Mercedes ist ihr fast eine Freundin geworden. Und mit Alberto läuft es gut. Am Tag der Präsidentschaftswahlen im Oktober hatte er sich auf ihr stetes Drängen schließlich bereit erklärt, sie seinen Eltern vorzustellen, da er ohnehin in den Stadtteil Belgrano fahren musste, um dort seine Stimme abzugeben. Er hatte sie vorher telefonisch angemeldet und sie waren zum Kaffee eingeladen. Albertos Schwester hatte den Eltern bereits erzählt, dass er eine Peruanerin geheiratet hatte. Cata hatte einen Blumenstrauß für ihre Schwiegermutter gekauft und sich sorgfältig zurechtgemacht. Schließlich wollte sie einen guten Eindruck hinterlassen. Wie schön wäre es, wenn sie sich mit den Schwiegereltern gut verstünde, denn sie hätte so gern eine Familie in Argentinien.

Flora, ihre Schwiegermutter, empfing sie freundlich, doch Ricardo, ihr Schwiegervater, machte von Beginn an kein Hehl daraus, dass ihm die Ausländerin nicht passte. Er begrüßte sie mit den Worten, dass er nach einem uruguayischen Schwiegersohn nun auch noch eine peruanische Schwiegertochter habe, und zog sich gleich nach dem Kaffee in ein anderes Zimmer zurück. Während sie gemeinsam am Tisch saßen, sagte er kein Wort, sondern starrte Cata nur gelegentlich feindselig an. Cata hatte einige Fotos von ihrer Familie mitgebracht, und offensichtlich beruhigte es Flora, zu sehen, dass Cata aus guten Verhältnissen stammte. Zumindest machte sie eine anerkennende Bemerkung über das Haus ihrer Eltern. Sie fragte Cata unverblümt aus: Was sie gelernt habe, warum sie nach Argentinien gekommen sei und wovon sie jetzt lebe.

„Du musst sehen, dass du schnell einen Job als Krankenschwester bekommst, denn Albertos Karriere ist es bestimmt nicht zuträglich, wenn er mit einer Putzfrau verheiratet ist. Mir ist das ja egal, aber ich weiß, wie hier die Leute sind.“

Cata lag es auf der Zunge, zu antworten, dass auch eine Putzfrau ihr Geld auf ehrliche Weise verdient, doch sie sagte nichts, erklärte Flora nur, dass sie zunächst auf ihren Personalausweis warten müsse. Und bis dahin wolle sie doch ihrem Mann nicht auf der Tasche liegen. Das sah sogar die Schwiegermutter ein.

Nach zwei Stunden brachen sie auf. Flora lud sie nicht ein, wiederzukommen. Alberto und Cata verloren nie ein Wort über den Besuch.

Als Cata Mitte Dezember einen Anzug ihres Mannes in die Reinigung bringt, entdeckt sie durch Zufall eine Einladung zum Weihnachtsgrillfest seiner Firma – für Herrn Etcheverry nebst Gattin. Die Feier hat bereits stattgefunden, am vergangenen Donnerstag. Alberto hatte sie also belogen, als er ihr sagte, er habe bis tief in die Nacht arbeiten müssen! Wie hat er über die Inventur gestöhnt, als er nach Hause kam! Und ihr zudem noch erklärt, er habe sich ein Bier und ein Würstchen ins Büro geholt, damit sie nicht mit dem Essen auf ihn warten musste. Warum hatte er sie nur belogen? Offensichtlich wollte er nicht, dass sie ihn zu dem Grillabend mit den Kollegen begleitete. Und er wollte einer Diskussion darüber aus dem Wege gehen. Doch warum? Sie ist seine Frau, hält sich legal in Argentinien auf und arbeitet nicht mehr als Mucama. Wenn es ihn gegenüber den Kollegen kompromittiert, dass sie putzen geht, hätte sie das doch verschweigen können! Sie ist Hausfrau und wartet auf die Anerkennung ihres Universitätstitels, was ja schließlich auch der Wahrheit entspricht. Bleibt also nur, dass er sie versteckt, weil sie Mestizin ist. Und dies obendrein vor ihr verheimlichen will. Vor der Hochzeit hat er die bevorstehende Beförderung, die er nicht gefährden will, als Grund angeführt. Doch er ist längst befördert. Sie ist wie vor den Kopf gestoßen, verletzt, ratlos. Ihr Mann – ein Rassist? Wie seine Eltern? Oder ist er nur ein armseliger Feigling, der nicht fähig ist, gegenüber den Kollegen für seine Frau einzustehen? Und wenn sie einmal Kinder hätten – würde er die dann auch verstecken, weil sie indianisches Blut in den Adern haben? Warum hat er sie nur geheiratet? Womöglich nur, weil es ihm Spaß macht, mit einer Halb-Indianerin zu schlafen?

Am Abend begrüßt sie ihn nicht wie üblich mit einem Kuss. Wortlos legt sie ihm die Einladung auf den Tisch.

Er schaut darauf: „Ja, und?"

„Warum hast du mich belogen?"

„Weil ich nicht schon wieder Lust auf eine Diskussion mit dir hatte! Das Thema haben wir doch wohl zur Genüge durchgekaut. Ich will nicht, dass meine Kollegen sich über mich lustig machen, weil ich mit einer Peruanerin verheiratet bin, basta!"

„Du schämst dich also meiner!"

„Nein, ich schäme mich nicht, ich will nur meine Ruhe im Büro."

„Du bist ein Rassist!"

„Nein, meine Kollegen sind Rassisten, das habe ich dir schon tausendmal erklärt, und ich bin nicht bereit, noch länger darüber zu reden."

Er steht vom Tisch auf und schaltet den Fernseher ein. Sie sprechen den ganzen Abend kein Wort mehr miteinander. Als er sie später im Bett in den Arm nehmen will, entzieht sie sich ihm. Sie hat plötzlich Zweifel, ob er sie wirklich liebt.

Am Wochenende berichtet sie ihren Freundinnen, was vorgefallen ist. Vor allem Adriana ist entsetzt. Leonor sieht die Dinge wie immer von der praktischen Seite: „Cata, du musst vor allem einen kühlen Kopf bewahren! Denk daran, du hast dein endgültiges Visum noch nicht! Das bekommst du frühestens in einem halben Jahr. Und so viel ich weiß, wirst du zuvor mit deinem Mann zu einem Gespräch in die Einwanderungsbehörde geladen, in dem sie feststellen wollen, ob ihr eine Scheinehe eingegangen seid. Wenn du ihn jetzt verlässt, bekommst du die Aufenthaltsgenehmigung nicht, und du stehst wieder als illegale Mucama da. Warte, wie die Dinge mit Alberto sich entwickeln. Vielleicht besinnt er sich ja irgendwann.“

Amelia erzählt, dass sie auch in Peru gelegentlich auf Ablehnung gestoßen ist, weil sie Mestizin ist.

„So mancher Weiße schaut doch auch da auf uns herab. Das ist doch nichts Neues. Und niemand kann die Schwarzen leiden. Die Leute aus Arequipa halten sich für etwas besseres, die Menschen von der Küste mögen keine Hochlandbewohner und umgekehrt. Die Welt ist voller Vorurteile gegenüber anderen Rassen. Das musst du auch sehen.“

„Das stimmt schon, aber Alberto ist schließlich mein Mann!“

„Vielleicht ist es ja so, wie er sagt: Er hat Angst davor, dass sie sich im Büro über ihn lustig machen oder hinter seinem Rücken reden. Und er weiß nicht, wie er sich dagegen wehren soll. Zu uns allen ist er immer furchtbar nett. Dabei sind wir doch alle Mestizen. Und wie lieb er Cati bei sich aufgenommen hat! Ich kann mir nicht vorstellen, dass er etwas gegen Indianer-Mischlinge hat.“

„Ach, Adri, ich weiß auch nicht, was ich von all dem halten soll. Kann sein, dass es so ist, wie du sagst. Aber warum hat er mich belogen?“

„Weißt du, Cata, die meisten Männer wollen einfach nur ihre Ruhe. Für eine Frau kämpfen? Das machen die wenigsten. Und Debatten gehen sie am liebsten aus dem Weg. Das kenne ich auch von meinem Freund. Immer schön harmonisch – so hat er es am liebsten. Na ja, und er wusste, dass du es nicht einfach hinnehmen würdest, wenn er allein zu dem Weihnachtsasado geht, da hat er eben gelogen. Ich habe mir längst abgewöhnt, immer aus den Männern schlau werden zu wollen. Und ansonsten kannst du dich über Alberto wirklich nicht beklagen. Er verwöhnt dich doch sehr, und ihr unternehmt viel gemeinsam. Und Ärger gibt es in jeder Beziehung. Vergiss die Sache, und sei froh, dass du nicht mehr Mucama bist. Schau, gestern ist mir ein Glas heruntergefallen, eines von den teuren, aus Italien importierten. Meine Señora hat mir die zwanzig Pesos vom Lohn abgezogen. Und das, obwohl ich diesen Monat ohnehin so knapp bin. Meiner Mutter geht es schlechter, sie braucht Pflege, und da muss ich eine Frau bezahlen, die jeden Tag nach ihr sieht. Meine Señora weiß das, und trotzdem musste ich das blöde Glas bezahlen. Damit ich in Zukunft achtsamer bin, hat sie gesagt, die dumme Ziege."

„Leo, du hast wohl recht. Ich brauche nur immer so lange, bis ich etwas vergessen kann. Das war schon immer mein Problem. Ich bin schrecklich nachtragend."

Als Cata gegen Abend nach Hause geht, hat sie sich beruhigt, wie immer, wenn sie den Freundinnen ihr Herz ausgeschüttet hat. Die Ehe ist eben nicht immer einfach. Und wenn sie ihr heutiges Leben mit dem als Mucama vergleicht, geht es ihr wirklich viel besser. Lieber Albertos Schwächen ertragen, als wieder ihr Dasein in einer Besenkammer zu fristen, und einer fremden Frau und ihren Launen Tag und Nacht ausgeliefert zu sein. Und das Visum, das durfte sie nun wirklich nicht aufs Spiel setzen. Wenn sie ehrlich zu sich selbst ist, hat sie es ja vor der Hochzeit gewusst, dass Alberto sie versteckt. Nur hat sie geglaubt, es würde sich ändern, wenn sie erst verheiratet sind. Als sie noch mit Juan zusammen war, hatte ihre Schwägerin Susana ihr einmal gesagt, dass sich kein Mann in der Ehe ändert, sondern seine schlechten Seiten eher noch stärker herauskehrt. Wie Recht sie damit hatte!

Am Abend gelingt es ihr, wieder freundlich zu ihrem Mann zu sein. Drei Tage lang hatte sie in der Küche gestreikt, doch jetzt beschließt sie, ihm Huancaina-Kartoffeln zuzubereiten, denn die mag er besonders gern. Sie püriert fünf lange, schmale, gelbe Paprikaschoten, zerbröselt ein Paket Salz-Cracker, gibt eine halbe Tasse Milch und ein Paket Frischkäse dazu, salzt und verarbeitet die Zutaten zu einer cremigen Sauce. Sie richtet Pellkartoffeln und hart gekochte Eier auf zwei Tellern an, gibt die Käsecreme darüber und garniert sie mit schwarzen Oliven. Sie liebt dieses Gericht aus den Anden. Es ist einfach, geht schnell, ist billig und köstlich. Sie spürt, dass es ihr gut getan hat, in der Küche zu stehen. Sie hat sich entspannt und erwidert Albertos Kuss, als sie sich nach dem Essen auf das Sofa setzen, um gemeinsam einen Film anzuschauen. Später erklärt er ihr noch ein Problem der englischen Grammatik, das sie im Unterricht nicht verstanden hat. Sie hat sich entschlossen, ihr Englisch aufzufrischen und an ihrem freien Nachmittag einen Kursus in einer Sprachschule belegt. Außerdem hat sie begonnen, sich wieder mit dem Computer vertraut zu machen. Sie hatte auf der Universität damit umzugehen gelernt, doch ihre Kenntnisse waren längst überholt. Alberto erklärt ihr viel, und mit Hilfe eines Handbuches hat sie gute Fortschritte gemacht. Womöglich verlangen sie, dass eine Krankenschwester mit einem PC arbeiten kann, und dafür will sie gewappnet sein.

Im August kommt endlich der ersehnte Brief von der Einwanderungsbehörde. Cata und Alberto müssen zu einem Gespräch erscheinen. Adriana hat ihre Aufenthaltsgenehmigung bereits im Juli erhalten, und sie war glücklich nach Paraguay aufgebrochen, um ihre Tochter zu besuchen. Fast ein Jahr hatte sie sie nicht mehr gesehen. Sie hatte Cati einen Teddybär gekauft und geweint, als sie ihn Cata zeigte. Als die ihr noch einen Jeansanzug als Geschenk für Cati gibt, will der Tränenfluss gar nicht mehr versiegen. Adriana war immer ein fröhliches, unbefangenes Mädchen gewesen, doch seit sie ihr Kind abgeben musste, ist sie oft gedrückter Stimmung. Sie hat Sehnsucht nach Cati und ein schlechtes Gewissen, weil sie ihrer Tochter keine Mutter sein kann. Sie fiebert jedem Brief ihrer Schwester entgegen, der ihr von Cati berichtet. Doch oft schreibt die Schwester nicht. Die Briefmarken sind teuer.

Die Beamtin des Migrationsamtes bittet Cata zuerst herein. Sie befragt sie ausführlich über ihre Lebensgewohnheiten: Ob sie mit Alberto das Ehebett teilt, welche Hobbys sie haben, was sein Lieblingsgericht ist, welches Rasierwasser er benutzt, welche Musik er am liebsten hört. Cata amüsiert sich dabei, denn sie fühlt sich in jene

Kartoffeln nach Huancaina-Art (papas a la huancaina)

Für 6 Personen

12 mittelgroße Kartoffeln
4 Eier
18 schwarze Oliven
5 hellgelbe, spitz zulaufende Paprikaschoten
1 Paket Cracker
½ Tasse Dosenmilch
250 g Frischkäse
1 rote Chilischote
Salz

Pellkartoffeln garen, Eier hart kochen. Währenddessen die Paprikaschoten und die von den Kernen befreite Chilischote im Mixer pürieren, die Cracker hinein bröseln, die Milch und den Frischkäse dazu geben, und zu einer Creme verarbeiten. Nach Geschmack salzen. Die warmen Kartoffeln pellen, halbieren und auf den Tellern anrichten. Die Creme darüber geben. Eier pellen und vierteln, und mit den Oliven ebenfalls auf den Tellern anrichten. Sofort servieren. Dazu gehört grüner Salat.

Filmkomödie mit Gérard Depardieu versetzt, in der er um die amerikanische Greencard kämpft. Sie muss wohl gelächelt haben, denn die Beamtin fragt sie, was so lustig sei. Und sie sagt es ihr. Doch sie kennt den Film offenbar nicht, denn sie schüttelt nur den Kopf. Nach etwa einer Stunde ist die Frau zufrieden, Cata ist entlassen und Alberto wird aufgerufen. Sie ist doch nervös, als sie vor der Tür auf ihn wartet. Causa Limeña hat sie als sein Lieblingsgericht angegeben. Hoffentlich hat er nicht gerade etwas Neues als bevorzugte Speise auserkoren. Doch sie ist sich sicher, dass er am liebsten die Beatles hört. Und seine Eltern heißen Flora und Ricardo, das hat sie behalten, obwohl sie nie von ihnen sprechen. Nach einer weiteren Stunde öffnet sich die Tür und die Beamtin verabschiedet sich von ihnen: „Alles soweit in Ordnung. Sie hören in den nächsten Wochen von uns."

„Bekomme ich dann meinen Personalausweis?"

„Nein, zunächst die Ausländerkarte, mit der können Sie dann den Ausweis beim Einwohnermeldeamt beantragen."

Vier Wochen später hält sie die Karte in Händen. Auf den Ausweis wird sie wieder etliche Wochen warten müssen, und erst der berechtigt sie, ihren Titel anerkennen zu lassen. Ihr Bruder José hat ihr am Telefon mitgeteilt, dass er den Stempel aus dem Innenministerium auf ihrer Examensurkunde ohnehin noch nicht hat. Jedes Mal haben sie eine neue Entschuldigung parat. Zunächst befand sich das Archiv im Umzug, dann war der zuständige Beamte in Urlaub, und beim dritten Mal wurde gerade das Ministerium umstrukturiert, und es stand noch nicht fest, in wessen Kompetenz jetzt die Beglaubigung von Examensurkunden fällt, die älter als zehn Jahre sind. José hatte bei seinem letzten Besuch einem Beamten eine Zehndollar-Note über den Tisch geschoben und eine weitere in Aussicht gestellt, wenn er das Verfahren beschleunigt.

„Unsere Länder sind zum Verzweifeln, Alberto. Alles dauert endlos. Die Beamten scheinen nur dazu da sein, den Bürgern das Leben schwer zu machen. Dabei sollen sie doch den Menschen dienen."

„Sie dienen nicht, sie bedienen sich. Was glaubst du, warum sie José dreimal vergeblich haben kommen lassen? Weil sie kassieren wollen. Das ist hier nicht anders. Wenn du ein paar Tausend Pesos hingeblättert hättest, wäre dein Visum eine Sache von Tagen gewesen, darauf wette ich."

Ein paar Tage später kehrt Adriana aus Paraguay zurück, und Cata holt sie am Busbahnhof ab. Ihr Gesicht sieht wieder einmal verquollen aus, sie hat geweint. Sie umarmt Cata: „Wenn du Cati hättest sehen können! Sie spricht zwar nur wenige Worte, aber sie kann schon etwas laufen. Sie ist so süß. Aber stell dir vor, sie war krank, und meine Schwester hat mir das nicht geschrieben. Meine Mutter wollte es nicht, damit ich mir keine Sorgen mache."

Cata greift sich eine von Adrianas Reisetaschen, und sie nehmen den Bus in die Avenida Corrientes. Adriana berichtet ihr von zuhause, vor allem von Cati. Sie sagt Mama zu ihrer Großmutter: „Das hat mir schrecklich weh getan, aber ich konnte natürlich nichts sagen, sonst wäre meine Mutter traurig gewesen. Cati ist noch zu klein, um zu verstehen, dass ich ihre Mutter bin. Und stell dir vor, sie hatte Windpocken. Sie herrschten in unserem Dorf. Aber sie hat sich gut erholt. Fast zwei Wochen war sie krank."

„Vielleicht war es besser, dass du nichts davon wusstest, denn du wärest fast gestorben vor Angst, dass ihr etwas passiert."

Adriana erzählt von ihren Plänen, künftig zweimal im Jahr nach Paraguay zu reisen, jeweils nur für eine Woche, damit sie Cati öfter sieht. Ihre Mutter hat sich nun endlich sterilisieren lassen, auf Drängen des Arztes, denn noch eine Geburt würde sie nicht überleben. Adriana hat sich in der Umgebung ihres Dorfes nach Arbeitsmöglichkeiten umgesehen, doch es gibt nichts. Sie hat mit der Dorflehrerin gesprochen, einer sehr netten, gebildeten Frau, doch auch sie wusste keinen Rat, wie Adriana es anstellen könnte, künftig daheim bei ihrem Kind zu wohnen.

„Es ist aussichtslos, Cata. Es gibt einfach keine Arbeit. Mein Vater verdient allerdings inzwischen ein paar Guaraní, er hilft zweimal die Woche ein paar Stunden auf dem Schlachthof im nächsten Ort aus. Das Gute ist, dass sie ihm dort oft etwas Fleisch mitgeben. Ein Vetter hat ihm die Arbeit besorgt. Meine Eltern haben auch etwas Saatgut gekauft, für Tomaten, Karotten und Lauch, und jetzt hoffen sie, dass alles angeht, dass nicht wieder eine Dürre kommt. Was sie nicht selbst verbrauchen, können sie auf dem Markt verkaufen. Aber viel kriegen sie nicht dafür. Sie brauchen mein Geld. Meine Schwester Julia ist inzwischen vierzehn, sie wird demnächst in die Hauptstadt gehen und versuchen, dort eine Stelle im Haushalt zu bekommen. Über die Tante, die auch mich damals an die Koreaner vermittelt hat. Julia ist noch zu jung, um in Argentinien zu arbeiten. Sie lassen sie nicht über die Grenze. Der Trick mit dem Personalausweis meiner Tante hat bei mir zwar geklappt, aber Julia sieht leider niemandem in der Familie ähnlich, der schon erwachsen ist. Wenn sie auch etwas verdient, geht es allen etwas besser. Nach Elviras Tod sind sie doch sehr knapp. So kommen sie gerade zurecht, schlimm wird es aber, wenn jemand Medikamente braucht. Ich darf gar nicht daran denken, dass Cati krank werden könnte und kein Geld für Medizin da ist!"

Inzwischen gäbe es einen Gesundheitsposten im Dorf, der die Menschen umsonst behandelt, doch die Medizin müsse aus eigener Tasche bezahlt werden, genau wie in Argentinien.

Wenn Adriana nicht bald eine neue Stelle findet, will sie die Vermittlungs-Agentur für Hausangestellte aufsuchen, denn Frau Carbajal weigert sich immer noch, sie anzumelden. Wenn Adriana versichert ist, ist auch Cati abgesichert. Wird sie dann ernsthaft krank, kann der Vater sie nach Argentinien bringen, damit sie behandelt wird. Dieser Gedanke beruhigt Adriana ein wenig. Cata muss lächeln: Die Freundin hat sich verändert. Ihr Leben dreht sich nur noch um ihre Tochter.

Mercedes Rojas bietet Cata an, dreimal die Woche ganztags das Fernsehstudio zu putzen, und sie sagt sofort zu. Endlich kann sie den Bildhauer-Haushalt aufgeben! Señora Eloisa ist wirklich unerträglich. Wenn Cata zehn Minuten vor der Zeit fertig ist, zieht sie ihr einen Peso ab. Kommt sie fünf Minuten zu spät, weil der Bus auf sich warten ließ, schaut sie vorwurfsvoll auf die Uhr und mahnt sie, künftig pünktlicher zu sein. Zu trinken gibt sie ihr nur Leitungswasser. Das Wasser von Buenos Aires sei vorzüglich, sie selbst spare sich auch das Mineralwasser. Doch das Übelste war, dass sie sie des Diebstahls bezichtigt hat. Sie soll zwei Aschenbecher mitgenommen haben! Dabei raucht sie nicht. Zunächst wollte sie die Arbeit sofort aufgeben, doch sie braucht das Geld. Sie spart weiterhin eisern, damit sie sich irgendwann ein Apartment kaufen können. Als sie in der darauf folgenden Woche wieder kam, bemerkte die Frau nebenbei, die Aschenbecher hätten sich wieder gefunden, ihr Sohn habe sie auf sein Zimmer mitgenommen. Sie hat sich nicht einmal bei Cata entschuldigt. Als Cata ihr mitteilt, sie habe eine feste Stelle gefunden und komme nun nicht mehr, macht sie ein Theater, als wolle ihr Mann sie verlassen. Man habe sich doch immer so blendend verstanden, und die ganze Familie habe Cata ins Herz geschlossen. Eine scheinheilige Frau, diese Eloisa!

Im Fernsehstudio dagegen gefällt es Cata. Obwohl sie nur die Putzfrau ist, fühlt sie sich dazu gehörig. Hier stört sich offensichtlich niemand daran, dass sie Mestizin ist. Es ist immer Zeit für ein Schwätzchen und einen Kaffee, und es wird viel gelacht. Agustín, der Kameramann, reißt ständig Witze und flirtet mit ihr. Alberto würde einen Eifersuchtsanfall bekommen, wenn er das hörte. Nur mit der neuen Chefin, der einzigen Deutschen im Team, hat sie wenig Kontakt. Sie ist erst vor wenigen Wochen aus Deutschland gekommen und spricht noch kaum Spanisch. Doch als sie ihren Geburtstag feiert, lädt sie auch Cata zu einem Glas Sekt ein. Ob die Leute hier netter sind, weil sie viel von der Welt gesehen haben? Sie sind auch Weiße und Argentinier, und sie verdienen gut. Aber sie haben keinen Standes- oder Rassendünkel wie die meisten ihrer bisherigen Arbeitgeber. Und wie ihr Mann, der auch zum diesjährigen Weihnachtsasado der Firma allein gehen will. Sie hat sich eines Kommentars enthalten. Wenigstens hat er sie nicht wieder angelogen.

Zwei Tage vor Heiligabend gibt Amelia ihr Abschiedsfest. Sie hat 17.000 Pesos gespart und wird nach Peru zurückkehren. Fast fünf Jahre war sie in Argentinien, und nun ist sie froh, bald wieder in der Heimat zu leben. Einen Teil des Geldes hatte sie bereits bei früheren Reisen in Lima auf ein Konto eingezahlt, die Pesos, die sie seitdem verdient hat, hat sie in Dollar umgewechselt. Ursprünglich wollte sie mit dem Bus nach Hause fahren, nicht nur, weil es billiger ist: Die viertägige Fahrt durch den argentinischen Norden und die chilenischen Anden soll sehr schön sein. Doch sie hat von Bekannten gehört, dass die Polizei an der peruanischen Grenze schon so manchen Reisenden um sein Geld erleichtert hat. Das will sie auf keinen Fall riskieren, und so wird sie das Flugzeug nehmen. Sie wird zunächst zu ihrer Mutter ziehen und sich in aller Ruhe überlegen, wie sie ihr Geld investiert. Bevor sie sich festlegt, in welcher Branche sie arbeiten will, wird sie erst einmal Marktstudien analysieren. Schließlich will sie ihre hart verdienten Dollar in ein zukunftsträchtiges Geschäft stecken. Selbst der kühlen Leonor kommen die Tränen, als sie Amelia am nächsten Tag zum Flughafen bringen. Man hat sich aneinander gewöhnt in den Jahren und so manchen Kummer gemeinsam bewältigt. Leonor wird nun mit Adriana das Zimmer teilen, die seit Catas Auszug allein wohnt. Die Vermieterin hat niemanden gefunden für das zweite Bett und war schließlich bereit, sie zum gleichen Preis in einem Einzelzimmer wohnen zu lassen. In Adrianas Zimmer werden zwei Bolivianerinnen einziehen, die gerade erst in Buenos Aires angekommen sind. Adriana hat sie bereits kennen gelernt: Auch sie haben ihre Kinder zurückgelassen. Sie hat sie sofort gefragt, ob sie Kinder haben.

Cata hat Amelia Briefe und Geschenke für die Familie mitgegeben, und sie wird ganz wehmütig, wenn sie daran denkt, dass Amelia Silvester bei Susana und José feiern wird. Susanas Pläne, in Argentinien Geschäfte zu machen, haben sich leider zerschlagen.

Zu Jahresbeginn kommt Alberto mit einer schlechten Nachricht heim. Sie haben ihm das Gehalt gekürzt. Sein Chef hat es mit der anhaltend schlechten Wirtschaftslage begründet. Die Geschäfte liefen nicht. Und da man niemanden entlassen wolle, habe man sich für eine Reduzierung der Gehälter um ein Fünftel entschieden. Cata tröstet ihn, dass sie doch jetzt auch gut 900 Pesos verdiene und sie schon auskommen werden, doch er will sich nicht beruhigen.

„Wir werden viel weniger sparen können. Da wird es nie für ein Apartment reichen."

„Es wird eben etwas länger dauern, aber das ist doch auch nicht so schlimm."

Tagelang isst und spricht Alberto kaum, zu Cata ist er unwirsch, und er will niemanden sehen. Als Adriana zu Besuch kommt, schließt er sich im Schlafzimmer ein. Dabei hat er sie immer so sehr gemocht.

„Er ist in seinem Stolz und in seiner Mannesehre verletzt", meint Adriana. Ihr Vater habe genau so reagiert, als ihm damals die Baumwollernte vertrocknet ist. Zuerst habe er über Tage kein Wort gesagt und dann zum ersten Mal getrunken.

„Alberto wollte dir ein gutes Leben bieten, und nun fürchtet er, dass sein Geld dazu nicht mehr reicht."

„Aber ich erwarte doch gar nicht, dass er mich unterhält!"

„Ach Cata, ich weiß es auch nicht, aber viele Männer sind nun einmal sehr empfindlich in diesen Dingen. Das ist in Paraguay genau so."

Auch nach Wochen ist Alberto noch deprimiert. Er hat zu nichts Lust und sämtliche Versuche Catas, ihn aufzuheitern, fruchten nichts. „Lass mich in Ruhe", mehr kann sie ihm selten entlocken. Nicht einmal schlafen will er mit ihr.

Als Cata sich am Samstagnachmittag von ihrem Mann verabschiedet, um wie üblich Adriana und Leonor zu besuchen, erklärt er ihr, er hätte noch etwas vor und käme sehr spät nach Hause. Sie solle nicht auf ihn warten, sondern ruhig schon schlafen gehen. Auf ihre Frage, wohin er denn gehe, bekommt sie keine Antwort. Doch sie hat sich schon fast daran gewöhnt, dass er kaum noch spricht.

Als sie am Sonntagmorgen gemeinsam frühstücken, ist er erstmals wieder gut gelaunt. Dann lädt er sie ein, in den Patio Bullrich zu gehen, ein nobles Einkaufszentrum an der Avenida Libertador, das auch sonntags geöffnet hat. Arm in Arm bummeln sie durch die Hallen und als Cata im Schaufenster eines italienischen Designers ein Kleid bewundert, zieht er sie in den Laden.

„Bist du verrückt, Alberto? Das können wir uns doch nicht leisten!"

„Können wir doch, du wirst schon sehen."

Widerstrebend probiert sie das Kleid an, und sie sieht darin fantastisch aus. Pink steht ihr gut, und der enge Schnitt betont ihre schlanke Taille.

„Wir nehmen es", beschließt Alberto und zahlt in bar. 1.289 Pesos. Nachdem sie den Laden verlassen haben, fragt sie ihn, wo er das Geld her hat, doch er wehrt nur ab.

„Ich habe es verdient, mehr kann ich dir nicht sagen."

„Alberto, ich bin deine Frau, ich habe ein Recht zu wissen, was du treibst."

Doch er schweigt.

Auch an den folgenden Samstagen verschwindet er, um im Morgengrauen zurückzukehren. Oft riecht sie, dass er getrunken hat. Obwohl er doch immer so zurückhaltend war mit Alkohol. Und jedes Mal hat er am Sonntag ein Bündel Pesos in der Tasche.

Cata weigert sich, weitere Geschenke von ihm anzunehmen. Seine Ausflüge sind ihr unheimlich. Sie versucht, ihn auszufragen: Ob er spielt, sein Gespartes vom Konto abgehoben hat, oder womöglich in dunkle Geschäfte verstrickt ist. Aber sie erfährt nichts. Sie überlegt, ob sie ihm am kommenden Wochenende heimlich folgen soll, doch es ist unter ihrer Würde, ihrem Mann nachzuspionieren. Sie überlegt sogar, einen Detektiv zu engagieren. Sie verwirft auch diesen Gedanken. Das kostet bestimmt ein Vermögen.

Sie weiß nicht mehr, was sie tun soll und berichtet schließlich Mercedes von Albertos Ausflügen.

„Oh, Cata, hoffentlich ist er nicht in eine üble Sache hineingeraten!"

„Sie meinen, er bricht irgendwo ein? Oder stiehlt Autos? Ich glaube, dazu wäre er zu feige."

„Oder er handelt mit Drogen, die er in der Nacht vor Diskotheken verkauft. Sie müssen als Ausländerin jedenfalls höllisch aufpassen, dass er Sie nicht in irgend etwas hineinzieht. Dann sind Sie schnell Ihr Visum los!"

Als Cata Alberto erneut zur Rede stellt, erhält sie wieder keine Antwort. Und er wird immer unfreundlicher zu ihr. Einmal hat er sie sogar beschimpft, weil sie sein Bierglas aus Versehen umgestoßen hat. Nie zuvor hat er die Stimme gegen sie erhoben.

Als sie am Samstag gegen zehn Uhr abends von ihren Freundinnen zurückkehrt, sitzt er mit zwei jungen Männern im Wohnzimmer. Eine fast leere Whisky-Flasche zeugt davon, dass sie getrunken haben.

„Wer ist denn das Indio-Mädchen?", will der dickere der beiden Männer von Alberto wissen. Cata glaubt, ihren Ohren nicht zu trauen.

„Lass sie in Ruhe", antwortet Alberto nur.

„Komm, Kleine, setz dich zu uns und erzähl uns etwas", sagt der andere Mann, und streckt die Hand nach Cata aus. Sie flüchtet in ihr Schlafzimmer und packt das Nötigste in einen Rucksack. Hier kann sie nicht bleiben. Wer weiß, was den Kerlen noch alles einfällt, wenn sie noch betrunkener sind? Ihr Mann scheint völlig von Sinnen zu sein, zwei vulgäre Schlägertypen mit nach Hause zu bringen. Sie schleicht sich aus der Wohnung, winkt ein Taxi herbei und fährt zurück in die Thames-Straße. Ihr Erspartes hat sie vorsichtshalber eingesteckt.

Die Freundinnen sind Gott sei Dank noch nicht zu Bett gegangen. Sie können kaum glauben, was Cata ihnen erzählt.

„Die beiden Männer sahen brutal aus. Sie hatten grobe, talgige Gesichter, ich hatte richtige Angst vor ihnen. Ich verstehe das nicht. Alberto legt doch sonst so viel Wert darauf, nur mit Menschen zu verkehren, die gutes Benehmen haben. Und unsere Ehe, die existiert nur noch auf dem Papier, seit sie ihm das Gehalt gekürzt haben, wenn ihr versteht, was ich meine. Ich habe das Gefühl, ich bin ihm lästig."

Leonor spricht aus, was Cata bereits im Taxi gedacht hat.

„Nicht auszudenken, wenn Alberto Ärger mit der Polizei bekommt. Denn das viele Geld hat er ganz sicher nicht auf ehrliche Weise verdient. Und dann noch die beiden Kerle. Nein, das stinkt. Du kannst nicht riskieren, dass er dich womöglich in etwas Illegales hineinzieht. Dann bist du sofort dein Visum los. Cata, du musst dich von deinem Mann trennen, und das schnell, zu deiner eigenen Sicherheit!"

KAPITEL 13

Die Rückkehr

Gott sei Dank fehlen nur noch die Nachspeise und der Kaffee. Der Abend war lang, und Cata hat das Gefühl, als würde ihr Kreuz gleich zerbrechen. Sechzehn Leute hat sie an diesem Abend zu bewirten. Ein Botschafter ist unter den Gästen, dann legt Señora Marianne immer besonderen Wert darauf, dass alles perfekt läuft. So nett die Señora ist: Vor diesen sogenannten Banketts geht sie Cata auf die Nerven mit ihrer Hektik. Sie hat zwei Kellner engagiert, so dass Cata nicht zu servieren braucht. Doch sechzehn Tassen Gazpacho, kalte, andalusische Tomatensuppe, und ebenso viele Portionen Jalea haben sie auf Trab gehalten. Die Crème Caramel hatte sie bereits am Vormittag in kleine Formen gegossen, sie muss sie jetzt noch auf die Dessertteller stürzen. Ihre neue Arbeit fordert sie zwar, weil fast täglich Gäste zum Essen geladen sind, doch sie macht ihr Freude. Familie Krause liebt die peruanische Küche, und so kocht Cata häufig Spezialitäten aus ihrer Heimat. Wenn es etwas Besonderes geben soll, bereitet sie Jalea zu, ihr Fischfilet mit Meeresfrüchten, das sie auch im „Nautilus" auf der Karte hatte. Die Leute sind nach Ansicht von Señora Marianne die Steaks längst leid und froh, wenn man ihnen mal etwas anderes vorsetzt. Bei vielen Argentiniern hat Cata da allerdings ihre Zweifel. Wenn ein Abendessen wieder einmal ein Erfolg war, ruft Marianne Krause sie gewöhnlich während des Kaffees aus der Küche, um sie den Gästen vorzustellen. Wie oft hat sie schon Applaus bekommen! Und eine Extra-Zuwendung in Pesos von der Señora. Aber wie oft schuftet sie auch bis spät in die Nacht!

Mercedes Rojas hat ihr die Stelle bei der deutschen Familie vermittelt. Señor Krause wurde von einer großen Firma aus seiner Heimat nach Argentinien geschickt, er leitet eine Fabrik am Stadtrand

Fischfilet mit Meeresfrüchten (jalea)

Für 4 Personen

4 Filets von weißem Fisch (Rotbarsch, Goldbarsch) à 120 g
200 g Krabben oder Garnelen
200 g Miesmuscheln
200 g in 1 cm lange Stücke geschnittenen Tintenfisch
4 Tomaten
½ Kopf Salat
1 große Zwiebel
2 EL gehackter Koriander
4 große Kartoffeln
4 Süßkartoffeln
Olivenöl
1 Ei
1 TL Senf
1 Limette
2 Knoblauchzehen
2 cm frischer Ingwer
Kreuzkümmel
Pfeffer
2 EL Mehl
1 Tasse Sojasauce
Öl

Kartoffeln und Süßkartoffeln in der Schale kochen. Währenddessen die Fischfilets waschen und eine halbe Stunde in der Hälfte der Sojasauce, vermischt mit dem geriebenen Ingwer und einer gepressten Knoblauchzehe, marinieren. Übrige Sojasauce mit dem Mehl vermischen und die Meeresfrüchte damit vermengen. Salat waschen und in 1 cm breite und 3 cm lange Streifen schneiden. Zwiebel in feine Ringe schneiden. Beides in eine Schüssel geben und mit dem Saft der Limette und etwas Olivenöl vermengen. 2 Tomaten in Würfel schneiden und ebenfalls untermengen. Mit dem gehackten Koriander, Kreuzkümmel, Pfeffer und Salz würzen und beiseite stellen. Ei und Senf in eine Schüssel geben, rühren und langsam Olivenöl zugießen, bis eine Mayonnaise entsteht. Die zweite Knoblauchzehe schälen, pressen und in die Mayonnaise rühren, mit Pfeffer und Salz abschmecken. Die verbliebenen Tomaten halbieren und aushöhlen. Mit der Mayonnaise füllen. Fischfilets in Öl in der Pfanne goldbraun braten. Mit Küchenpapier das überschüssige Öl abtupfen und warm stellen. Meeresfrüchte in Mehl panieren und in einer tiefen Pfanne mit viel Öl frittieren. Fischfilets auf 4 Tellern anrichten, mit dem Salat beschichten. Die Meeresfrüchte mit dem Schaumlöffel aus der Pfanne heben, auf Küchenpapier abtropfen lassen und ebenfalls auf die Filets schichten. Kartoffeln und Süßkartoffeln pellen, halbieren und kurz in einer Pfanne goldbraun braten. Auf jeden Teller eine halbe Kartoffel und eine halbe Süßkartoffel geben. Tomatenhälften mit der Knoblauchmayonnaise ebenfalls auf den Tellern anrichten und servieren.

von Buenos Aires. Mercedes hatte Marianne Krause auf einem Empfang kennen gelernt. Als sie sie fragte, ob sie nicht eine gute Köchin kenne, hat sie Cata empfohlen.

Nachdem Cata sich von ihrem Mann getrennt hatte, entschloss sie sich, wieder als Mucama zu arbeiten. Zwar hat sie als Putzfrau fast 900 Pesos verdient, doch sie hätte sich eine eigene Wohnung nehmen müssen. Die Pensionen für Mucamas nehmen nur Frauen, die die Woche über im Hause ihrer Herrschaften schlafen. Oder sie verlangen mehr Geld. Cata hat es sich ausgerechnet: Miete, Strom, Gas und Wasser würden über die Hälfte ihres Gehalts schlucken, und sie müsste für ihre Ernährung selbst aufkommen. Da bleibt ihr als Mucama mehr. Zumal ihr die Krauses 650 Pesos im Monat zahlen. Sie hatte, als sie sich bei Señora Marianne vorstellte, mit offenen Karten gespielt: Sie wolle nur noch ein Jahr in Argentinien bleiben, dann hätte sie zusammengespart, was sie in Peru brauche, um sich selbstständig machen zu können. Deshalb lohne es für sie nicht mehr, in die argentinische Altersvorsorge einzuzahlen, da das Geld nicht zurückerstattet wird. So zöge sie es vor, schwarz beschäftigt zu werden und die 55 Pesos für die Sozialversicherung ausgezahlt zu bekommen. Die Señora war einverstanden, weil sie sich dann die Behördengänge für die Anmeldung sparen konnte. Das Gute ist, dass sie bei den Krauses nur selten putzen und bügeln muss! Dafür kommt jeden Tag eine Putzfrau, eine Paraguayerin wie Adriana. Cata ist nur für die Küche, das Tischdecken, das Einkaufen und die Pflege des Silbers zuständig. Es gibt nicht einmal viel zu spülen, denn die Krauses besitzen eine Spülmaschine. Welcher Argentinier käme auf die Idee, eine Spülmaschine zu kaufen? Schließlich haben sie die Mucama. Und wie die zurecht kommt, ist den meisten Leuten gleichgültig. Anfangs kostete es Mühe, das Geschirr so einzuräumen, dass nichts zerbrach, doch längst hat sie sich daran gewöhnt. Cata zog wieder zu ihren Freundinnen in die Thames-Straße, und vor allem Adriana war überglücklich darüber.

Nachdem sie in jener Nacht die eheliche Wohnung Hals über Kopf verlassen hatte, sah sie Alberto nur noch wenige Male. Während er arbeitete, holte sie mit Adriana in der Mittagspause ihre Kleider ab. Dann rief sie ihn an, und sie trafen sich in einem Café. Sie schlug ihm vor, die Scheidung einzureichen. Er könne sämtlichen Hausrat, den sie gemeinsam gekauft haben, sowie die Hochzeitsgeschenke behalten, und sie verzichte auf Unterhalt, wenn er die Scheidungskosten übernimmt und sie mit 5.000 Pesos abfindet. Er ging darauf ein, ein Notar beurkundete ihr Arrangement, und wenige Tage später hatte sie das Geld auf dem Konto, das sie sich eingerichtet hatte, als sie ihren Personalausweis bekam. Vorsichtshalber tauschte sie das Geld gleich in Dollar ein, denn Frau Krause hatte sie gewarnt, es stünde womöglich eine Wirtschaftskrise bevor.

Es schien ihr, als sei Alberto froh, sie los zu sein. Zunächst wollte sie ihn fragen, warum er sie geheiratet hatte, wenn er sich ihrer schämte und zudem nicht so viel Vertrauen zu ihr hatte, um ihr zu erzählen, womit er jedes Wochenende das viele Geld verdiente. Doch sie fragte nicht. Wozu? Er würde es ihr auch jetzt nicht sagen.

Sie vermisste ihn, doch so, wie er war, bevor sie ihm das Gehalt gekürzt hatten. Wenn sie in ihrer Kammer lag, die auch bei den Krauses winzig und ohne Tageslicht war, dachte sie mit Wehmut an die Drei-Zimmer-Wohnung, in der sie schalten und walten konnte, wie sie wollte. Wie schön war es, abends gemeinsam auf dem Sofa zu sitzen und einen Film anzuschauen. Sie muss sich eingestehen, dass sie nicht nur ihn, sondern auch das vermisste, was er ihr geboten hat. Die Wohnung, die schönen Lokale, die Museen, das Kino, die Geschenke. Hat sie das Ausbrechen aus den engen Kammern einer Mucama, das gute Leben mit Arbeitsgenehmigung vielleicht mit Liebe verwechselt? Sie weiß es nicht.

Mit dem Gedanken, dass sie nun eine geschiedene Frau sein würde, musste sie sich auch erst vertraut machen. In ihrer Familie hatte sich noch nie jemand scheiden lassen, und sie schämte sich, dass sie die erste war. Auch in ihrem Dorf hat sich nie eine Frau scheiden lassen. Dass ein Mann spurlos verschwand und die Frau mit den Kindern im Stich ließ, das gab es. Aber scheiden ließ man sich nur in der Hauptstadt. Ihr Bruder José versprach ihr am Telefon, es den Eltern schonend beizubringen.

Sie schämte sich auch, weil sie als Ehefrau so kläglich gescheitert war. Wieder einmal hatte sie nicht den Richtigen ausgesucht! Sie machte sich Vorwürfe, dass sie mehr hätte tun müssen, um ihre Ehe zu retten. Aber was? Sie wusste es nicht. Doña Clara, die Weissagerin in Lima, hatte ihr vorausgesagt, dass sie es schwer haben würde mit Männern. Wenn sie wieder einmal mit sich haderte, beruhigten sie die Freundinnen. Cata, du konntest nicht bei einem Kriminellen bleiben, sagten ihr Mercedes, Adriana und Leonor immer wieder. War er wirklich ein Verbrecher? Sie wusste es nicht, und vermutlich würde sie es nie erfahren.

„Hast du es schon gehört?", fragt sie die Señora, als Cata am ersten Montag im Dezember morgens zu den Krauses kommt. Cata schaut sie fragend an.

„Wirtschaftsminister Cavallo hat alle Konten gesperrt. Man darf nur noch 250 Pesos pro Woche abheben!"

Cata wird blass.

„Heißt das, ich kann nicht mehr an mein Geld?"

„Ja, Cata, zumindest kannst du nicht mehr die volle Summe abheben. Geh gleich heute zur Bank und hol die ersten 250 Dollar ab. Du kannst sie bei uns in den Safe legen."

„Aber vielleicht öffnen sie die Konten wieder?"

„Mein Mann hat am Wochenende mit anderen Unternehmern gesprochen. Zwar hat der Minister angekündigt, die neue Politik solle erst einmal für einige Monate gelten, doch niemand glaubt daran. Der argentinische Staat ist pleite."

Fast vier Jahre war sie nun in Buenos Aires. Sie hat manchmal Tag und Nacht geschuftet und ist oft auch noch schlecht behandelt worden. Sie hat einsame Nächte in Besenkammern auf schlechten Matratzen verbracht. Sie hat sich nichts gegönnt, sondern jeden Cent auf die Seite gelegt. Und nun versperrt man ihr den Zugang zu ihrem sauer verdienten Geld! Fast 15.000 Dollar! Sie kann es nicht verhindern, doch ihr kommen die Tränen. Sie will doch im Mai oder Juni nach Peru zurückkehren. Muss sie womöglich noch länger bleiben, weil man ihr den Zugriff auf ihr Erspartes verweigert? Das kann einfach nicht wahr sein! Frau Krause nimmt sie in den Arm, denn sie sieht ihr ihr Entsetzen an.

„Komm Cata, verzweifle nicht, vielleicht wird ja nicht alles so heiß gegessen, wie es gekocht wird. Wir werden heute Abend mit meinem Mann reden, vielleicht kennt der ja eine Lösung."

Doch er wusste auch keine. In der Nacht findet Cata lange keine Ruhe. Sie hatte heute fünf Stunden vor der Bank Schlange gestanden, um zumindest 250 Dollar abzuheben. Die Leute waren alle sehr wütend auf die Regierung, sie alle hatten geglaubt, auf der Bank sei ihr Geld sicher aufgehoben, und fühlten sich nun genauso betrogen wie sie. Wie sie geschimpft haben! Und viele Frauen haben mit ihr geweint. Gott sei Dank hatte die Señora Verständnis und war nicht böse, dass sie in der Bank so lange aufgehalten wurde. Nun war sie dem „Nautilus" so nahe gewesen! Soll die Arbeit von vier Jahren wirklich umsonst gewesen sein? Hat sie denn nur Pech? Am kommenden Montag wird sie wieder 250 Dollar abheben, um so viel zu retten, wie zu retten ist. Warum hatte sie sich nur von Alberto überreden lassen, ein Konto zu eröffnen? Er hatte immer Angst vor einem Überfall und wollte kein Geld im Haus haben. In Peru hatten immer mal wieder Leute ihr Geld verloren, wenn eine Bank zusammenbrach, und sie traute den Banken nicht. In Argentinien seien die Banken sicher, seit der Peso einen Dollar wert ist, hatte Alberto behauptet. Auch von einer Versicherung hatte er gesprochen, die den Sparern ihr Geld wiedergibt, wenn eine Bank bankrott geht. Sie hatte ihm geglaubt, denn schließlich hatte er Betriebswirtschaft studiert. Warum hatte sie nicht José und Susana das Geld mitgegeben, das sie bis zur Hochzeit gespart hatte? Sie hat lange nicht so geweint. Seit Juan sie verlassen hatte, hat sie sich nicht mehr so schlecht, so verraten gefühlt.

Von nun an leiht sich Cata von der Señora jeden Tag die Zeitung aus, in der Hoffnung auf eine gute Nachricht. Doch sie bleibt aus. Das Blatt berichtet von Demonstrationen in der Stadt. Sie hat es selbst schon gesehen: Die Menschen gehen am Abend vor ihre Haustür und schlagen mit Kochlöffeln auf Töpfe, und am liebsten zöge auch Cata auf die Straße. Doch sie traut sich nicht, weil sie nicht weiß, ob die Señora das gutheißen würde. Schließlich hat der Señor gesagt, der Minister habe keine andere Wahl, wenn er die Wirtschaft vor Schlimmerem bewahren will. Die Gewerkschaften legen die Stadt mit einem Generalstreik lahm, der Müll bleibt stinkend auf den Bürgersteigen liegen, die Busse fahren nicht, und Randalierer zünden aus Wut mehrere Taxis an. Doch die Regierung lässt sich nicht erweichen.

Kurz vor Weihnachten steht wieder ein großes Abendessen an, und Cata geht schon früh aus dem Haus, um Einkäufe zu machen. Während sie ihren Wagen durch die Regale des Supermarktes schiebt, hört sie plötzlich, wie Glas zerschellt. Als sie sich zur gläsernen Front des Geschäftes umdreht, bewerfen aufgebrachte, schreiende Menschen die Fenster mit Steinen. Sie kann nicht verstehen, was die Leute rufen, doch sie sieht, wie mehrere Männer in weißen Kitteln aus den hinteren Räumen des Marktes kommen, zum Eingang laufen und dort beschwichtigend die Hände heben. Einige Wächter in den blauen Uniformen eines privaten Sicherheitsdienstes konnten bislang noch den Eingang schützen, doch nun gelingt es den wütenden Steinewerfern, in das Geschäft einzudringen. Instinktiv duckt sich Cata hinter ihren Einkaufswagen. Sekunden später hat sich das Lokal mit Männern in abgerissener Kleidung gefüllt. Sie zerren die Waren aus den Regalen und stopfen sie hastig in Plastiktüten und Pappkartons, die sie mitgebracht haben. Regale stürzen um, Flaschen und Gläser fallen zu Boden, der Lärm ist ohrenbetäubend, und auf den Fliesen bilden sich Lachen von Cola, Spülmittel und Essig. Sie sieht, wie die beiden Metzger in ihren weißen, blutverschmierten Anzügen hinter der Fleischtheke hervorkommen und zum Ausgang rennen. Ich muss hier raus, denkt auch sie und rennt hinter den beiden Metzgern her. Im Laufen spürt sie, dass sie etwas Hartes am Hinterkopf trifft, wie damals, als sie im „Nautilus" niedergeschlagen wurde. Sie taumelt, aber sie kann sich wieder fangen. Ihr wird übel, doch sie läuft weiter, auf den Parkplatz hinaus. Sie hat Angst. Dass die Polizei kommt und sie in ein Handgemenge oder gar in eine Schießerei gerät. Dass jemand glauben könnte, sie gehöre zu den Plünderern und sie verhaften lässt. Sie rennt in eine Seitenstraße und sieht zwei parkende Autos, in denen Männer mit Maschinenpistolen sitzen. Erst, als sie um die nächste Ecke biegt, wird sie langsamer. Sie fasst an ihren Hinterkopf, er ist nass. Als sie ihre Hand anschaut, ist sie blutig. Sie hört Sirenen von Polizeipatrouillen und denkt, dass sie noch gerade rechtzeitig das Weite gesucht hat.

Als sie zehn Minuten später zum Haus der Krauses kommt, stellt sie fest, dass ihr der Schlüssel unterwegs aus der Hosentasche gefallen sein muss. Sie schellt und als die Señora ihr die Tür öffnet, schlägt sie entsetzt die Hand vor den Mund.

„Cata, um Himmels willen. Was ist denn passiert?"

Sie greift ihr um die Hüfte und führt sie zum Sofa.

„Wir müssen den Arzt rufen, ich glaube, deine Wunde muss genäht werden."

Während sie auf den Arzt warten, berichtet Cata, was geschehen ist. Die Señora schaltet das Fernsehgerät ein, und ein lokaler Kanal berichtet live von Plünderungen in Supermärkten in mehreren Vierteln der Stadt. Vor laufenden Kameras erzählt ein Mann, der einen Pappkarton voller Lebensmittel geschultert hat, einige der Führer aus seinem Armenviertel seien am Morgen von Tür zu Tür gelaufen und hätten gerufen: „Los, jetzt stürmen wir den Supermarkt und holen was zum Essen." Da sei er einfach mitgerannt. Schließlich wolle er seinen Kindern wenigstens am Heiligabend etwas Vernünftiges vorsetzen. Und er wolle das Fest nicht ohne ein Pan Dulce, einen Weihnachts-Rosinenkuchen verbringen.

Die Señora ist entsetzt: „Oh, Cata, wo soll das nur hinführen? Ich bin ja so froh, dass die Kinder bereits bei den Großeltern in Deutschland sind!"

Ein Fernseh-Kommentator behauptet, die Plünderungen seien gesteuert gewesen. Wie hätten sie sonst an verschiedenen Orten gleichzeitig stattfinden sollen? Cata erzählt Señora Krause von den Männern mit den Maschinenpistolen. Sie hatte zunächst geglaubt, es sei Polizei in Zivil.

„Mein Mann sagt, sowohl die Gewerkschaften als auch die Peronistische Partei hätten bewaffnete Schlägertrupps. Womöglich stecken die Peronisten oder die ihnen nahestehenden Gewerkschaften hinter den Unruhen! Ich schließe das nicht aus, denn schließlich möchten sie lieber heute als morgen den Präsidenten stürzen, damit ihre Partei wieder an die Macht gelangt."

„Ob sie die Konten wieder freigeben?"

„Cata, wenn ich das nur wüsste! Ich werde aus den argentinischen Politikern auch nicht schlau. Aber ich glaube, an das Volk und an die Sorgen von normalen Menschen wie dir, die ihr bisschen Erspartes brauchen, denkt keiner von ihnen! Sie wollen sich doch alle nur selbst bereichern."

Das hatte Alberto auch immer gesagt.

Der Arzt kommt. Doch er beschränkt sich darauf, die Wunde zu säubern. Cata muss ins Krankenhaus. Die Señora bringt sie ins Deutsche Hospital. Catas Bedenken, dass sie sich eine Privatklinik nicht leisten kann, wischt sie vom Tisch.

„Cata, mach dir keine Sorgen, das übernehmen wir. Schließlich habe ich dich zum Einkaufen geschickt. Das Essen heute Abend werde ich absagen. Mir steht jetzt wirklich nicht der Sinn nach dem Geschwätz von Maria Elena Iturralde und ihrem Mann."

„Iturralde? Die, die eine Fabrik für Gefrierprodukte haben?"

„Ja, die. Warum? Kennst du sie?"

„Und wie. Als ich ankam in Argentinien, habe ich ein paar Wochen bei ihnen gearbeitet. Dann habe ich gekündigt, weil sie meine Freundin Adriana und mich sehr schlecht behandelt haben."

„Das kann ich mir vorstellen. Die Frau ist wirklich…"

Die Señora wird unterbrochen, denn Cata wird in das Behandlungszimmer gerufen. Sie hätte so gern gehört, was Marianne Krause über Señora Iturralde denkt! Aber anscheinend nichts Gutes.

„Ich warte auf dich", ruft sie ihr noch nach.

Weihnachten im Krankenhaus, kein schöner Gedanke! Cata wurde genäht, und der Arzt eröffnet ihr dann, dass sie ein paar Tage bleiben soll, um ihre Gehirnerschütterung auszukurieren. Aber welch´ Glück, dass sie die Feiertage nicht in einer staatlichen Klinik verbringen muss. Wie sich dieses Hospital von den staatlichen unterscheidet! Die Ärzte und Schwestern sind freundlich, sie liegt allein in einem Zweibettzimmer, jeden Tag werden die Betten frisch bezogen, und pünktlich wird das Essen gebracht. Gutes Essen, und reichlich. Adriana musste ihr Bettzeug selbst mitbringen, als sie Cati bekam, sogar die Glühbirne für den Nachttisch hat Cata ihr besorgt. Und das Essen reichte nicht, um satt zu werden.

Für den Nachmittag haben sich Adriana und Leonor angesagt. Marianne Krause bringt ihr am Morgen des Heiligen Abends selbst gebackene, deutsche Weihnachtsplätzchen und einen hübschen, pinkfarbenen Pullover mit Trägern als Geschenk. Und sie berichtet ihr von den politischen Ereignissen. Präsident de la Rua war in der Nacht nach den Plünderungen zurückgetreten! Der peronistische Senatspräsident leitete zunächst die Amtsgeschäfte, dann einigte sich das Parlament auf einen Nachfolger, einen peronistischen Provinz-gouverneur. Hunderttausende hatten vor de la Ruas Präsidentenpalast demonstriert und eine andere Wirtschaftspolitik gefordert. Daraufhin hatte er sich am Abend per Hubschrauber aus der Casa Rosada ausfliegen lassen. Am Nachmittag, als Cata bereits im Krankenhaus war, hatte es in der Innenstadt Ausschreitungen gegeben. Herr Krause hatte mit Geschäftspartnern im Bankenzentrum verhandelt, als ihn ein Anruf seines Chauffeurs erreichte. Er hatte den Parkplatz, auf dem er wartete, überstürzt verlassen müssen, aus Angst, Randalierer könnten den Wagen anzünden. Mehrere Fahrzeuge brannten bereits. Als Michael Krause das Bürohaus seiner Geschäftsfreunde verließ, fuhren keine Taxis und Busse mehr. Er hörte Schüsse, und in der Luft hing Tränengas. Würgend und erschöpft sei er nach Hause gekommen, erzählt seine Frau. Er hatte sie über das Handy angerufen, während er sich an den Häuserwänden entlang aus der Innenstadt stahl. Dutzenden von Bankfilialen hatte man die Fensterscheiben eingeschlagen und die Einrichtung zertrümmert. Durch die Straßen liefen immer noch vermummte Gestalten, mit Stöcken und Steinen bewaffnet. Señor Krause hatte sich die Krawatte abgenommen und das Jackett über den Arm gehängt, damit keiner der Vermummten auf die Idee käme, er habe etwas mit einer der verhassten Banken zu tun, die ihr Geld nicht auszahlen, und verdiene deshalb eine Tracht Prügel. Der Chauffeur erwartete ihn in einer Seitenstraße am Rande des Bankenzentrums, um ihn schließlich durch ausgestorbene Straßen nach Hause zu fahren. Am Abend erfuhren sie aus den Nachrichten, dass 27 Menschen von der Polizei erschossen worden sind!

„Mein Mann war ja so froh, dass er es geschafft hat, heil nach Hause zu kommen!"

„Ach Señora, was soll denn nun werden?"

„Cata, das weiß niemand. Mein Mann erwartet zumindest nichts Gutes. Der neue Präsident, Adolfo Rodríguez Saa, hat gestern die Bezahlung der Auslandsschulden ausgesetzt, weil Argentiniens Kassen leer sind. Aber vergiss die Politik, du musst erst einmal dafür sorgen, dass du wieder auf die Beine kommst!"

„Bestimmt bin ich Silvester wieder gesund, denn da haben Sie ja schließlich eine Party geplant!"

„So wie die Dinge liegen, bin ich mir nicht sicher, ob wir die nicht auch absagen. Viele Leute werden gar keine Lust haben, zu feiern."

„Und Señora, wissen Sie, was aus meinem Geld wird?"

„Cata, das ist leider immer noch nicht klar! Die Banken sind jetzt zumindest bis auf Weiteres ganz geschlossen. Man kann gar nichts mehr abheben. Gott sei Dank haben wir immer eine Reserve im Safe, denn nicht einmal mit ausländischen Kreditkarten kann man mehr Geld am Kassenautomaten ziehen."

Ganze 750 Dollar hatte Cata von ihrem Konto gerettet. Aber die Señora hat recht. Sie muss sich ausruhen, und ändern kann sie ohnehin nichts. Geweint hat sie weiß Gott schon genug. Vielleicht wendet sich doch noch alles zum Guten.

Nach den Weihnachtsfeiertagen wird Cata entlassen. Der Arzt rät ihr, sich noch mindestens eine Woche zu schonen. Doch was soll sie allein in der Thames-Straße? Leonor und Adriana arbeiten, und so beschließt sie, gleich den Bus zu den Krauses zu nehmen. Señora Marianne freut sich, dass sie nicht mehr selbst kochen muss, dringt aber darauf, dass Cata sich hinlegt, wenn sie müde wird. Die Señora ist wirklich eine freundliche, mitfühlende Frau! Sie nimmt auch Mucamas ernst und hält sich nicht für etwas Besseres, nur weil sie mehr Geld hat. Dass sie sie in das Deutsche Hospital gebracht hat, wird Cata ihr nie vergessen. Sie erinnert sie an ihre Mutter, die, als Cata noch ein Kind war, auch immer für Hausmädchen und Tagelöhner ein offenes Ohr hatte und ihnen half, so gut sie konnte. Und großzügig ist die Señora auch. Sie hat ihr den Lohn für Dezember und das Weihnachtsgeld Gott sei Dank in Dollar ausgezahlt. 1.750 Dollar liegen jetzt in einem Briefumschlag im Tresor der Krauses. Wie es ausschaut, im Moment ihr gesamtes Vermögen. Zu schade, dass Cata Frau Krause nicht früher getroffen hat. Dann wäre ihr vielleicht viel Kummer und so manche schlaflose Nacht erspart geblieben. Die Señora ist zwar, wenn es um die ihre Abendessen geht, sehr streng, ja pedantisch, aber zumindest bemüht sie sich, nicht ungerecht zu sein.

Nach der Jahreswende vergeht ebenfalls kaum eine Woche ohne eine Hiobsbotschaft. Wieder tritt der Präsident zurück, wieder wählt das Parlament einen neuen. Und der neue, Eduardo Duhalde, wertet den Peso ab! Über Nacht ist ihr Peso-Gehalt nur noch 430 Dollar wert! Wie dankbar ist sie Frau Krause, als sie ihr verspricht, ihr zumindest den Lohn für Januar in voller Höhe in Dollar zu zahlen! Doch irgendwann gegen Monatsende eröffnet sie ihr, ihrem Mann seien die Bezüge gekürzt worden, weil er nach der Abwertung mit seinem Euro-Gehalt viel billiger lebe. So könne sie ihr leider ab Februar nicht mehr 650, sondern nur noch 550 Dollar geben. Schließlich müsse sie ja auch noch die Putzfrau bezahlen. Zwar ist Cata zunächst sehr bedrückt, doch als sie mit Adriana und Leonor spricht, stellt sie fest, dass sie sehr zufrieden sein kann: Beide hatten ihre Señoras um Lohnerhöhungen gebeten, weil sie doch ihr Geld ins Ausland schicken. 500 Pesos, und keinen Cent mehr, war die Antwort von Leonors Señora. Adrianas Chefin hatte ihr sogar den Lohn um fünfzig Pesos gekürzt. Weil alles teurer werde, müsse sie sparen, war ihr Argument. Adriana hatte vor einem Jahr die Carbajals verlassen und über die Vermittlungsagentur eine Familie gefunden, die bereit war, sie zu versichern. Doch glücklicher war sie dort auch nicht. Und jetzt kürzten sie ihr den Lohn! Adriana berichtet, ihre Tante sei entlassen worden, weil ihre Herrschaften sich keine Mucama mehr leisten können.

Als Ende des Monats der Peso auf die Hälfte seines Wertes sinkt, beschließen zunächst Leonor und ihr Freund, Argentinien zu verlassen.

„Mir bleiben gerade noch 250 Dollar, Cata. Ich kann meiner Mutter nur noch 150 Dollar im Monat schicken. Demnächst wird es womöglich noch weniger sein. 200 Dollar verdiene ich auch in Peru. Dann ist meine Mutter nicht mehr allein, sie braucht keine Pflegerin mehr, und ich kann umsonst in unserem Haus wohnen. Sogar mit meinem Freund. Da brauche ich ihn nicht mehr zu verstecken wie hier. Wenn meine Señora wüsste, dass ich einen Freund habe, würde sie mich sofort rauswerfen. Sie sagt, Mucamas mit einem Freund sind nicht mehr zuverlässig, weil sie nur noch an ihn denken. Nicht einmal anrufen kann er mich, unwürdig ist das! Es wird uns nicht sehr gut gehen, das ist mir klar, aber zumindest bin ich daheim. Vielleicht finde ich ja sogar eine Stelle als Industriedesignerin. Eine Kusine hat mir geschrieben, dass es unter der neuen Regierung von Präsident Alejandro Toledo wirtschaftlich etwas besser geht. Ich habe mir bereits ein Flugticket gekauft. Am 15. Februar haue ich ab! Und wenn ich in Peru gar nicht zurechtkomme, werde ich mir vielleicht in Chile eine Stelle suchen. Da läuft die Wirtschaft angeblich besser.“

Leonor ist auf dem peruanischen Konsulat gewesen, um ihren Pass zu verlängern, und dort hat sie erfahren, dass 70.000 Peruanerinnen zurückkehren wollen. Präsident Toledo habe sich bereit erklärt, Flugzeuge zur Verfügung zu stellen für die Frauen, die kein Geld für den Heimflug haben. Etliche Mädchen seien bereits nach Chile aufgebrochen, um da ihr Glück zu versuchen.

Leonor verspricht, Catas 1.750 Dollar mit nach Lima zu nehmen, damit José und Susana sie aufbewahren. Cata wird ihnen schreiben, dass sie sie auf keinen Fall auf eine Bank bringen dürfen! Das Risiko wird sie nicht noch einmal eingehen.

Adriana verlässt Buenos Aires bereits Anfang Februar, nachdem ihre Señora ihr eröffnet hat, auch sie könne sich nun kein Hausmädchen mehr leisten. Adriana stünde eine Abfindung von einem Monatsgehalt zu, denn schließlich war sie ein Jahr bei der Señora. Doch sie speist sie mit 100 Pesos ab.

„Sie hat nicht mehr, hat sie mir gesagt. Das mag ja sein, aber ich bin doch noch viel ärmer als sie! Man wird hier immer nur betrogen, Cata."

„Sie weiß genau, dass du zurückgehst, und es keinen Zweck für dich hat, einen Anwalt zu nehmen, weil du zu keinem Gerichtstermin erscheinen kannst. Du hättest ihr nicht sagen dürfen, dass du Argentinien verlässt. Dann hätte sie Angst vor einem Prozess gehabt und dir vielleicht mehr gezahlt."

„Das stimmt zwar, aber es ist mir zu spät eingefallen. Ach, Cata, warum sind viele Menschen so niederträchtig? Es hat mir gar nichts genützt, dass ich legal bin. Nur Geld hat es mich gekostet. Die Visumsgebühren haben über 200 Dollar geschluckt, und ich habe wegen der Krankenkasse und der Altersversorgung bei den Carbajals gekündigt und auf eine Abfindung von 1000 Dollar verzichtet. Die Altersversorgung nützt mir jetzt nichts mehr, wenn ich nach Paraguay gehe. Irgendwie mache ich immer alles falsch."

„Adri, so darfst du das nicht sehen. Du hast einfach Pech. Vielleicht hast du ja in deiner Heimat mehr Glück."

Adriana will sich in Asunción eine Stelle als Hausmädchen suchen. Sie wird dann zwar den gleichen, niedrigen Lohn erhalten wie jetzt in Argentinien, doch sie hofft, dass sie dann ihre Tochter zumindest einmal im Monat besuchen kann.

„Cata, es ist so schade, dass ich dich wohl nie wiedersehen werde! Du bist die beste Freundin, die ich je hatte. Ich werde versuchen, dir zu schreiben. Meine Schwester muss mir dabei helfen. Ich habe doch noch nie einen Brief geschrieben. Aber ich werde es lernen, das verspreche ich dir."

Auch Cata verspricht zu schreiben. Die beiden liegen sich lange in den Armen. Als der Bus den Bahnhof verlässt, weiß Cata, dass sie eine Freundin wie Adriana nur schwer wieder findet. Leonor wird sie in Lima treffen, soviel ist sicher. Doch Adriana hat wohl recht damit, dass es ein Abschied für immer ist. Hoffentlich findet sie in Asunción auch wirklich eine Arbeit! Denn sonst werden sie, ihr Kind, ihre Eltern und Geschwister Hunger leiden müssen! Cata wird viel an sie denken. Ihr graut schon vor den einsamen Wochenenden ohne die Freundinnen. Die Pension in der Thames-Straße leert sich: Die beiden Bolivianerinnen haben ebenfalls die Koffer gepackt. Sie wollen nach Brasilien gehen.

Auch die Krauses werden Argentinien verlassen. Angesichts der instabilen wirtschaftlichen Lage will die Firma des Señor ihre Fabrik in Buenos Aires schließen. Die Familie wird Ende Mai nach München umsiedeln. Cata beschließt, zu bleiben, bis sie gehen, um dann nach Lima zurückzukehren. Was soll sie noch in Buenos Aires? Wenn sie sich eine neue Stelle sucht, würde sie wie früher 500 Pesos erhalten, denn Leute wie die Krauses, die sie als Köchin bezahlen, wird sie angesichts der steigenden Arbeitslosigkeit kaum wieder finden. Bei dem Wechselkurs wird sie Jahre brauchen, um das Geld zu verdienen, das ihr für den „Nautilus" noch fehlt. Leonor hatte Recht: Argentinische Löhne sind inzwischen nicht mehr höher als peruanische. Und daheim könnte sie immerhin wieder als Krankenschwester arbeiten. Selbst wenn ihr Universitätsexamen irgendwann anerkannt und sie in Buenos Aires tausend Pesos verdienen würde, rechnete es sich nicht mehr, noch länger zu bleiben. Wenn sie erst wieder daheim ist, würde sie für vier Wochen nach Cajamarca zu den Eltern fahren. Über vier Jahre hat sie nun schon keinen Urlaub gemacht. Sie würde sich von ihrer Mutter verwöhnen lassen. Ob sie noch gesund genug ist, um mit ihr wie früher in die Berge auszureiten?

Mit ein wenig Glück würde sie vorher ihr Geld zurück bekommen. Dann hätte sie zumindest eine Rücklage. Frau Krause rät ihr, sich bei der Bank beraten zu lassen. Vielleicht gibt es eine Möglichkeit, zumindest einen Teil zu retten. Der Bankbeamte schlägt ihr vor, ihre 13.000 verbliebenen Dollar zum offiziellen Kurs in 18.200 Pesos umzuwandeln, dann könne sie zumindest einen Teil mitnehmen. Denn Dollarkonten bleiben gesperrt. Ihr fällt ein Stein vom Herzen! Wenigstens etwas! Am Tag darauf geht sie wieder zur Bank und sie geben ihr 7.200 Pesos. Den Rest kann sie in monatlichen Raten von 1.200 Pesos abheben, so will es das Gesetz. Pablo wartet mit seinem Taxi vor der Tür. Mit so viel Geld in der Tasche mag sie nicht zu Fuß durch die Straßen gehen. Wie oft hat sie gehört, dass Leute, die Geld abgehoben und sich dann vor der Bank ein Taxi herbeigewinkt haben, ausgeraubt worden sind. Die Bankangestellten informieren ihre Komplizen auf der Straße per Telefon, wenn jemand mit einer größeren Summe den Schalter verlässt, und die Komplizen schlagen dann zu!

In der Wechselstube erlebt sie die nächste Enttäuschung: Es ist verboten, mehr als 200 Dollar zu kaufen! Aber was soll sie in Peru mit Pesos? Doch Señor Krause weiß Rat.

„Ich tausche dir deine Pesos. Für die Fabrik muss ich ständig Dollars wechseln. Allerdings kann ich dir auch nur den Tageskurs geben, sonst macht mir die Firma Ärger!"

Es ist unfassbar: Für ihre 7.200 Pesos bekommt sie nur noch 3.400 Dollar! Und dabei hat sie noch Glück, dass sie überhaupt jemanden gefunden hat, der ihr die Pesos in Dollar tauscht! Wie viele Wochen hat sie umsonst geschuftet? Für nichts geschrubbt, gebügelt, gewaschen, gekocht und gespült! In einem fremden Land. In dem sie oft als Mensch zweiter Klasse behandelt worden ist. Sie versteht es nicht. Die Politiker gehören alle eingesperrt! Sie haben sie um die Früchte ihrer Arbeit betrogen!

Wie gut tut es, dass Marianne Krause zumindest versucht, ihr zu helfen. Sie erkundigt sich bei der deutschen Botschaft, ob sie Cata für ein Jahr als Hausmädchen mit nach Deutschland nehmen kann. Dann hätte sie Gelegenheit, so viel zu sparen, dass es für das „Nautilus" reicht. Für ein paar Tage schöpft Cata Hoffnung, doch nur, um wieder enttäuscht zu werden. Wäre sie noch keine 25 Jahre alt, dürfte sie für ein Jahr als Au-Pair-Mädchen einreisen. Doch für eine 32-Jährige bleiben Europas Grenzen verschlossen.

Nach vier Jahren, einem Monat und sechs Tagen verlässt Cata Buenos Aires. Pablo bringt sie zum Airport. Sie hat ihn schätzen gelernt, denn wenn man ihn brauchte, war er zur Stelle. Der Abschied von den Krauses war ebenfalls herzlich, man umarmte sich und versprach, in Kontakt zu bleiben. Und sie zeigten sich großzügig, wie immer: Sie war nur ein knappes Jahr bei ihnen, so dass sie ihr keine Abfindung schuldeten. Doch als Cata später den Briefumschlag öffnete, den ihr Marianne Krause in die Jackentasche geschoben hatte, fand sie 500 Dollar darin!

Als die Maschine eine Schleife fliegt, um Kurs auf Lima zu nehmen, schaut Cata noch einmal auf die Stadt am Rio de la Plata, auf ihre Avenidas und Hochhäuser, auf ihre Villen mit Swimming Pool, die sie immer nur durch den Dienstboteneingang betreten hat. Sie wird sie nicht vermissen. Mit wie viel Hoffnung war sie gekommen, und wie oft ist sie enttäuscht und gedemütigt worden! In ihrer Familie schalt man sie oft, weil man ihre Gelassenheit als Gleichgültigkeit auslegte, doch wie oft hat sie geweint in Buenos Aires! Sicher, sie hat ein paar gute Freundinnen gefunden und ein paar nette Leute kennen gelernt. Mercedes hatte sie gestern zum Essen eingeladen und ihr eröffnet, dass sie noch in diesem Jahr zu Dreharbeiten nach Lima reisen und sie besuchen werde. Und Cata hat 6.400 Dollar in der Tasche! 1.750 Dollar hatte sie bereits mit Leonor nach Peru geschickt. Mercedes hat eine Vollmacht für ihr Konto, sie wird weiterhin jeden Monat 1.200 Pesos abheben und ihr das Geld mitbringen. Wenn sie Glück hat, bekommt sie noch einmal 2.000 Dollar dafür. Ihr großes Ziel hat Cata jedoch nicht erreicht: Für das „Nautilus" reicht das Ersparte nicht. José und Susana würden sie am Flughafen erwarten. Bleibt die vage Hoffnung, dass sie eine Idee haben, wie sie ihren Traum doch noch verwirklichen kann! Wie sie sich auf sie freute! Vier Stunden noch. Dann würde ihr wieder der vertraute Gestank der Fischmehlfabriken von Callao um die Nase wehen.

Die Rezepte

Inhaltsverzeichnis

Über die Autorin

© Mathias Zins

Die promovierte Politologin Eva Karnofsky (1955 in Wesel geboren) befasst sich seit 1984 ausschließlich mit Lateinamerika, das sie zunächst als freie Journalistin bereiste. Sie war dann für die Lateinamerika-Programme der Deutschen Welle verantwortlich. 1993 übernahm sie die Lateinamerika-Berichterstattung der Süddeutschen Zeitung und zog nach Buenos Aires. Für eine Reportage über die Killer des kolumbianischen Kokainkartells erhielt sie 1991 den Publizistikpreis der Stadt Klagenfurt und den Journalistenpreis Entwicklungspolitik. Letzterer wurde ihr 1999 erneut verliehen, für eine Reportage über die Zustände in venezolanischen Gefängnissen. Sie gab 1992 das „Weißbuch Lateinamerika. Eigenes und Fremdes" (Hammer Verlag u. Deutsche Welthungerhilfe) mit heraus und veröffentlichte 1994 mit Walter Haubrich „Städte Lateinamerikas. Sechzehn Städtebilder" (Insel). Sie ist seit zehn Jahren mit einem Kubaner verheiratet und lebt seit 2003 als freie Journalistin und Autorin in Bad Honnef.

Bücher aus und über Lateinamerika

ECUADOR / ROMAN

Huilo Ruales Hualca
Fetisch und Fantosch
160 S., gb., ISBN 3-89502-108-3

ARGENTINIEN / TANGO

Raimund Allebrand
Tango – Das kurze Lied zum langen Abschied
256 S., br., s/w-Fotos, ISBN 3-89502-172-5

MEXIKO / REISEBUCH

Ingo Becker-Kavan
Mexiko – Land der Geheimnisse und Mythen
224 S., br., s/w-Fotos, ISBN 3-89502-180-6

MITTELAMERIKA

Andreas Boueke
Kaleidoskop Mittelamerika
Reportagen und Informationen
176 S., br., s/w-Fotos, ISBN 3-89502-097-4

EL SALVADOR / ROMAN

David Hernández
Putolión – Die letzte Reise des Schamanen
192 S., br., ISBN 3-89502-166-0

BILDBAND / INDIANER

Gernot Schley
Indianer
144 S., Großbroschur, durchgängig Farbfotos, ISBN 3-89502-160-1

EDITION LÄNDERSEMINARE
Verschiedene Bände:
Mittelamerika
320 S., br., ISBN 3-89502-012-5
Argentinien
412 S., br., ISBN 3-89502-071-0
Kolumbien
317 S., br., ISBN 3-89502-095-8
Peru
352 S., br., ISBN 3-89502-131-8
Bolivien
427 S., br., ISBN 3-89502-137-7
Venezuela
348 S., br., ISBN 3-89502-197-0

Bitte fordern Sie unser aktuelles Gesamtverzeichnis an!

Horlemann Verlag • Postfach 1307 • 53583 Bad Honnef
Fax (0 22 24) 54 29 • Email: info@horlemann-verlag.de
www.horlemann-verlag.de

HORLEMANN

Literatur und Sachbuch

Afrika Romane, Erzählungen und Lyrik aus Simbabwe, Kamerun, Madagaskar, Somalia, Tansania, Nigeria, Ruanda … Sachbücher über Kommunikation und Kultur, Tuareg, Ethnologie, afrikanische Autoren, Filmemacher und afrikanisches Kino, Julius Nyerere … **Asien** Romane, Erzählungen und Lyrik aus Indonesien, Indien, Vietnam, Malaysia, Tibet, China, Korea, Thailand … Sachbücher und Reisebücher über Laos, Kambodscha, Vietnam, Indien, Buddha, Bollywood-Kino, chinesische Filmregisseure, Islam in Asien, Prostitutionstourismus … **Lateinamerika** Romane, Erzählungen und Lyrik aus El Salvador, Mexiko, Ecuador … Sachbücher und Reisebücher über Mexiko, Ecuador, Globales Lernen, Zivilgesellschaft, Globalisierung, Indigene Völker, Coca … **Europa** Romane, Erzählungen und Lyrik aus Deutschland, Bulgarien, Serbien, Spanien … Sachbücher und Reisebücher über Spanien, Griechenland, Frankreich, Sardinien, Ökonomie, Ökologie, Kapitalismus …

Bitte fordern Sie unser aktuelles Gesamtverzeichnis an!
Horlemann Verlag • Postfach 1307 • 53583 Bad Honnef
Fax (0 22 24) 54 29 • Email: info@horlemann-verlag.de
www.horlemann-verlag.de

HORLEMANN